BÊTES DE STYLE
ANIMALS WITH STYLE

CONTINENTS

ERIK RAVELO
UNTITLED 1_ 2004
DIMENSION VARIABLE /
VARIABLE DIMENSIONS
PHOTOGRAPHIE UTILISÉE POUR L'EXPOSITION /
IMAGE USED IN THE EXHIBITION
KIRE FABRICA FEATURES, BOLOGNA
COURTESY FABRICA / CENTRE DE RECHERCHE
DE BENETTON SUR LA COMMUNICATION /
BENETTON, RESEARCH CENTER IN COMMUNICATION

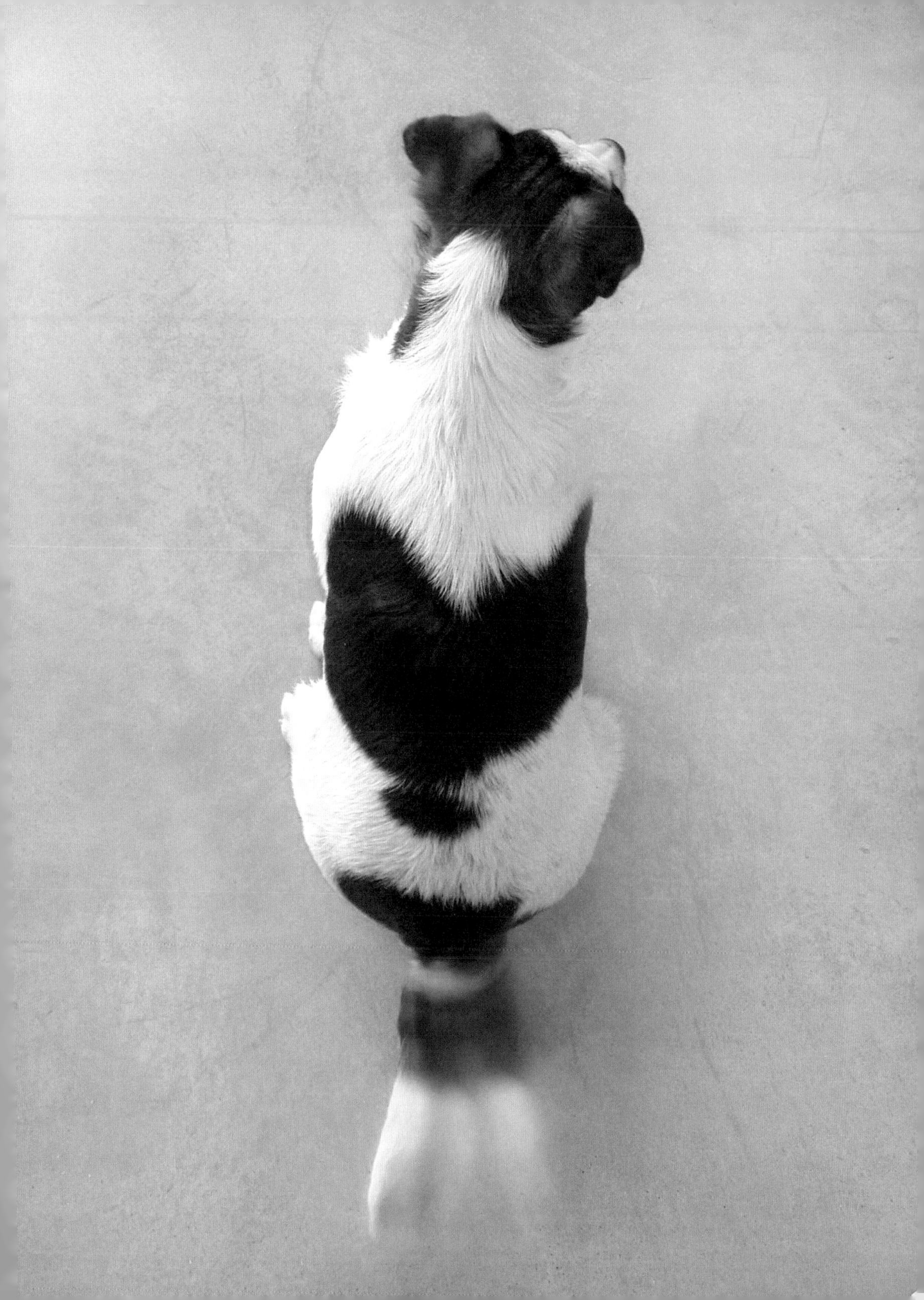

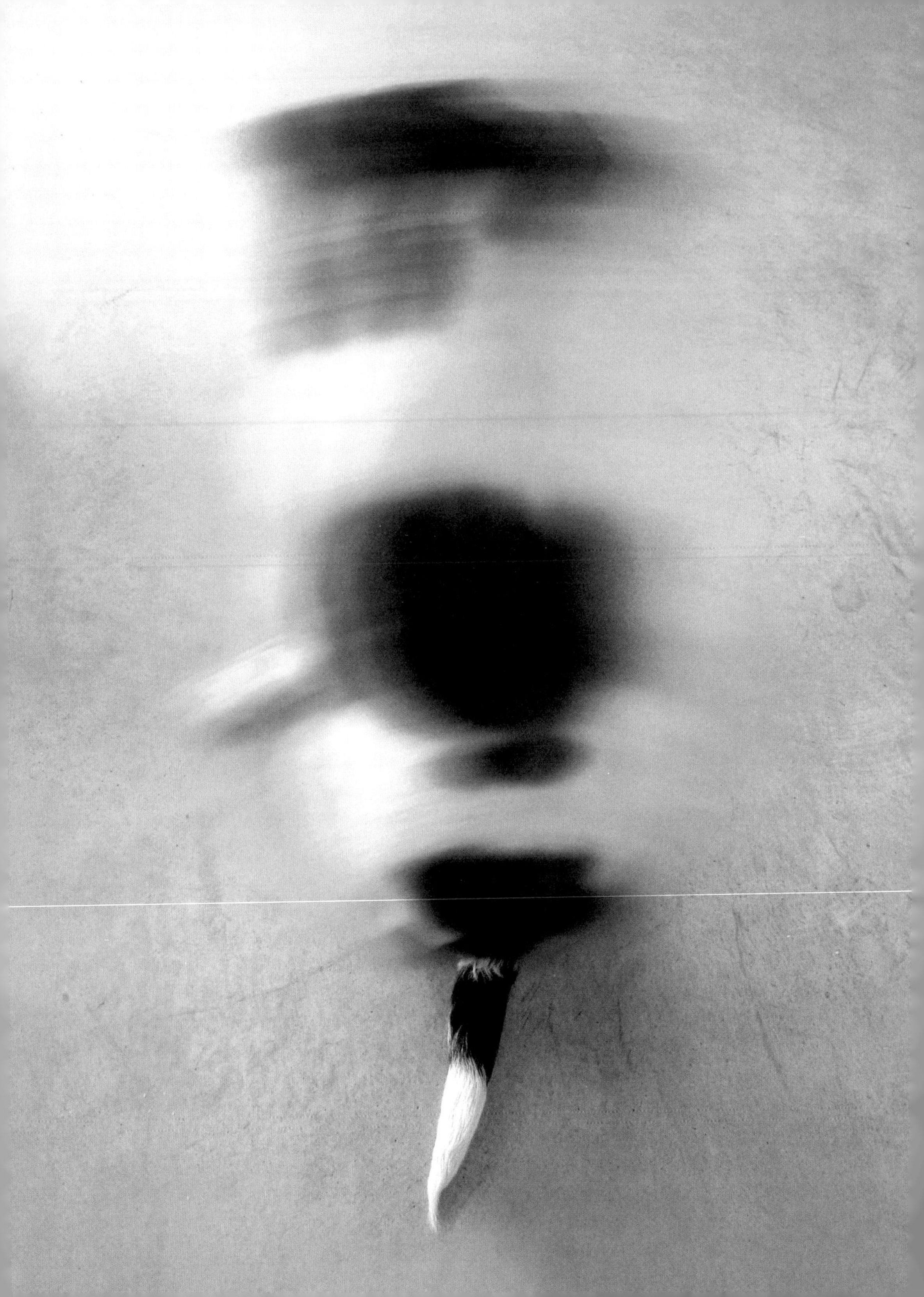

ERIK RAVELO
***UNTITLED 2*_** 2004
DIMENSION VARIABLE /
VARIABLE DIMENSIONS
PHOTOGRAPHIE UTILISÉE POUR L'EXPOSITION /
IMAGE USED IN THE EXHIBITION
KIRE FABRICA FEATURES, BOLOGNA
COURTESY FABRICA / CENTRE DE RECHERCHE
DE BENETTON SUR LA COMMUNICATION /
BENETTON, RESEARCH CENTER IN COMMUNICATION

PROLOGUE
«BÊTES DE STYLE»

Depuis quelques années, l'attention portée aux animaux, et plus particulièrement aux animaux domestiques, atteint des dimensions hors norme dans la culture occidentale. Pas un journal, magazine, émission de télévision, de radio ou autres discours qui ne mettent l'animal au centre de l'actualité, tendance qui débouche souvent sur l'absurde tant l'animal est convoqué pour toutes sortes de thèmes, généralement directement calqués sur nos préoccupations d'humains. En témoigne ici, à titre d'exemple, l'abondante production d'objets improbables créés à leur encontre, des paletots griffés aux films pour chiens, et qui font la fortune de nouvelles figures professionnelles tout aussi sujettes à interrogation, du psychanalyste pour animaux domestiques aux salons de beauté pour canidés. Il en va de même pour une certaine production romanesque actuelle, qui côtoie dans les vitrines des libraires d'autres ouvrages beaucoup plus sérieux sur les dernières et troublantes découvertes de la zoologie.
Dans le registre différent de la création artistique récente, du design en passant par la danse, le théâtre, la photographie ou l'installation, on rencontre de plus en plus l'animal comme protagoniste – présence vivante ou représentation formelle –, autant de langages artistiques, autant de signaux nous renseignant sur la préoccupation partagée des créateurs et des artistes de questionner le rapport homme/animal.
Ce constat nous a amenées à nous interroger sur ce double phénomène, sociétal et artistique, et nous avons entrepris de collecter, depuis plus de deux ans, d'innombrables documents, objets, références ainsi que de très nombreux articles et ouvrages[1] sur les diverses facettes du propos. L'animal muse épocale revêt différents habits et interroge un nombre important de valeurs: d'un côté, l'anthropomorphisme omniprésent dans le matériel recensé permet de dresser un portrait paradoxal du monde animal où l'homme ne semble que peu réfléchir aux véritables spécificités de l'animal et donc, à ses réels besoins. De l'autre, la puissance des œuvres d'artistes, à même de traduire les «forces brutes» de l'animal par la fulgurance du symbole, réactive la dialectique ancestrale où l'animal s'impose comme altérité essentielle dans le questionnement de l'homme sur lui-même.
Du phénomène de société à la production artistique, force est de constater qu'il s'opère aujourd'hui une mutation, et que l'humain tisse de nouveaux liens dans son rapport à l'animal et à son univers, règne dont nous savons si peu et que pourtant nous côtoyons comme familier. Entre complicités et permutations, on voit surgir de nouveaux scénarios ne relevant plus ni de l'allégorie ni de la fiction. Devant ces réalités troublantes, l'exposition **BÊTES DE STYLE** souhaite proposer plusieurs regards, plusieurs entrées, à la fois sur la représentation animale et sur l'animal en représentation. Le choix de ce titre évoque l'ambiguïté de la relation entre homme et animal au moment où les enjeux commerciaux cannibalisent un terrain, certes déjà fréquenté, mais laissé jusqu'alors en friche car tributaire des goûts individuels et donc peu sujet aux effets de mode.
De quel animal parlons-nous et qui préside à ces nouveaux rapports? En privilégiant sept thématiques mettant l'animal en tension comme autant de figures de styles, **BÊTES DE STYLE** fait sienne l'interdisciplinarité et s'empare de l'animal sous toutes ses facettes, explorant à travers la création contemporaine les points de vue d'artistes et designers utilisant l'animal dans leurs travaux. Toute une production d'objets et d'œuvres relevant de domaines aussi divers que la mode, le design, la publicité, le graphisme, la photographie, le film et bien sûr, l'art, se propose d'instaurer ici un dialogue ouvert, commentaire temporaire et subjectif sur l'éternel jeu de miroir entre l'homme et l'animal, cet «autre», qui reste, fondamentalement, toujours une énigme.

Chantal Prod'Hom, Directrice du mudac, Magali Moulinier, co-commissaire de l'exposition_ Juillet 2006

1_ Nous renvoyons ici le lecteur à la bibliographie sélective p. 156

PROLOGUE
"BÊTES DE STYLE"

Over the last few years the attention paid to animals, particularly domestic animals, in western culture has reached extraordinary dimensions. There is not a newspaper, magazine, television programme, radio broadcast or other type of discourse that does not place the animal at the centre of current events, a trend that often borders on the absurd, such is the extent to which animals are invoked on all sorts of subjects, generally directly generated by our human preoccupations. This is demonstrated, for example, in the copious output of improbable objects created for them, yet contrary to their needs, from famous-label cardigans to films for dogs, and to the benefit of new professional figures who are just as questionable; from the pet psychoanalyst to the canine beauty salon. The same goes for a whole range of present-day fiction, which rubs shoulders in bookshop windows with other, much more serious works on recent and disturbing zoological discoveries.

At a different level, one notes that in recent artistic creation, whether in design, dance, the theatre, photography, or installations, the animal is increasingly encountered as the protagonist —a living presence or formal representation— so many artistic idioms, so many signals informing us about the preoccupations shared by creators and artists in questioning the human/animal relationship.

This observation led us to ask ourselves about this double phenomenon, social and artistic, and more than two years ago we started collecting innumerable documents, objects, and references, as well as countless articles and books[1] on diverse facets of the subject. The animal as epochal muse assumes various guises and throws open to question a considerable number of values. On the one hand, the anthropomorphism omnipresent in the material we compiled permits us to draw a paradoxical portrait of the animal world in which mankind seems to reflect but little on the true specificities of animals, and thus on their actual needs. On the other hand, the power of the works by artists capable of translating the "brute force" of animals through the dazzle of the symbol reactivates the ancestral dialectic in which the animal imposes itself as an essential otherness in man's self-questionings.

From social phenomenon to artistic production, we are forced to realise that a transformation is taking place today and that human beings are weaving new links in their relationship vis-à-vis animals and their world, a kingdom about which we know so little but nevertheless live alongside as familiar. Between complicity and permutation, we are seeing the emergence of new scenarios that are no longer based on either allegory or fiction. Faced with these disturbing realities, the exhibition **BÊTES DE STYLE** wishes to offer a number of viewpoints, a number of possible accesses, with regard both to animal representation and to the animal as representation. The choice of title evokes the ambiguity of the relationship between man and animal at a time when commercial stakes are cannibalising a field that, certainly, was already busy, but which had previously been left fallow, as it was regarded as reliant on individual taste and thus little subject to the effects of fashion.

What animal are we talking about and who presides over these new relationships? By focusing on seven sets of themes that place the animal under tension like so many stylistic devices, **BÊTES DE STYLE** makes interdisciplinarity its own, and grasps the animal in all its facets, exploring by means of contemporary creative work the viewpoints of artists and designers who use animals in their work. An entire range of objects and works from fields as diverse as fashion, design, advertising, graphic art, photography, film, and of course art, offers itself here to institute an open dialogue, a temporary and subjective commentary on the eternal mirroring interplay between man and animal, that "other" which always fundamentally remains an enigma.

Chantal Prod'Hom, Director mudac, Magali Moulinier, co-curator_ July 2006

1_ See a selected bibliography on p. 156

BESTIALEMENT VÔTRE !

Une connaissance me racontait cette histoire d'une de ses amies qui allait visiter les grandes galeries de New York avec son chien (dont nous tairons le nom pour respecter l'anonymat) et qui était persuadée que ce dernier adorait les peintures de la période fauve. Je n'ai rien contre l'art ni contre les chiens. Mais cette personne n'avait qu'une connaissance très limitée de la perception visuelle des chiens qui ne voient pas le rouge et ont souvent des problèmes de myopie. Nous imaginons trop simplement ou idéalement qu'une translation dans notre taille et la position de nos membres lié à quelques ajouts de poils, de plumes ou d'écailles, va nous permettre de nous «enfiler» dans la peau d'un animal. Il n'en est rien et malgré tout ce que vous pouvez imaginer nous ne pourrons jamais ressembler ni à un chien ni à un chat et encore moins à toutes sortes d'espèces animales dont notre jargon, spécialement celui des automobilistes, est pourvu. Cela tient à plusieurs différences majeures, dont les plus importantes sont liées aux sens. Si la vue du chien est assez moyenne, son odorat et son ouïe sont bien supérieurs aux nôtres. Ainsi son odorat est environ 1 000 000 de fois supérieur à celui de l'Homme. Autant dire que, si l'on disposait d'un tel odorat, nous serions enfin capables de reconnaître une quantité impressionnante d'odeurs laissées par nos congénères et nous serions probablement rapidement mis hors combat par tous les artifices développés par les parfumeurs et utilisés pour se faire remarquer. Que dire des sons, bon nombre d'espèces animales disposent d'une ouïe à la fois plus fine et plus étendue que celle dont nous disposons quand elle n'est pas limitée par les abus de soirées aux sonos dévastatrices. Néanmoins l'animal nous attire ou nous repousse et nous rêvons parfois de voler dans les airs, planant comme un rapace ou en voyage comme ces migrateurs qui traversent la Méditerranée, le désert et les savanes africaines pour retrouver leurs quartiers d'hiver plus au Sud. Mais il ne faut pas oublier que lorsque l'oiseau est posé il n'a pas de mains et que souvent il est un peu emprunté dans ses déplacements au niveau du sol. Si les sens et la perception de notre environnement diffèrent radicalement entre vous et le chat de votre concierge, il faut aussi rajouter un élément qui devrait définitivement nous faire apprécier notre état d'espèce humaine : l'esprit et notre capacité à imaginer et à nous projeter dans le futur. En dehors de quelques primates qui semblent présenter cette étape étonnante dans le développement de leur cerveau, nous sommes finalement presque les seuls à disposer de cet outil formidable qui nous permet d'inventer les choses extraordinaires ou les plus stupides et dangereuses, alors que les animaux ne prennent guère de temps à penser à leur retraite !

Cela me rappelle un excellent dessin de Gary Larsen, dessinateur malheureusement décédé il y a quelques années, qui montrait un maître et son chien, qui s'appelait Astor. Alors que la bulle sortant de la bouche du maître expliquait au chien qu'il ne devait pas mordre le journal chaque fois qu'il allait le chercher dans la boîte aux lettres, le tout ponctué du nom du brave toutou, celle du chien au contraire ne contenait que des blablabla se terminant par son nom, qui était la seule chose qu'il reconnaissait.

Nous sommes parfois des bêtes, ou l'on nous traite parfois de bêtes ; sachez que notre comportement biologique est en partie basé sur celui des espèces qui nous ont précédées, et nous avons parfois tendance à l'oublier. Donc nous sommes tous des bêtes, avec un «gros plus» qui va nous permettre de nous enthousiasmer pour cette exposition.

Professeur Daniel Cherix_ Musée de zoologie et université de Lausanne

YOURS BESTIALLY!

An acquaintance told me a story about a female friend (who shall remain nameless to preserve her anonymity) who used to visit New York's leading galleries with her dog, and who was convinced that the latter loved paintings of the Fauvist period. I have nothing against art or against dogs. But this person can only have had a very limited knowledge of the visual perception of dogs, which are unable to see red and often have problems with short-sightedness. We imagine too simply or idealistically that translation into our size and the position of our limbs, plus some additions of hair, feathers or scales, will allow us to "put ourselves into" the skin of an animal. But this is not the case, and despite everything you may imagine, we will never be able to be like a dog or a cat, still less like all those animal species with which our slang, especially that of motorists, is laden. This is due to several major differences, the most important of which relate to the senses. Although a dog's eyesight is fairly average, its sense of smell and its hearing are vastly superior to ours. In fact a dog's sense of smell is around one million times better than that of a human being. If we had a similar sense of smell, we would finally be able to recognise an impressive number of the odours left behind by our fellow humans, and we would probably quickly be incapacitated by all the clever tricks developed by perfumers and used to draw attention to oneself. What can we say about sounds? Quite a number of animal species have a sense of hearing that is more sensitive and that has a greater range than what we are capable of when not limited by damage caused by parties with devastating decibel levels. Nevertheless, animals attract us or repel us, and we sometimes dream of flying through the air, soaring like a bird of prey, or on a long journey like the migratory birds that cross the Mediterranean, the deserts and the African savannahs to regain their winter quarters further south. But we should not forget that when a bird lands, it has no hands and its movements at ground level are often a little awkward. Even if you and your caretaker's cat differ radically in your senses and your perception of our environment, we need to add in another element that should definitively make us appreciate our human condition: our minds and our capacity to imagine and to project ourselves into the future. Apart from a few primates that seem to present this astonishing stage in their brain development, we are ultimately almost the only ones to have at our disposal this marvellous tool, which allows us to invent extraordinary things, or the most stupid and dangerous things, while animals hardly take the time to think about their retirement!

This reminds me of an excellent drawing by Gary Larsen, a cartoonist who sadly died a few years ago, which showed a man and his dog called Astor. The speech bubble emerging from its master's mouth explained to the dog that it shouldn't chew the newspaper every time it went to collect it from the letterbox and everything was punctuated by the good doggie's name; that for the dog, on the contrary, contained only an unintelligible "blah blah blah" ending with its name, which was the only thing it recognised.

We are sometimes animals, or we are sometimes treated like animals. But we should realise that our biological behaviour is in part based on that of species that preceded us, and we occasionally have a tendency to forget this. Thus we are all animals, with an "added extra" that will enable us to become enthusiastic about this exhibition.

Professor Daniel Cherix_ Zoology Museum and Lausanne University

TIKTAALIK ROSEAE, UN DESIGN POUR L'HOMME-POISSON

Début 2006, un groupe de chercheurs américains de l'université de Chicago exhume de l'Arctique canadien le fossile d'une créature hybride, venu du fonds de l'histoire et des abysses, mi-poisson mi-alligator, doté de nageoires articulées capables de soutenir le corps. Le détail est d'importance. Il permet, très vite, de présenter l'animal comme le «chaînon manquant» entre les poissons et les premiers vertébrés ayant foulé le sol terrestre, la pièce manquante, vieille de 375 millions d'années, susceptible d'instruire le dossier de l'évolution vers le tétrapode. *Tiktaalik*, c'est le nom que lui a donne le Conseil des sages de Nunavut, le territoire de la decouverte, soit «grand poisson de basses eaux». *Tiktaalik* évoluait dans des eaux d'estuaire subtropicales, entre mer et eaux fluviales peu profondes. Il confirme, selon les chercheurs, une hypothèse: les plaines inondables du continent euraméricain ont été, pendant le Dévonien supérieur (415-360 millions d'années), le milieu d'une transition décisive entre poissons et tétrapodes. La leçon de Darwin plongeait en eaux troubles, entre étang et bord de mer. Au même moment, sans connaître encore l'existence de *Tiktaalik roseae*, le designer Français Mathieu Lehanneur exhume une solution marine pour cure de jouvence domestique (Q, 2005). Pour cela, un réseau ramifié de tubes, constituant l'armature arboriforme d'un «buisson ardent», vaporise dans l'air ambiant une brume chargée de quintonine. La substance, distribuée encore aujourd'hui sous forme d'ampoule, fut développée au début du siècle par le docteur René Quinton (1867-1925), un adepte de Darwin. Elle était, en son temps, considérée comme un remède miracle, vedette des codex pharmaceutiques d'une époque qui découvrait les vertus des bains de mer. Son inventeur Quinton s'est fait connaître, en 1904, en publiant un ouvrage (*L'Eau de mer. Milieu organique. Constance du milieu marin originel comme milieu vital des cellules, à travers la série animale*) dans lequel il tentait de démontrer que chaque organisme animal conserve la mémoire d'une vie marine ancestrale qu'il cherche instinctivement à rétablir dans son milieu cellulaire. Pour régénérer l'organisme, il suffisait donc d'injecter un sérum marin à dose convenue (la loi dite de «constance osmotique» élaborée par Quinton). Un siècle plus tard, Mathieu Lehanneur, fasciné par la possibilité d'un design aux vertus thérapeutiques, croit moins aux fantômes de Darwin qu'à l'osmose possible de l'individu avec un environnement poreux dont l'ergonomie serait en permanence requalifiée par la pharmacopée. Il abandonne la solution clinique des injections (voir le mécanisme de perfusion développé par le Dr Jarricot, un disciple de Quinton, dans ses «dispensaires marins») pour lui préférer une immersion plus douce et poétique: un arbre de jouvence source d'oxygène régénérant, quand le corps redressé du tétrapode moderne décide de replonger dans la mémoire abyssale du bon vieux fossile *Tiktaalik*. Le design redessine à sa façon l'histoire, très animalière, des mémoires du corps.

Pascal Rousseau_ Professeur d'histoire de l'art, université de Lausanne

TIKTAALIK ROSEAE, A DESIGN FOR THE FISH-MAN

In early 2006 a group of American researchers from the University of Chicago working in the Canadian Arctic exhumed the fossil of a hybrid creature, emerged from the depths of history and from the abyss, half-fish, half-alligator, and equipped with articulated flippers capable of supporting its body. The detail was of importance. It very rapidly allowed the creature to be presented as the "missing link" between the fishes and the first vertebrates to tread the earth, the missing piece, 375 million years old, likely to provide new information to the dossier of evolution towards the tetrapod. *Tiktaalik* was the name given to it by the Council of Elders of Nunavut, the territory where it was found, meaning "big fish from shallow waters". The *Tiktaalik* evolved in subtropical estuary waters, between the sea and shallow fluvial waters. According to the researchers, it confirms a hypothesis: during the Upper Devonian (415–360 million years ago), the flood plains of the Euro-American continent had been the setting for a decisive transition between fishes and tetrapods. The teaching of Darwin plunged into troubled waters, between swamp and sea shore. At the same time, still unaware of the existence of *Tiktaalik roseae,* the designer Français Mathieu Lehanneur exhumed a marine solution for a domestic rejuvenation therapy (Q, 2005). For this, a ramified system of tubes, constituting the tree-shaped framework of a "burning bush", sprays into the ambient air a mist impregnated with quintonine. This latter substance, still distributed today in ampoule form, was developed in the early twentieth century by Dr René Quinton (1867–1925), a follower of Darwin. In its day it was considered a miracle remedy, a star of the pharmaceutical codices, in an era that was discovering the benefits of sea bathing. Its inventor Quinton made a name for himself in 1904 by publishing a book (*L'Eau de mer. Milieu organique. Constance du milieu marin originel comme milieu vital des cellules, à travers la série animale*) in which he attempted to demonstrate that every animal organism retains the memory of an ancestral marine life, which it instinctively tries to re-establish in its cellular environment. In order to regenerate the organism, therefore, it suffices to inject a marine serum in an agreed dose (the so-called law of "osmotic constancy" developed by Quinton). A century later, Mathieu Lehanneur, fascinated by the potential of a design with therapeutic benefits, believed less in Darwin's phantoms than in the possible osmosis of the individual with a porous environment, the ergonomics of which would be continuously requalified by the pharmacopoeia. He abandoned the clinical solution of injections (see the perfusion mechanism developed by Dr Jarricot, a disciple of Quinton, in his "marine dispensaries") in favour of a gentler and more poetic immersion: a tree of rejuvenation, a source of regenerative oxygen when the upright body of the modern tetrapod decides to plunge back into the abyssal memory of the good old fossil *Tiktaalik*. In its way, the design redraws the very animal history of the body's memories.

Pascal Rousseau_ Professor of Art History at Lausanne University

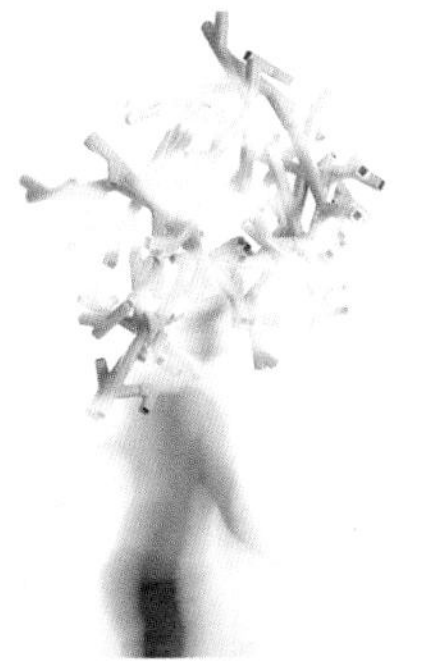

MATHIEU LEHANNEUR
*Q*_ 2005
DIMENSION VARIABLE / *VARIABLE DIMENSIONS*
INOX AVEC ENROBAGE PVC, SYSTÈME
DE DIFFUSION PAR POMPE ET BUSES /
STAINLESS STEEL WITH PVC COATING,
SPREADING SYSTEM BY PUMPS AND PIPES
COURTESY MATHIEU LEHANNEUR

LES OBJETS ZOOMORPHES COMME SUBSTITUTS AFFECTIFS

Il serait ingénu et réducteur de liquider la veine zoophile et zoomorphe qui parcourt l'histoire du design comme la simple conséquence d'une mode écologique, ou comme le fruit d'une sensibilité animaliste diffuse. Si de nombreuses réalisations du design international ressemblent à un animal, ou même en portent le nom, cela veut dire qu'il existe, entre l'artificiel et le naturel, entre le technologique et le biologique, entre le projeté et le généré, un rapport plus profond, articulé et complexe qu'on ne le pense habituellement. Prenons par exemple les objets de design qui empruntent leur nom à un animal : presque toujours, le rapport entre le mot et la chose, entre le signe et l'objet est tout autre qu'arbitraire ou conventionnel, voire relève d'une sorte de nécessité intrinsèque. Quelques exemples : le fauteuil *Delfino* d'Erberto Carboni (1954) évoque la silhouette d'un cétacé, la petite table *Cicognino* de Franco Albini (1952) celle d'une cigogne, et le téléphone *Grillo* de Marco Zanuso (1967) a une sonnerie onomatopéique qui rappelle le cri caractéristique de l'insecte auquel il doit son nom. Il y a entre les mots et les choses un rapport de contiguïté, parfois même de similitude et d'analogie, voire d'implication réciproque : l'objet porte ce nom parce qu'il ressemble à l'animal communément désigné sous ce nom. Parce qu'il en évoque la forme, ou en simule le mouvement. Ou encore, au contraire, parce que ce nom aide à saisir l'archétype formel inscrit dans l'apparence de l'objet et pas toujours immédiatement évident à l'œil d'un observateur distrait ou superficiel. Le nom révèle donc la source d'inspiration de l'auteur du projet, dissimule ses références plastiques et figuratives et propose une clé de lecture qui va au-delà de son immédiate fonctionnalité utilitaire pour envelopper l'objet même dans un réseau de renvois, d'échos et de suggestions culturelles.

Essayons à présent de considérer les objets ou les meubles qui (de par leur nature typiquement zoomorphe) constituent une sorte d'authentique bestiaire domestique : ils vont des nombreux objets anonymes et communs qui ont désormais pris des formes stéréotypées d'animaux (la tirelire en forme de petit cochon joufflu, le bourrelet de porte en forme de chenille adhérant parfaitement au sol, le récipient de porcelaine en forme de lapin dans lequel les femmes rangent leurs tampons de coton) aux innombrables produits en série du design le plus expérimental. Au niveau international, outre le siège historique *Elephant* de Bernard Rancillac, en 1966, et celui d'**Eero Aarnio** baptisé *Pony* et datant de 1970, que l'on songe aux lampes *Puppy* des Suédois **Johan Ridderstråle & Mats Broberg**, de 2005, ou encore au banc *Whippet bench* de **Radi designers** (1998), et ainsi de suite jusqu'aux sièges *Historia naturalis* des frères Campana (2006), avec leur mimétisme plastique inspiré par les mutations transgéniques de la faune tropicale.

En Italie, ce n'est pas un hasard si tous les plus importants designers ont produit des objets zoomorphes : de Munari (le petit singe *Zizi* en 1935 pour Pigomma), aux frères Castiglioni (la lampe *Gatto* en 1962 pour Flos) en passant par Gae Aulenti (la lampe *Pipistrello* en 1965 pour Martinelli Luce), Anna Castelli Ferrieri (le siège *Piggy* en 1991 pour Matteograssi), Marco Zanuso (*Lombrico* en 1967 pour C & B), **Cini Boeri** (*Serpentone* en 1971 pour Arflex, ou *Papero* en 1972 pour Stilnovo), Mario Bellini (*Camaleonda* en 1970-1971 pour C & B), Livio Castiglioni et Gian Franco Frattini (*Boalum* en 1970 pour Artemide) et **Isao Hosoe** et **Alessio Pozzoli** (*Heron* en 1994 pour Luxo Italiana).

Qu'y a-t-il derrière cette attraction fatale ? Qu'est-ce qui pousse tant de designers à puiser leur inspiration dans les formes animales, et tant de consommateurs à se reconnaître dans les objets ainsi créés ? Mon hypothèse est que les objets de design en forme d'animaux et portant des noms d'animaux expriment, sur le plan symbolique, un signe d'extinction. Qu'ils rendent présente une absence. Qu'ils signalent une expulsion et aident, en quelque manière, à la rendre tolérable. Dans leur évidence morphologique et / ou nominaliste, ce sont précisément ces objets (admis dans la dimension domestique de l'intérieur) qui s'offrent à nous comme des *succédanés* de cette animalité qui n'a pas lieu d'être dans nos habitations modernes. Ce sont, en quelque sorte, des *substituts affectifs* : ils évoquent, dans l'espace culturel par excellence qu'est

celui de l'architecture, de la maison comme projet de résidence soustrait aux dangers, aux menaces et aux rigueurs de la nature, le souvenir de l'état naturel et de la promiscuité perdus et refusés. Ils marquent en somme le retour du refoulé, accueillant à nouveau l'animalité sous forme d'objet projeté après en avoir expulsé le caractère «bestial» et incontrôlable. À travers ces présences métaphoriques, la maison s'anime comme un zoo virtuel, et l'avatar de l'animalité refait surface dans le *ratio* technologique et moderne du projet.
Comme s'ils étaient sortis d'une «arche de Noé» virtuelle, les objets zoomorphes du design repoussent les confins domestiques, les étendant ou les prolongeant jusqu'au royaume de la nature, peut-être en vertu d'une nostalgie des instincts perdus et des formes égarées, ou encore pour offrir à l'utilisateur «civilisé» des simulacres et des icônes qui, à leur manière, l'aident à se souvenir qu'il fait lui aussi partie du grand univers zoologique du monde. S'il est vrai, comme l'écrivait Walter Benjamin, qu'«habiter veut dire laisser une trace», ces objets conservent et préservent des empreintes et des traces importantes, porteuses d'indications nullement négligeables non seulement sur notre rapport avec les choses mais aussi, plus généralement, sur notre manière de les percevoir, de les utiliser, de les cataloguer et, enfin, de les remettre en rapport avec le monde.

Silvana Annicchiarico_ Conservatrice de la collection permanente de design italien, Palais de la Triennale de Milan

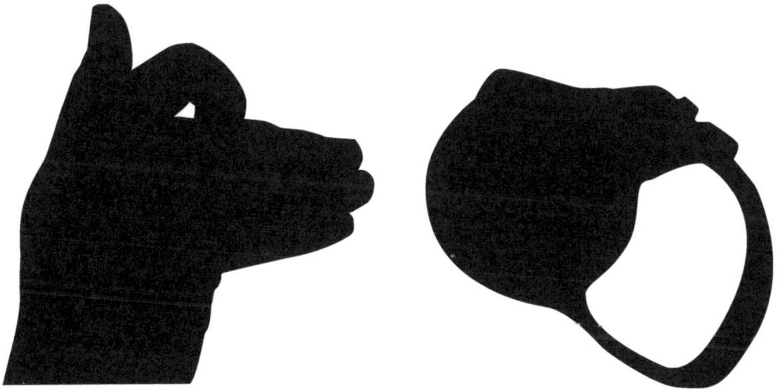

HAPPYPETS
*FLEXI 2-5_* 2000
DIMENSION VARIABLE /
VARIABLE DIMENSIONS
DESSIN VECTORIEL /
VECTORIAL DRAWING
PRÊT DES ARTISTES / COURTESY OF THE ARTISTS

ZOOMORPHIC OBJECTS AS AFFECTIVE SUBSTITUTES

It would be naive and simplistic to dismiss the zoophilic and zoomorphic thread that runs through the history of design as the mere expression of an ecological fashion or the fruit of a widespread animal-friendly culture.

The fact that many artefacts of international design resemble animals, and even bear their names, must surely indicate that there is a deeper, more complex link between artificial and natural, technological and biological, designed and produced, than is generally thought.

For design objects, the choice of name is seldom random or conventional: rather, it reflects a kind of intrinsic necessity. For example, Erberto Carboni's *Delfino* armchair (1954) alludes to the silhouette of a dolphin; Franco Albini's *Cicognino* small table (1952) evokes the profile of a stork; Marco Zanuso's *Grillo* telephone (1967) has an onomatopoeic ring which reproduces the sound of a cricket. There is a link between the name and the object, sometimes a link of affinity, resemblance, analogy, or even reciprocal implication: the object has that particular name because it looks like the animal normally referred to by the same name. It evokes the animal's form or simulates its movement. Or, alternatively, the name helps to convey a formal archetype that is in some way present in the object, but not always immediately apparent to a distracted or superficial observer. The name, in other words, reveals the inspirational source of the designer, disguises the plastic or figurative reference, and offers a key to understanding, which goes beyond the simple and immediate utilitarian function of the object and envelopes the object in a network of allusions, echoes, and cultural suggestions.

All together those objects or pieces of furniture —which by their very nature are essentially zoomorphic— create a kind of domestic bestiary: from the many anonymous everyday objects that have now become stereotype forms of animals (money-boxes in the shape of plump pigs, draught-stoppers in the shape of caterpillars which adhere perfectly to the floor, china pots in the shape of bunnies used as containers for cotton-wool in the ladies' room) to the numerous other mass-produced objects with experimental designs.

At an international level, there is Bernard Rancillac's *Elephant* seat (1966), **Eero Aarnio**'s, *Pony* seat (1970), the *Puppy* lamp (2005) by the Swedish duo **Johan Ridderstråle & Mats Broberg**, the *Whippet Bench* (1998) by **Radi designers** and the *Historia Naturalis* seat (2006) by the Campana brothers, with their plastic camouflage of the transgenic mutations of tropical fauna.

At an Italian level, it is no coincidence that nearly all the most important designers have produced zoomorphic objects: Munari (*Zizì*, the monkey, designed for Pigomma in 1953), Castiglioni brothers (*Gatto*, the cat lamp designed for Flos in 1962), Gae Aulenti (*Pipistrello*, the bat lamp designed for Martinelli Luce in 1965), Anna Castelli Ferrieri (the *Piggy* chair, designed for Matteograssi in 1991), Marco Zanuso (*Lombrico*, the worm seating system designed for C&B in 1967), **Cini Boeri** (*Serpentone*, the big snake sofa designed for Arflex in 1971 and also *Papero*, the duck lamp designed for Stilnuovo in 1971), Mario Bellini (*Camaleonda*, the chameleon chair designed for C&B in 1970/71), Livio Castiglioni and Gian Franco Frattini (*Boalum*, the boa light designed for Artemide in 1970), **Isao Hosoe** and **Alessio Pozzoli** (*Heron*, the light designed for Luxo Italiana in 1994).

What is behind this fatal attraction? What makes so many designers turn to animal forms for inspiration and so many consumers recognise themselves in objects designed in this way? It is my hypothesis that design objects shaped like animals or with animal names express, on a symbolic level, a sign of extinction. They make something that has been expelled, something that is missing, feel as though it is present; and they help, in some way, to make its absence more bearable.

By their shape and/or name, these very objects —introduced into the domestic dimension of the interior— act as *substitutes* for that animal element which in a modern home no longer has (and cannot have) any place. They are, in some way,

affective substitutes: they evoke in the cultural space, par excellence, (that of architecture, of the home, designed as a place of protection from danger, threats and the rigours of nature), the memory of the natural world, now lost and refused. In other words, they indicate the return of what was removed: they bring back the animal world in the form of an object designed after having being banished as an uncontrollable "beast". Through this metaphoric presence, the house comes alive, like a virtual zoo and the avatar of animalness thrives again in the modern, technological *ratio* of design.
As if coming out of a kind of virtual "Noah's Ark", zoomorphic design objects widen the domestic boundaries and extend them into the realm of nature: perhaps out of nostalgia for lost instincts or forms, or to give the "civilised" user substitutes or icons which help —in their own way— to remind him that he too is a part of the great zoological atlas of the world. If it is true what Walter Benjamin wrote that "living means to leave traces", these objects conserve and preserve important prints and traces, which tell us something significant about our relationship with things, and also, on a more general level, about our way of perceiving, using, cataloguing and, finally, reconnecting them with the world.

Silvana Annicchiarico_ Design Curator, Milan Triennale

LA SURVIE DU PLUS FORT – ANIMAL ET TECHNOLOGIE

Il est devenu complexe de survivre dans la société moderne. En effet, l'homme a dépassé les limites naturelles de son évolution grâce au développement et à l'utilisation de la technologie, et ceci a joué un rôle prépondérant dans la perpétuation du gène humain. Il y a bien longtemps certains animaux reconnurent l'ascension de l'homme dans l'ordre naturel et profitèrent de leurs qualités spécifiques pour former avec lui une relation symbiotique, assurant ainsi leur propre survie. Cependant avec les progrès de la technologie, la plupart des rôles utilitaires remplis par les animaux furent remplacés par la mécanique ou l'électronique. Les animaux les plus raisonnables se transformèrent alors en créatures divertissantes ou affectueuses afin de se garantir une place dans le foyer moderne Quant aux autres animaux, ils furent contraints pour survivre d'emprunter des voies plus obscures, loin des tapis moelleux, du chauffage central et des plats cuisinés. Cet article explore les directions potentielles de la survie[1] animale dans notre monde anthropogénique, en fonction des complexités et des exigences de la nature humaine. (Les directions indiquées plus bas ne représentent en aucun cas une liste exhaustive des possibilités envisageables. Nous n'avons par exemple pas traité du rôle très ancien de l'animal comme objet sacré. Les directions choisies ici le furent en fonction de leur lien avec la technologie sous ses formes variées.)

L'animal utilitaire (l'animal comme produit)

L'histoire naturelle nous apprend que les premiers cas d'animaux domestiqués apparaissent il y a environ 12 000 ans avec l'apprivoisement du loup par l'homme de Cro-Magnon. Ceci représente un tournant majeur dans le développement de la société moderne. Avant cet événement, les systèmes de survie étaient relativement simples ; chaque animal s'était adapté aux exigences de son environnement selon les lois de l'évolution naturelle. Il était aisé de faire la différence entre ses amis, ses ennemis et ses victimes, ignorant les premiers, luttant contre les seconds et dévorant les derniers.

L'homme de Cro-Magnon quant à lui avait développé certaines facultés de communication et savait concevoir et réaliser des projets complexes. Il était un chasseur accompli mais une chose lui posait problème : il avait du mal à trouver ses proies. Dans ses *Méditations sur la chasse*, Ortega y Gasset qualifie l'alliance de l'homme et du loup de « seul progrès effectif imaginable dans l'art de la chasse[2] ». Cette association représente l'extension des sens naturels de l'homme et par conséquent la réduction de ses limites. Grâce a un odorat décuplé, il lui devint soudain facile de trouver ses proies. Une fois que le loup (nous l'appellerons maintenant le chien) eut mis son odorat à la disposition de l'homme et offert ses services pendant la chasse, cette alliance révéla d'autres avantages : l'homme avait besoin de sommeil pour reposer un cerveau qui venait de s'élargir, mais ce n'était pas chose facile au milieu de prédateurs affamés. Le chien devint alors la première alarme de sécurité de l'homme, utilisant ses sens toujours alertes pour prévenir l'homme en cas de danger. Pour sa peine il reçut nourriture, abris et protection, les composantes rudimentaires de la perpétuation génétique.

À partir de ce moment, la collaboration entre l'homme et l'animal se déclina sous des formes variées. Pendant les quelques milliers d'années qui suivirent, on trouve parmi les animaux qui firent généreusement don de leurs qualités le cheval (force, mobilité), la vache (labour, vêtements) ou plus récemment le pigeon (communication) et le canari[3] (fragilité). L'animal utilitaire étendit le potentiel de l'homme, augmentant par là même sa propre valeur et ses chances de survie.

Cette stratégie se révéla efficace pour une grande variété d'espèces. Cependant on pourrait arguer que l'animal utilitaire est lui-même une forme d'outil technologique[4], et qu'il est de ce fait exposé à l'obsolescence dont sont victimes la plupart de nos appareils électroniques. Aujourd'hui, les rôles autrefois remplis par des animaux utilitaires ont été

1_ Survie du gène et non de l'individu, c'est-à-dire la perpétuation des espèces.

2_ Ortega Y. Gasset, *Meditations on Hunting*, Wilderness Adventures, Press Inc., 1995.

3_ Pendant une période les canaris étaient régulièrement utilisés dans les mines de charbon comme alarme. Des gaz toxiques comme le monoxyde de carbone et le méthane tuaient l'oiseau avant d'affecter les mineurs.

remplacés par des outils technologiques. L'ironie est que ce sont peut-être les trois milliards et demi d'années de recherche et de développement autour de l'évolution des êtres qui ont accéléré leur chute. En effet, la biomimétique[5] étudie le fonctionnement de composants naturels et les imite. Les chercheurs en biomimétique peuvent s'estimer heureux que Dame Nature ne fasse pas breveter ses inventions.

Période post-utilitaire : recyclage et transfert des compétences

Les objets sont conçus et réalisés dans des buts spécifiques. Par conséquent lorsqu'un produit plus performant apparaît, les anciens modèles sont soit recyclés, soit relégués au rang d'objets sans valeur faisant face à une mort certaine. Tandis que leurs rôles utilitaires sont remplacés par des alternatives technologiques plus performantes, les animaux utilitaires se trouvent dans la même situation. Ceux d'entre eux qui sauront se recycler connaîtront le succès de l'extension génétique. Les autres, inflexibles ou trop spécialisés, devront affronter une réévaluation par l'homme et leur possible extinction.

L'homme peut être capricieux et les alliances formées pendant l'âge utilitaire donnent un avantage à certains animaux. Les favoris trouveront la sécurité en se recyclant dans le divertissement, le sport ou comme animal de compagnie et profiteront du confort de ces nouveaux rôles très prisés. Le chien consolida sa place comme meilleur ami de l'homme en remplaçant son rôle d'outil par celui d'animal domestique. Les facteurs de cette transformation ont été illustrés par Jean-Pierre Digard lorsqu'il expliqua que l'aspect le plus intéressant et pourtant le moins compris des animaux domestiques était probablement le suivant : pour pouvoir devenir proche de leur maître, ces animaux doivent être totalement disponibles et n'avoir d'autre fonction que celle de compagnon de leur maître[6].

En bref, pour être accepté au sein du foyer moderne, le chien doit délaisser un grand nombre de compétences et de caractéristiques acquises au fil de siècles d'élevage sélectif. Ce sont ces caractéristiques jadis tant recherchées qui peuvent engendrer sa perte.

Pendant des années le Border Collie connut le bonheur du plein emploi en tant que chien de berger. Pour remplir ce rôle il lui fallait être intelligent, endurant et plein d'énergie, des qualités qui contrastent avec les exigences de la vie d'animal domestique. Cela veut dire que le Border Collie est désormais obsolète.

D'autres races de chien ont fait de meilleurs choix et investi leurs gènes dans des caractéristiques esthétiques (la « pédomorphose »). Les races canines les plus en vogue aujourd'hui ressemblent bien peu à leur ancêtre le loup.

D'autres animaux n'ont pas réussi à se faire une place aussi enviable. S'ils n'ont pas la chance d'être adorables, malins ou sportifs, ils sont forcés de mettre leurs corps au service de l'homme.

Le mouton sert l'humanité depuis des siècles d'une manière très intéressante, ajustant constamment ses capacités pour faire face aux changements de la société. La Révolution industrielle entraîna l'invention par Arkwrights de la machine à filer la laine (1768). Ceci engendra un problème : la production de laine était insuffisante par rapport aux capacités des fuseaux de la machine à filer. Pour y remédier, l'élevage de moutons fut déplacé dans les colonies britanniques. En moins de vingt-cinq années, 290 000 ovins avaient levé le camp et émigré en Australie. Ceci créa un changement fondamental dans le rôle du mouton britannique. La production de laine étant dès lors assurée, on se mit à l'apprécier pour sa viande. À l'époque le mouton était un animal très gras, et un peu d'élevage se révéla nécessaire. Le résultat en fut la variété Dishley, un mouton qui se caractérise par une ossature légère et davantage de viande que de gras.

Pour les animaux qui choisissent de vivre dans les confins de l'habitat humain, être utile est une priorité s'ils veulent avoir une chance de survivre.

_ Le cartésien Malebranche expliqua pour se défendre d'avoir brutalement congédié une chienne enceinte : « Ce n'est pas grave, c'est une machine. »

_ L'étude de la biologie dans le but de la copier a été baptisée biomimétique par Otto H.Schmitt en 1969.

_ J.-P. Digard, « L'Homme et les animaux domestiques ». *Anthropologie d'une passion*, Paris, Fayard, 1990.

L'alternative est de se voir catégorisé comme vermine, avec le danger d'être chassé, persécuté ou empoisonné. La chute peut être fulgurante. Il y a encore peu de temps le pigeon faisait brillamment carrière comme héros d'espionnage. Pendant la Seconde Guerre mondiale la médaille Dickin, la plus haute décoration pour bravoure (pour les animaux), fut remise à trente-deux pigeons. Aujourd'hui le pigeon est largement considéré comme une nuisance volante.

Alternative: l'utilité extrême comme stratégie de survie

Certains animaux ont des compétences si pointues que la technologie ne leur a pas trouvé d'équivalent. Ces capacités sont estimées au plus haut niveau, surtout par le secteur militaire. En combinant leurs compétences biologiques avec des outils technologiques, ces créatures «bioniques» peuvent alors rendre à l'homme des services inestimables:

«Le Pentagone espère pouvoir exploiter la capacité naturelle des requins à glisser discrètement sous l'eau, à repérer des gradients électriques infimes et à suivre des pistes chimiques. En télécommandant les mouvements du requin, ils espèrent le transformer en espion, avec peut-être la capacité de suivre des navires sans être remarqué. Ce projet est financé par la DARPA (Defence Advanced Research Projects Agency)[7].»

Bien sûr on pourrait arguer que ceci ne représente pas un mécanisme de survie très intelligent pour le requin en tant qu'individu, mais pour chaque animal qui risque sa vie en pénétrant la zone de guerre, il y en aura beaucoup d'autres qui mèneront des vies confortables entre deux séances d'entraînement, et qui assureront la sauvegarde du gène.

Certains rôles nouvellement imaginés par le monde de la génétique pour les animaux sont encore plus extrêmes. En particulier:

«La xénogreffe. Chaque année des malades meurent par manque de dons d'organes tels le cœur, le foie ou le rein. Ainsi, environ cinq mille organes manquent chaque année dans le Royaume Uni. Des porcs transgéniques pourraient fournir les organes nécessaires pour combler ce manque. Actuellement la xénogreffe est rendue impossible par une protéine porcine qui peut entraîner le rejet de l'organe chez le patient, mais les experts cherchent un moyen de remplacer cette protéine porcine par une protéine humaine[8].»

Elio Caccavale explore les nuances de cette réalité dans son projet intitulé *Utility Pets*[9] (Animaux domestiques utilitaires). Il imagine un scénario dans lequel chaque personne recevrait un porcinet portant le même ADN. Cet animal constituerait ainsi une sorte d'assurance vie; une réserve d'organes à utiliser au cas où ceux de son propriétaire défailleraient. Ces porcs mèneraient des vies de rois, pour que leurs organes soient en parfait état en cas de besoin.

Le monde de la biotechnologie pourrait avoir des conséquences radicales sur la nature. Les animaux ne sont pas soumis aux mêmes règles que les humains, et rendent ainsi possibles les expérimentations et les conceptions de nouvelles créatures.

Une compagnie californienne spécialisée en biotechnologie a commencé à prendre des commandes de chats hypoallergéniques pour des clients allergiques aux poils de chat. En 2003, un professeur de l'université nationale de Taiwan a isolé un gène de protéine fluorescente en l'extrayant de l'ADN d'une méduse, et l'a inséré dans l'ADN d'un dard-perche. Le Glofish (Poisson phosphorescent) est désormais vendu sur le marché américain comme nouvel animal domestique. Ceci démontre à quel point certains animaux sont prêts à détourner leur attitude et leur apparence naturelles pour satisfaire l'homme.

Avec les nouvelles technologies chaque jour de plus en plus pointues, les possibilités de mutations extrêmes sont devenues réelles. Si l'on considère les transformations du loup en la multitude de races de chien qui existent aujourd'hui, du dalmatien au chihuahua, l'intervention humaine et ses caprices sont évidents.

7_ Extrait d'un article paru dans le *New Scientist online*, 1er mars 2006, www.newscientisttech.com/article/mg18925416.300.html

8_ Voir www.actionbioscience.org/biotech/margawati.html

9_ Elio Caccavale, www.eliocaccavale.com

On en trouve l'illustration la plus extrême dans la mode:
« Suite à la sortie du film *Legally Blonde* il y a trois ans, et après que de nombreuses personnalités, parmi lesquelles la célèbre jury d'*X-Factor* Sharon Osborne, ont acquis des chihuahas, ces derniers sont devenus des animaux très prisés. Beaucoup de gens sont à la recherche de leur parfait Chihuahua depuis plus d'un an. Nous aimerions vous rappeler que le chihuahua **n'est pas** un accessoire de mode[10]. »
Certains animaux ont déjà été retouchés par la chirurgie esthétique et se sont vu raccourcir la queue ou recoller les oreilles. Il existe même des prothèses testiculaires destinées à être greffées sur les chiens castrés pour l'esthétique. Sans compter les questions éthiques, la modification génétique donnera aux éleveurs (et peut-être aux designers) davantage de contrôle, de variétés ainsi que des directions potentiellement plus radicales que les méthodes naturelles d'élevage sélectif. Sans les limites naturelles imposées par les croisements d'espèces, les chimères[11] peuvent devenir réelles. Seule l'imagination humaine (et les barrières éthiques) pourrait réduire ce champ des possibles.

« Post animals »

Cependant, lorsqu'il s'agit de profit, la créativité humaine connaît peu de limites. Les animaux masochistes qui choisissent de mettre tous leurs œufs dans le panier des élevages industriels le font à leurs risques et périls. Bien qu'ils ne soient pas immédiatement menacés (49 milliards de poulets seront consommés cette année), le développement de nouvelles technologies telle que la « biotech » signifie qu'il est plus que jamais nécessaire d'être éphémère et flexible. Ces dernières caractéristiques ne suffiront même peut-être pas. L'industrie agro-alimentaire et ses motivations douteuses quand il s'agit de faire du profit pourraient finir par trouver des solutions plus radicales; l'actualité a récemment évoqué le cas du poulet chauve:
Le professeur Avigdor Cahaner, qui a supervisé le projet, a dit à la BBC: « Il ne s'agit pas d'un poulet génétiquement modifié; il vient d'une espèce naturelle dont nous connaissons les caractéristiques depuis déjà 50 ans. »
Selon lui, ce poulet sans plumes serait moins gras, et aurait peut-être la capacité de grossir plus rapidement, ce qui améliorerait la qualité de la viande et ferait faire des économies aux producteurs[12].
Les nouvelles technologies font des découvertes encore plus inquiétantes pour les animaux qui comptent sur la consommation de leur viande pour survivre: dans l'édition de *Tissue Engineering* du 29 juin 2005 une équipe de scientifiques, dont Jason Matheny, doctorant à l'université de Maryland, propose deux nouvelles techniques de création de tissus organiques. Celles-ci pourraient un jour permettre la production *in vitro* (en éprouvette) de viande destinée à la consommation à un prix abordable.
C'est la première fois qu'a lieu un débat de chercheurs autour des possibilités de production industrielle de viande produite *in vitro*. Selon Matheny, qui fait des recherches en économie agricole et en santé publique « il y aurait de nombreux avantages à tirer de cette viande. Pour commencer, on pourrait en contrôler les apports nutritionnels. Par exemple, la plupart des viandes contiennent beaucoup d'Omega 6, des acides gras qui donnent du cholestérol et peuvent entraîner d'autres problèmes de santé. Avec de la viande *in vitro*, on pourrait les remplacer par des Omega 3, qui sont bons pour la santé. »
Avec la convergence des nouvelles technologies, les inventions potentielles se rapprochent de la science-fiction. L'utilisation de ces technologies aura des conséquences extrêmement vastes, et concernera peut-être même l'entité quasi sacrée qu'est l'animal domestique. Vivant au sein de nos foyers modernes, ce dernier est pourvu d'un certain nombre de qualités. Chacune crée des niveaux d'attachement et d'affection avec son propriétaire. Ils sont autonomes,

10_ Extrait du site www.findachihuahua.co.uk

11_ Dans la mythologie grecque la chimère est un monstre féminin qui crache du feu, a une tête de lion, un corps de chèvre et une queue de serpent. Aujourd'hui une chimère désigne une créature composée des parties de plusieurs animaux.

12_ BBC News Online, 21 mai 2002, www.news.bbc.co.uk/1/hi/sci/tech/2000003.stm

peuvent apprendre des comportements à travers un conditionnement, dépendent de leur propriétaire pour leur subsistance (et ont une réaction positive lorsqu'on la leur donne) et apprécient leur compagnie. Aujourd'hui les robots domestiques tel le Sony Aïbo sont pourvus des mêmes caractéristiques. Des études récentes ont montré qu'avec le temps les propriétaires de Sony Aïbo développent le même attachement à leur robot qu'à un chien (on trouve même des témoignages semblables pour les propriétaires d'aspirateurs-robots). Le chien-robot ne ressemble pas encore à sa doublure naturelle, mais il est programmé d'une manière si élaborée qu'il provoque les mêmes réactions émotionnelles qu'un vrai chien. Alors que la science-fiction explore le thème du robot depuis des siècles, le développement constant de la puce électronique signifie que certains robots plus ou moins convaincants sont maintenant très réels. Encore quelques années et nous pourrions nous retrouver avec le genre de créature décrit ici:
«…ou son mouton électrique «broutait». Ou, appareil sophistiqué qu'il était, son mouton ruminait avec un plaisir simulé, trompant ainsi les autres occupants de l'immeuble[13].»
Les animaux artificiels ont des avantages évidents sur leurs doublures naturelles. Ils ne meurent pas, ne salissent pas la moquette, et bien qu'il y ait une dimension intrinsèque de responsabilité et d'attention envers le robot, les représentants de la SPA ne viendront pas vous déranger si vous le négligez. De même que le moteur à explosion a fini par remplacer le cheval comme moyen de transport, l'électronique et les nouvelles technologies pourraient bien remplacer l'animal domestique. Ces progrès sonneraient-il le glas du dernier refuge de la survie animale anthropogénique?

Animaux améliorés (une méthodologie alternative)
Ce siècle est donc un âge sombre pour l'animal; la technologie remplace chaque jour davantage les rôles et les services qu'il a mis des milliers d'années à remplir généreusement de sa courte vie.
La série des *Animaux améliorés* explore un point de vue différent sur l'existence animale. Cet article a été écrit dans la perspective où l'exploitation de nouvelles possibilités écologiques a entraîné certains animaux à s'allier à l'homme. L'ouvrage va plus loin en imaginant les objets étranges et uniques que les animaux développeraient et utiliseraient afin de vivre en meilleure harmonie avec l'homme.

Ces objets animaliers se répartissent en trois catégories:
1_ Le traumatisme de la domestication
Comme nous l'avons observé, la domestication n'est pas un moyen de survie simple pour les animaux. Les formes naturelles et les comportements hérités après des millions d'années d'évolution sont sacrifiés au profit des caprices du désir humain et du marché. Certains choix ont entraîné avec succès la survie de plusieurs espèces, mais à quel prix? Les animaux domestiques vivent constamment dans un entre-deux, moitié adaptés à la société humaine, et moitié animaux sauvages. Les objets décrits dans *Animaux améliorés* pallient les insuffisances dont souffrent les animaux du foyer.
2_ La survie
Nombre d'améliorations qui nous semblent communes trouvent leurs origines dans la recherche militaire. Le progrès technologique atteint d'habitude son apogée en période de guerre. Beaucoup d'animaux ont développé au cours de leur évolution des mécanismes de défense ingénieux contre leur ennemi ou leur proie. Malheureusement l'évolution est un processus très lent et c'est un souci constant que de faire partie de la chaîne alimentaire. Grâce à la technologie, les animaux peuvent maintenant remédier à la lenteur de l'évolution.

13_ Philip K. Dick, *Do Androids Dream of Electric Sheep*, Londres, Gollancz, 1968.

3_ Le faire-valoir

Si une espèce animale n'est pas domestique, agréable à regarder (cygne, paon) ou assez discrète pour exister sans intervenir dans l'espace humain, elle est probablement catégorisée comme « vermine ». C'est une étiquette dangereuse pour les animaux qui la portent, puisqu'ils sont sans cesse persécutés. Les objets décrits dans *Animaux améliorés* proposent des techniques pour que ces animaux élèvent leur statut au sein de la société humaine.

Cet article est dédié à Ruby, ma fidèle compagne de treize années qui nous a malheureusement quittés tandis que j'écrivais ces lignes. Elle a généreusement offert son temps et son aide à de nombreuses expériences, essais et séances de photo quand nous étions ensemble.

James Auger, artiste et designer_ Juin 2006

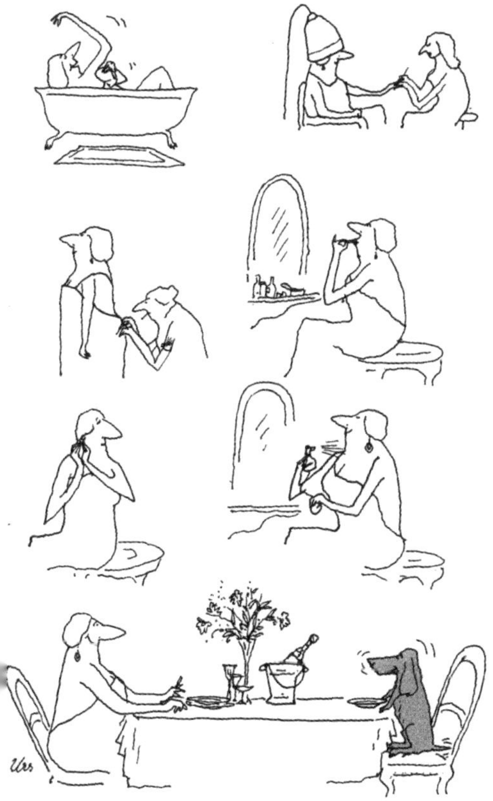

URS
SANS TITRE / UNTITLED_ N.D.
30 X 22 CM
ENCRE DE CHINE SUR PAPIER /
INDIAN INK ON PAPER
COLLECTION PRIVÉE / PRIVATE COLLECTION,
ROSETTE MAGNIN

SURVIVAL OF THE FITTEST—ANIMAL AND TECHNOLOGY

Survival in modern society has become complex. Man has bypassed his natural evolutionary limitations through the development and application of technology. This is playing an ever-increasing role in the perpetuation of the human gene. Many years ago certain animals acknowledged man's rise in the natural pecking order and took advantage of their specific skills to form a symbiotic relationship with him, effectively ensuring their own survival.
As technology has progressed most of the utilitarian roles performed by animals have been replaced by mechanical and electronic means. The wise animals then turned their skills to entertainment and friendship to encourage a secure status for themselves in the modern home.
As for the more unfortunate animals, they have been forced to tread a slightly darker path towards long-term survival away from lush carpets, central heating and à la carte suppers.
This essay explores the possible routes for animal survival[1] in the modern anthropogenic world, in tune with the complexities and demands of human whim. (Survival routes illustrated here do not represent an exhaustive examination into all available possibilities. Certain time-honoured roles, such as religious symbolism, have been ignored. The solutions here have been chosen for their relation to technology in its various guises.)

The utilitarian animal (animal as product)

Natural historians tell us that the first case of animal domestication occurred 12,000–15,000 years ago when Cro-Magnon man befriended the wolf. This was a major turning point in the development of modern society. Until this event survival mechanisms were relatively simplistic, each animal had, through the rules of natural evolution, developed to meet the demands of their individual environment. Friend, foe, or food were relatively easily identified and either ignored, fought, or eaten. By this time Cro-Magnon had developed communication skills and was capable of conceiving and executing complicated plans. He was skilled in the art of hunting animals, but had one problem: he wasn't very good at finding them. In his book *Meditations On Hunting*, Ortega y Gasset calls man's alliance with the wolf: "The only effective progress imaginable in the chase".[2] This alliance effectively extended his natural senses and therefore reduced his limitations. Suddenly, with an amplified sense of smell, finding prey became easy.
After the wolf (we will call him the dog from here on) had placed his nose at man's disposal and offered his services in the hunt, other mutually beneficial bonuses were discovered. Man with his recently acquired big brain needed sleep, but this was hard to come by with all the hungry beasts in local residence. The dog became man's first burglar-alarm, his alert senses giving early warning of potential predators. For his travail, the dog received food, warmth, shelter, and protection —the rudimentary ingredients for successful genetic perpetuation. From these early beginnings, collaboration between humans and various breeds of animals formed in a variety of guises. Over the next few millennia celebrated benefactors to the needs of humankind were the horse (strength, mobility), the cow (cultivation, clothing), and more recently the pigeon (communication) and the canary (frailty)[3]. Utility animals expanded human potential and therefore through their own functionality experienced increased value and greater chance of survival. This ingenious tactic has clearly worked for a variety of species. However, it could be argued that utilitarian animals are forms of technology,[4] and are therefore susceptible to the same object-obsolescence that our modern electronic appliances suffer from. Today the roles performed by most utilitarian animals have been replaced by various technological products. Ironically it is the 3.8 billion years of natural evolutionary research and development that may have accelerated their demise. The science of bio-mimetics[5] effectively identifies what works in nature and copies it. It is fortunate for the bio-mimetics experts that mother nature does not have a patent lawyer.

1_ Survival in the genetic sense not individual. i.e., the perpetuation of the species.

2_ Gasset, Ortega Y. *Meditations on Hunting*. City: Wilderness Adventures Press Inc, 1995.

3_ Canaries were once regularly used in coal-mining as an early-warning system; toxic gases, such as carbon monoxide and methane, in the mine would kill the bird before affecting the miners.

4_ The Cartesian Malebranche, on violently expelling a pregnant dog from his presence, explained in his defence: "It doesn't matter, it's a machine."

5_ The subject of copying, imitating, and learning from biology was coined Biomimetics by Otto H. Schmitt in 1969.

Post-utility: reappropriation and transferable skills

Products are designed and developed for a specific purpose, therefore when superior products come along, the outdated models are either re-appropriated or face a slow lingering death as their value wanes. As their utilitarian roles become superseded by more efficient technological alternatives, animals find themselves in a similar situation. Those skilled in the art of reappropriation will find extended genetic success. Those too specialised or inflexible face a rapid human re-evaluation and potential demise.

Humans can be fickle, and the allegiances made during the utilitarian times mean that some animals fare better than others. The favoured ones can find salvation in the worlds of entertainment, sport, and companionship, relishing the comforts and security offered by these coveted new roles.

The dog cemented his position as man's closest ally with his ability to transform his role from one of worker to that of pet. The rules for this transformation have been illustrated by Jean-Pierre Digard:

"The most misunderstood yet perhaps the most interesting aspect of pets is doubtless the following: to be permitted to become close friends with their owners, these animals have to be completely available for them and to have no other purpose than just being their owner's companion."[6]

Basically, for the dog to be accepted in the modern home he has to relinquish many of the skills and behavioural traits inherited during many generations of selective breeding. It is these once sought-after traits that can lead to their undoing. For many years the Border Collie retained happy and gainful employment in the herding of sheep. For this role he needed intelligence, copious amounts of energy and endurance, and behavioural qualities that are at odds with the requirements of the modern household pet. This effectively means that the Border Collie is obsolete. Other breeds of dog made the right choices, investing their genes in puppy-like tendencies and aesthetics (paedomorphosis). The thriving breeds of dog today are far removed from their wolf ancestor.

Other animals do not fare quite so well. Lacking in either cuteness, intelligence, or sportyness, they resort to turning their bodies into commodities.

The sheep has a long and interesting history of service to human kind, constantly updating its gifts to mankind to fall in line with societal changes. The industrial revolution saw the introduction of Arkwright's spinning frame (1768). This created a problem: wool production could not keep up with the capacity of the mechanical spindles. This resulted in the sheep-rearing being commissioned to British overseas possessions. Within twenty-two years 290,000 of the animals had upped camp and emigrated to Australia. This created a fundamental shift in the role of British sheep —wool-supply assured, they now became popular for their meat. Sheep at this time were fatty creatures, so a little breeding was necessary. This led to the Dishley, a breed characterised by a light bone structure and more lean meat in proportion to fat.

For animals who choose to base themselves within the realms of human habitation, being useful is a priority for them to have any chance of survival. The alternative is to face the more dangerous possibility of being labelled as pest —a dangerous category for any animal, as they invariably end up being hunted, persecuted, or poisoned. The fall from grace can be fast. Until recently the pigeon had a long and illustrious career as a hero of espionage. During World War II the Dickin Medal, which is the highest possible decoration for valour (for animals), was awarded to thirty-two pigeons. Today however they are commonly viewed as flying vermin.

An alternative survival strategy (extreme utility)

Certain animal capabilities are still so refined that human technology has no equivalent to them. These skills are held in

6_ Digard, J. P. "L'homme et les animaux domestiques". *Anthropologie d'une passion.* Paris: Fayard, 1990.

high regard, especially in the military domain. By combining their biology with technology, these emerging "bionic" creatures can offer highly specialised new services:
The Pentagon hopes to exploit sharks' natural ability to glide quietly through the water, sense delicate electrical gradients and follow chemical trails. By remotely guiding the sharks' movements, they hope to transform the animals into stealth spies, perhaps capable of following vessels without being spotted. The project is funded by the Defence Advanced Research Projects Agency (DARPA)[7].
Of course it could be argued that this does not represent a particularly intelligent survival mechanism in terms of the individual shark, but for every altruistic creature entering the war-zone, there will surely be several others leading secure and pampered lives, as they go through training schedules, safeguarding the gene.
Perhaps even more extreme are some of the new roles imagined for animals in the world of genetics. In particular: xeno-transplantation. Patients die every year for lack of a replacement heart, liver, or kidney. For example, about 5,000 organs are needed each year in the United Kingdom alone. Transgenic pigs may provide the transplant organs needed to alleviate the shortfall. Currently, xeno-transplantation is hampered by a pig protein that can cause donor rejection but research is underway to remove the pig protein and replace it with a human protein.[8]
Elio Caccavale explores the nuances of this reality in his project "Utility pets".[9] In his scenario he imagines that, shortly after birth, people will be given a piglet with their own DNA engineered into it. This pig would be a form of living insurance policy —an organ bank to be called upon if its owner's organs failed. These pigs would lead high-quality lives, ensuring that their organs are constantly in prime condition, just in case they were needed.
The world of biotechnology may have radical implications for the natural world; animals are not subject to the same regulations as humans, thus making experimentation and "designer" creatures a reality. A California biotech company has started taking orders for hypoallergenic cats from people prone to allergies. In 2003 a professor at the National Taiwan University isolated a gene for a fluorescent protein, extracted from a jellyfish, and inserted it in the genome of a zebrafish. The GloFish™ is now legally sold in the United States as a novelty pet. This raises the question of how far animals are willing to divert from their natural forms and behaviour to satisfy mankind. As emerging technologies become increasingly profound, the potential for extreme modification turns into a reality. If we consider the transformation of the wolf into the multitude of dog breeds existing today, from the Great Dane to the Chihuahua, the manifestation of human whim is evident. Fashion and status may represent this human trait at its extreme:
Following the release of the film "Legally Blonde": three years ago and after several celebrities, including most famously X-Factor judge Sharon Osbourne, acquired chihuahuas they have become highly sought-after pets. Many people have been searching for their ideal chihuahua for over a year. Please remember that a chihuahua **is not** a fashion accessory." [10]
Already certain pets are cosmetically enhanced, undergoing a trim off the tail, and nipped or tucked ears. There is even a market for artificial testicles implanted into neutered dogs. Ethical considerations aside, genetic modification will give breeders (designers?) more control, more turnover, and offer more radical possibilities than the natural methods of selective breeding. Removing the natural limitations of cross-species reproduction, chimeras[11] become a realistic possibility. Human imagination (and ethical barriers?) may become the only limiting factor.

Post animals

Where profit is concerned, human resourcefulness has little limitation, however. The masochistic animals choosing to put their eggs in the basket of industrial factory farming do so at their peril. Although relatively secure in their roles (49 bil-

7_ Article from *New Scientist online*. 1 March 2006. http://www.newscientisttech.com/article/mg18925416.300.html

8_ See http://www.actionbioscience.org/biotech/margawati.html.

9_ See Elio's website for a full explanation of the project: http://www.eliocaccavale.com/

10_ From the website: http://www.findachihuahua.co.uk/

11_ In Greek mythology a fire-breathing female monster with a lion's head, a goat's body and a serpent's tail. In modern terms a chimera is any animal formed from parts of various animals.

lion chickens will be consumed this year), developments in emerging technologies such as biotech mean that transience and flexibility are more necessary than ever before. Even these traits may not be enough. The meat industry, with its dubious motives for profiteering, may eventually find more dramatic solutions; a recent news item highlighted the case of the Bald Chicken:

Professor Avigdor Cahaner, who led the project, told the BBC: "This is not a genetically modified chicken –it comes from a natural breed whose characteristics have been known for 50 years". The featherless birds would tend to be leaner, and perhaps grow faster, he said, which would improve the quality of the meat and save producers money.[12]

And even more disturbing for the animals basing their chances of survival on being eaten:

In the June 29 issue of *Tissue Engineering*, a team of scientists, including University of Maryland doctoral student Jason Matheny, propose two new techniques of tissue engineering that may one day lead to affordable production of in vitro-lab grown –meat for human consumption. It is the first peer-reviewed discussion of the prospects for industrial production of cultured meat. "There would be a lot of benefits from cultured meat," says Matheny, who studies agricultural economics and public health. "For one thing, you could control the nutrients. For example, most meats are high in the fatty acid Omega 6, which can cause high cholesterol and other health problems. With in-vitro meat, you could replace that with Omega 3, which is a healthy fat."

As various emerging technologies converge, the possible applications start to resemble science fiction. The application of these technologies will have far reaching impact, potentially even for that semi-sacred entity, the pet. The modern household pet has many traits, each creating levels of attachment and bonding with their host. They act autonomously, can learn certain behaviours through conditioning, are dependant on their host for nurture (showing positive response on receipt of sustenance) and enjoy interaction. Artificial pets such as the Sony "Aibo" now replicate all of these behaviours. Recent research has proven that over time owners respond and develop a bond with the Aibo in the same way as they do with real dogs (even owners of robotic vacuum cleaners have experienced similar bonding). The robotic dog does not yet physically resemble its natural counterpart, but through sensitive programming it elicits a similar emotional response to the real animal. Over the last century the concept of the robot has been thoroughly explored within the realms of science fiction, but the incessant development of the chip means that semi-convincing or compelling robots are now science-fact. Projecting this slightly into the future and we may end up with the type of artificial creatures as described below:

"... whereon his electric sheep "grazed". Whereon it, sophisticated piece of hardware that it was, chomped away in simulated contentment, bamboozling the other tenants of the building."[13]

Artificial animals have clear advantages over their natural alternatives. They do not die, nor do they foul the carpet, and although there is a built-in responsibility and nurturing element, the animal cruelty officers will not come knocking on the door if the pet is neglected. As the internal combustion engine eventually replaced the horse as a means of power, so electronic and emerging technologies may eventually replace the household pet. The last safe haven for anthropogenic animal survival?

Augmented Animals (An alternative methodology)

So this century is a dark period for animals: technology is routinely taking over every service and role that they have spent millennia generously donating and adapting their short lives to facilitate.

12_ BBC news online 21/05/2002 http://news.bbc.co.uk/1/hi/sci/tech/2000003.stm

13_ Philip K. Dick, *Do Androids Dream of Electric Sheep?* London: Gollancz, 1968.

The *Augmented Animals* series imagines an alternative perspective on animal existence. This essay was written on the assumption that by exploiting new ecological niches, the alliance with humans was a self-initiated act on the part of the animals. The work takes this hypothesis a stage further by imagining the strange and unique products that animals may use and develop in order to have a safer or more comfortable co-existence with man.

The animal products fit into three categories:

1_ Traumas of domestication.

Domestication, as we have observed, Is not a simple survival route for animals. Natural forms and behaviours inherited over millions of years of evolution are sacrificed to the whims of human desire and organizational profit. Successful choices have led to the perpetuation of several species but at some cost. Domestic animals exist in a continual liminal space, partly adapted to human society and partly left over from a previous time. These products pander to the needs of animals existing in the domestic domain.

2_ Survival

Many of the augmentations that we regard as commonplace have their origins in military research and development. Technological advancement is at its greatest during wartime. Many animals, in the course of their evolution, have developed ingenious mechanisms of defence against their enemy or prey. Unfortunately, evolution moves slowly, and becoming part of the food chain is an ever-present worry. With the help of technology, evolutionary shortfalls may be overcome.

3_ Reputation Enhancers

If an animal species is not domesticated, aesthetically pleasing (swan, peacock), or just left to fend for itself without encroaching on human life, then it probably falls into the category of "pest"; this is a dangerous realm for animals, as they invariably tend to be hunted, persecuted, or poisoned. These products suggest methods for persecuted animals to elevate their status within human society.

Dedicated to Ruby, my trusted companion of 13 years who sadly passed during the writing of this article. She happily offered her time and service for many experiments, tests and modelling sessions during our time together.

James Auger_ June 2006

GRÉGOIRE ZÜGER
POILS DE CHIEN_ 2005
APPROX. 7 X 10 X 2,5 CM
POILS DE CHIEN / *DOG HAIR*
PRÊT DE GRÉGOIRE ZÜGER, ECAL /
COURTESY OF THE ARTIST, ECAL

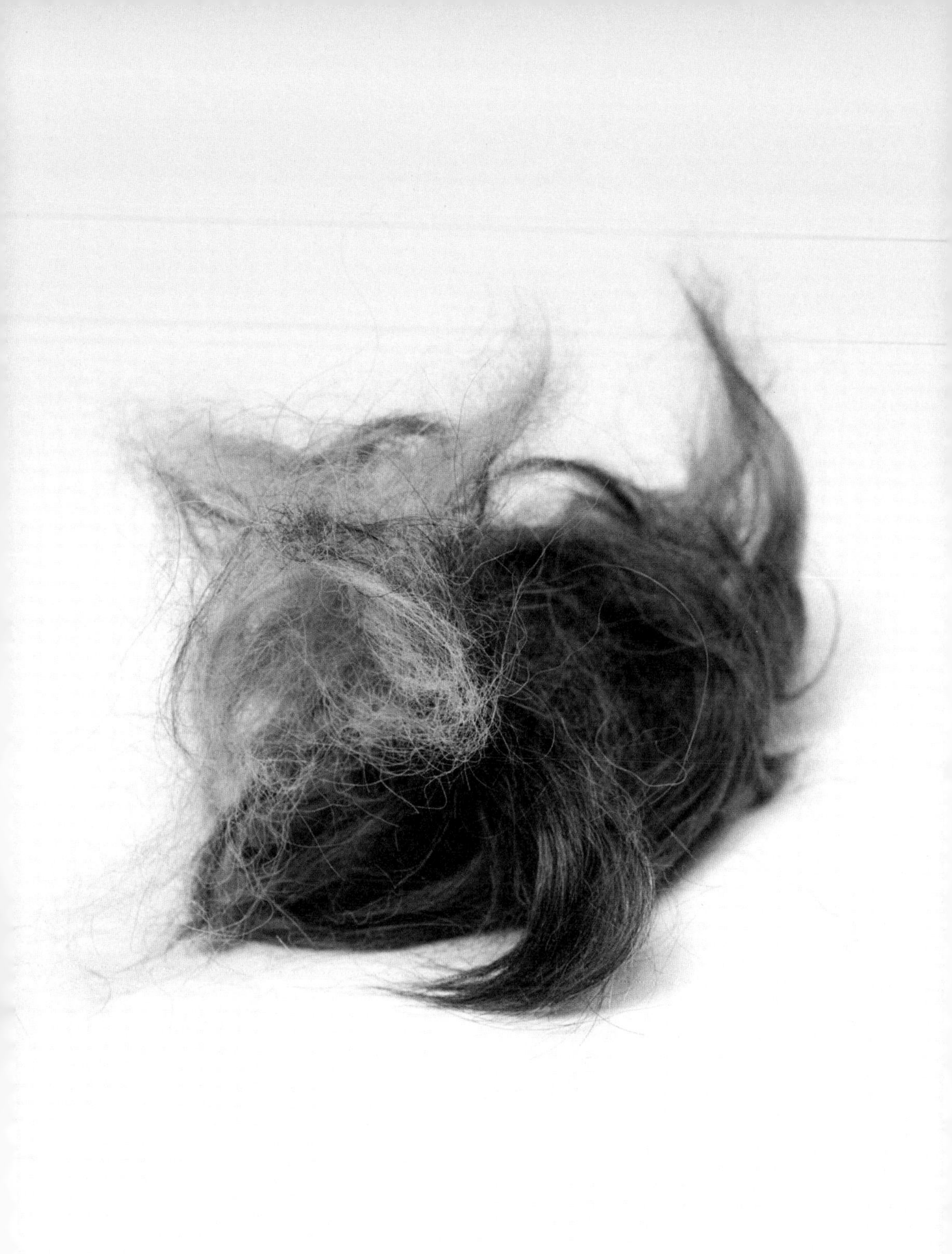

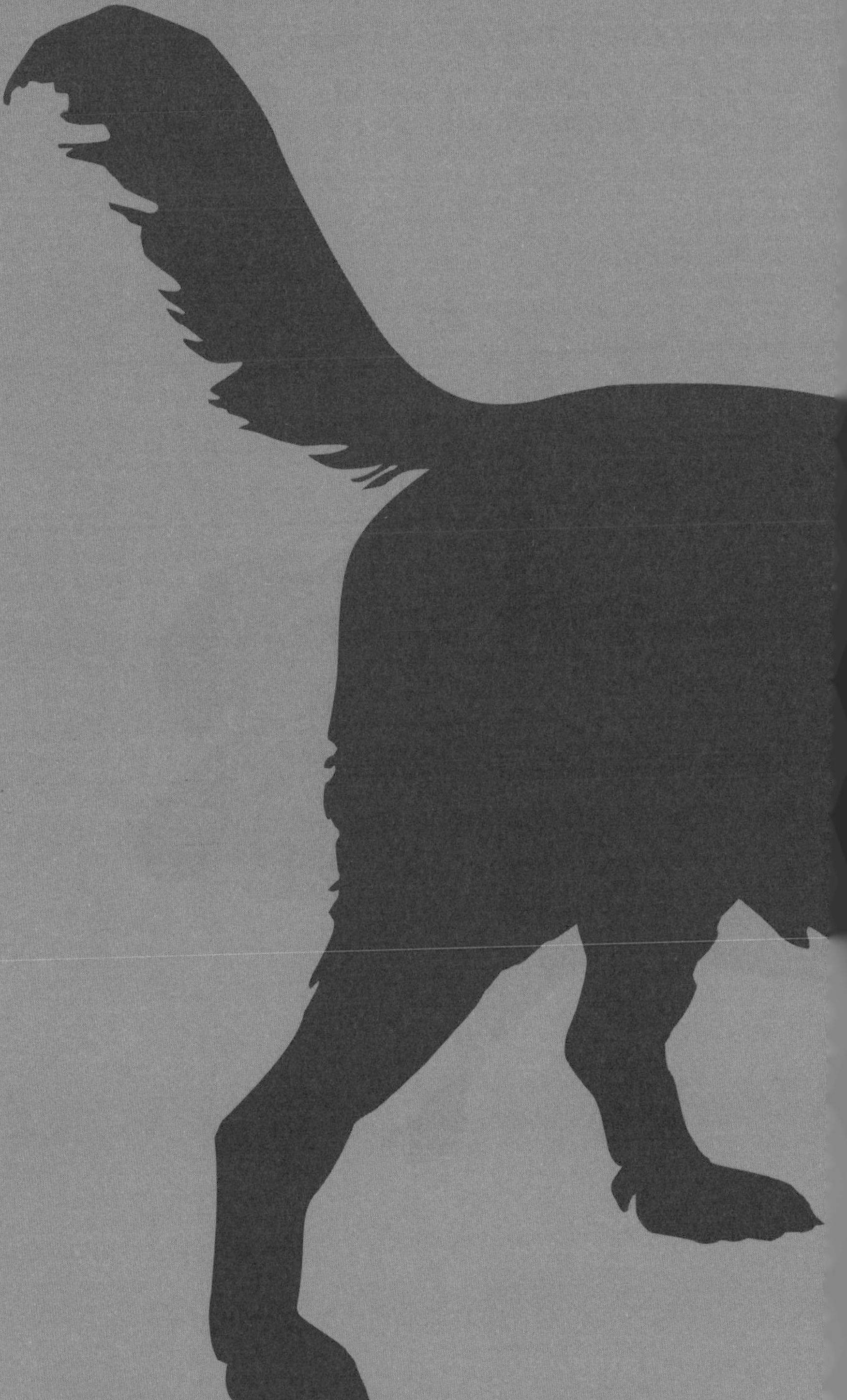

ANIMAL MUNDI

Évoquer le règne animal induit des interrogations fondamentales. Cette entrée en matière n'a d'autre prétention que d'agir comme prologue, rappel symbolique de la Nature, des origines de l'homme, de la mythologie, du tabou, propos qui dominent dans notre relation à l'animal et dans l'imagerie contemporaine des artistes. L'univers très interprétatif que nous livrent ici les œuvres présentées donne le «la» à l'exposition. Puisant tant dans l'imaginaire fantastique que dans l'Imagination caustique, elles jouent en contrepoint de questionnements cardinaux.

Citons un exemple historique, non disponible, mais que chacun a certainement en mémoire: *Pellemondo* de **Claudio Parmiggiani** (1968), mappemonde en peau de vache détournée, évoque ici la Nature et fait du monde un animal, dans un jeu ironique et métonymique: l'enveloppe du monde est la peau de l'animal qui recouvre ce globe, la globalité du monde est un être vivant, l'animal est le monde et réciproquement. Dans cette même veine ironique, et en plein débat «néo-créationniste» venu d'outre-Atlantique où l'*Intelligent Design* (dessein intelligent) remet en cause les théories darwiniennes de l'évolution[1], les singes de *Mr Bondieu* de **Patrick Van Caeckenberg** (2001), attablés gaiement autour d'un festin, semblent plutôt fêter «Mr Darwin». Par un dédoublement comique et une mise en scène incongrue, cette photographie rappelle d'évidentes affinités entre le singe et l'humain. Plus grave, la *Chimère 2* acéphale de **Pierre-Philippe Freymond** (2004) nous mène dans les contrées du fantastique, mais tronquée de son «merveilleux», sa part «d'autre», essentielle à sa définition: ainsi décapitée, cette chimère s'apparente plutôt à une certaine typologie de monstre, telle qu'énoncée dans la classification d'Ambroise Paré[2] à laquelle l'œuvre se réfère expressément. En contrepoint, la sculpture en plastique *Hase auf Schoss* (Lièvre sur les genoux) de **Nele Waldert** (1995/2005) semble redonner en humour, par son traitement surréaliste – superposition aléatoire, tel un cadavre exquis, d'un llèvre fantoche sur des genoux d'homme –, les images hybrides que produisent les rêves.

Nature, mais aussi société et conventions: **Robert Gligorov** interroge une situation limite avec *Dog Kiss* (1997). Dans sa propension à heurter le regard, l'artiste brise les interdits et révèle, de manière frontale et intense, le baiser entre un homme et un chien, vision décapante d'un animal assumant de plus en plus nos troublantes pulsions humaines.

De ces œuvres qui mettent en jeu l'animal, nulle ne vise à formuler des réponses, «l'animal du monde» reste entier dans sa complexité. Elles appellent avant tout ici à se décentrer de soi en tant «qu'animal raisonnable», et créer ainsi de nouveaux rapports et d'autres niveaux de regards.

1_ Voir à ce sujet l'article de Samuel Bluemenfeld, « Dieu contre Darwin », *Le Monde 2*, 8 octobre 2005

2_ Auteur au XVIe siècle du célèbre traité de tératologie, *Des monstres et des prodiges.*

ANIMAL MUNDI

Evoking the animal kingdom involves fundamental questions. This entry into the material makes no pretence to be anything other than a prologue, a symbolic reminder of nature, of the origins of man, of mythology, taboo —subjects that are dominant in our relationship with animals and in the contemporary imagery of artists. The highly interpretative universe produced by the works presented sets the tone for the exhibition. Drawing both on make-believe and on the caustic imagination, they act as a counterpoint to cardinal questionings.

Let us quote a historical example, unaivailable but well known to us all: *Pellemondo* by **Claudio Parmiggiani** (1968), a globe modified with cowhide, evokes nature and turns the world into an animal in an ironic and metonymical interplay: the casing for the world is the animal skin that covers this globe; the globality of the world is a living being, the animal is the world and vice versa. In this same ironical vein, and in full "neo-creationist" debate from the other side of the Atlantic where Intelligent Design is challenging Darwinian evolutionary theories[1], the monkeys in *Mr Bondieu* by **Patrick Van Caeckenberg** (2001), seated gaily around a festive table, seem instead to celebrate Mr Darwin. Through the comical division into two and the incongruous staging, this photograph reminds us of the obvious affinities between monkey and human being. More seriously, the headless *Chimère 2* by **Pierre-Philippe Freymond** (2004) leads us into the land of the fantastic, but devoid of its magic, its touch of "the other", essential to its definition: decapitated, this chimera is more like a certain typology of monster, like that in Ambroise Paré's classification[2], to which the work expressly refers. By way of counterpoint, the three-dimensional sculpture *Hase auf Schoss (Hare on lap)* by **Nele Waldert** (1995/2005) seems to reflect in a humorous way the hybrid images produced in dreams, through its surrealistic treatment —random positioning, like an exquisite corpse, of a hare puppet on a man's knees.

Nature, but also society and conventions: **Robert Gligorov** explores a borderline situation in *Dog Kiss* (1997). In his propensity to grab the eye, the artist breaks prohibitions and reveals, frontally and intensely, a kiss between man and dog, an abrasive vision of an animal increasingly assuming our unsettling human urges.

Of these works which put the animal into play, none is aimed at formulating answers; the "animal of the world" remains entire in its complexity. Here, above all, they call us, as "rational animals", to move away from ourselves as the focus and thus create new relationships and other viewpoint levels.

On this subject, see the article by Samuel Bluemenfeld, "Dieu contre Darwin", *Le Monde 2*, 8 October 2005.

Author in the 16th century of the famous treatise on teratology, *Des monstres et des prodiges*.

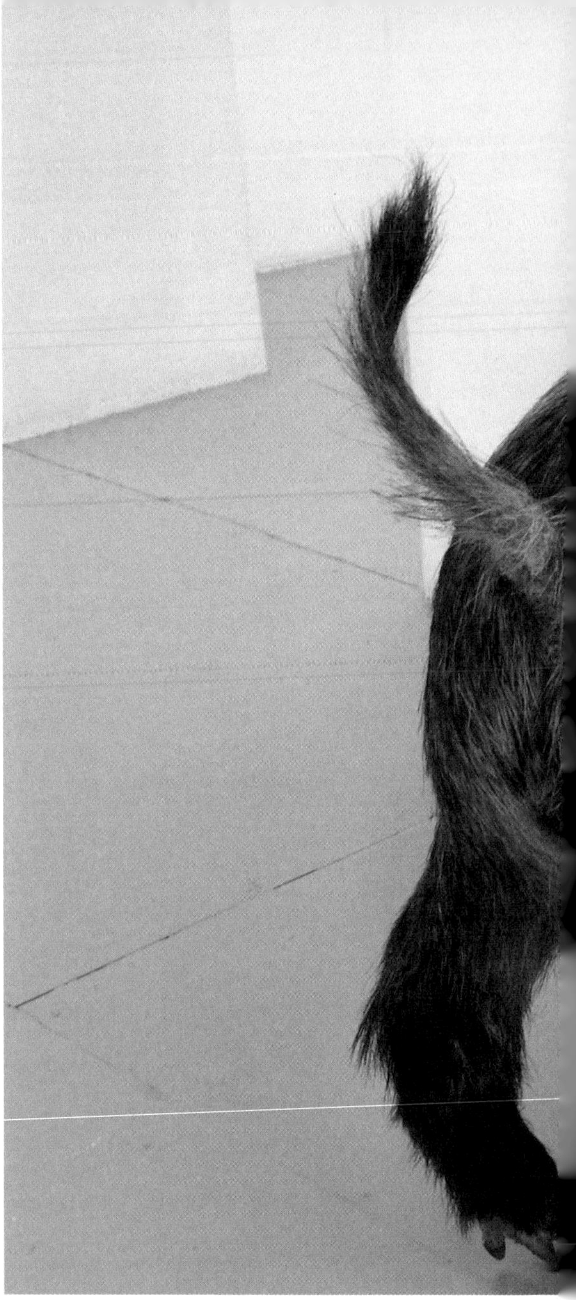

PIERRE-PHILIPPE FREYMOND
CHIMÈRE 2 (D'APRÈS AMBROISE PARÉ)_ 2004
85 X 35 X 105 CM
ANIMAL NATURALISÉ / *STUFFED ANIMAL*
PRÊT DE L'ARTISTE / COURTESY OF THE ARTIST

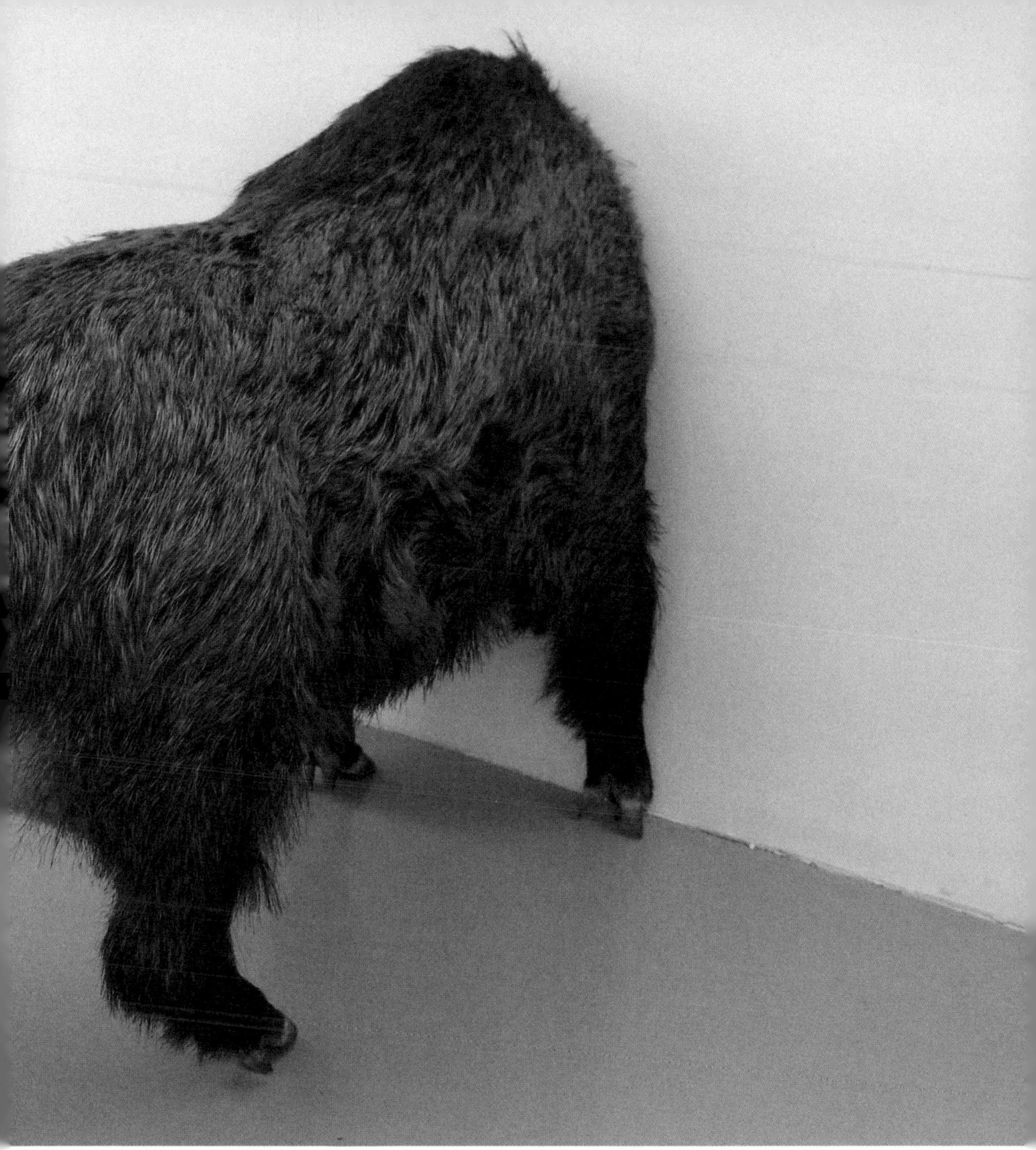

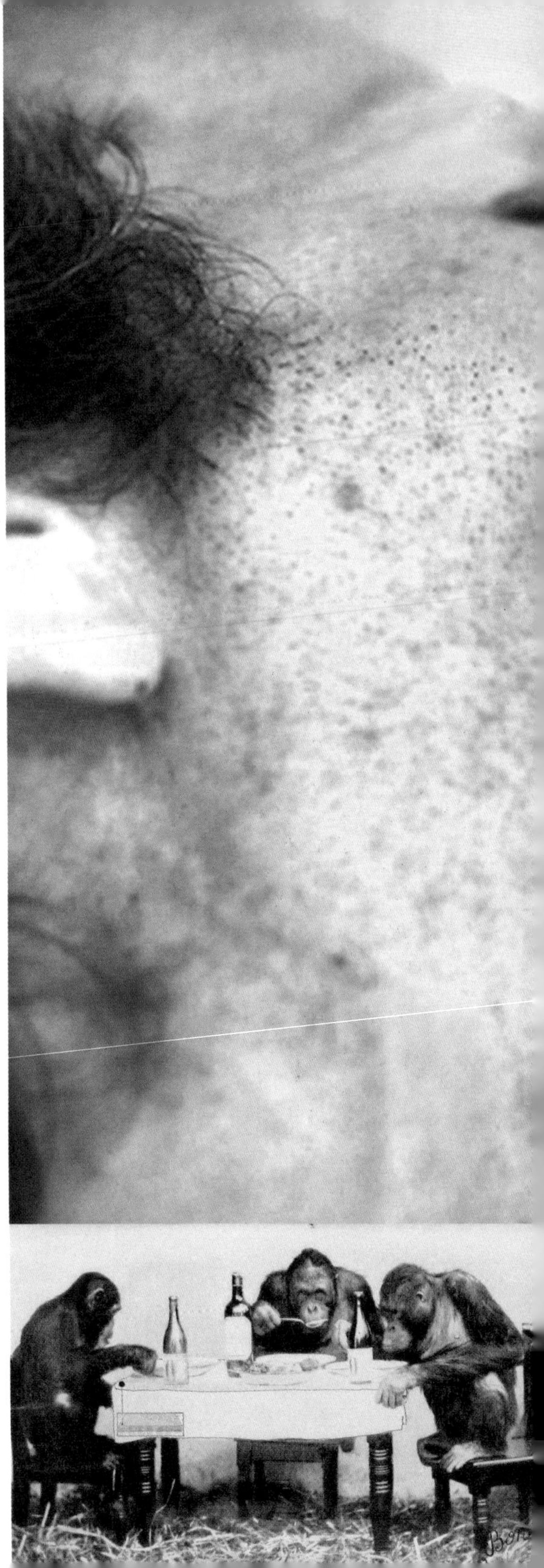

PATRICK VAN CAECKENBERGH
MR. BONDIEU_ 2001
109 X 183 CM
PHOTOGRAPHIE NOIR/BLANC /
BLACK AND WHITE PHOTOGRAPHY
COLLECTION DU FONDS RÉGIONAL D'ART
CONTEMPORAIN DE BOURGOGNE, FRANCE

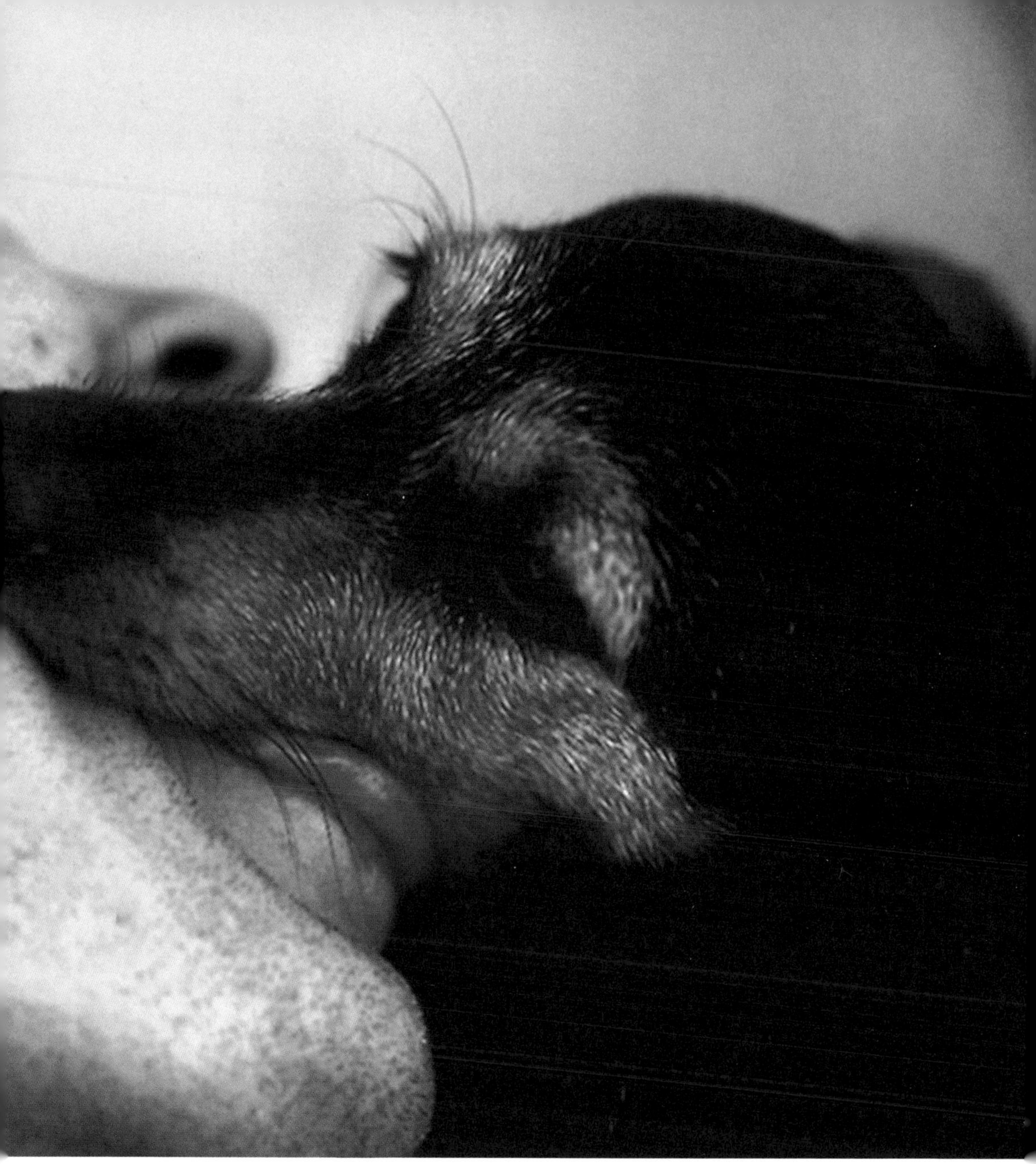

OBERT GLIGOROV
OG KISS, ED. 3_ 1997
X 81 CM
BACHROME SUR ALUMINIUM /
BACHROME ON ALUMINUM
URTESY LIPANJEPUNTIN ARTECONTEMPORANEA,
ESTE-ROMA

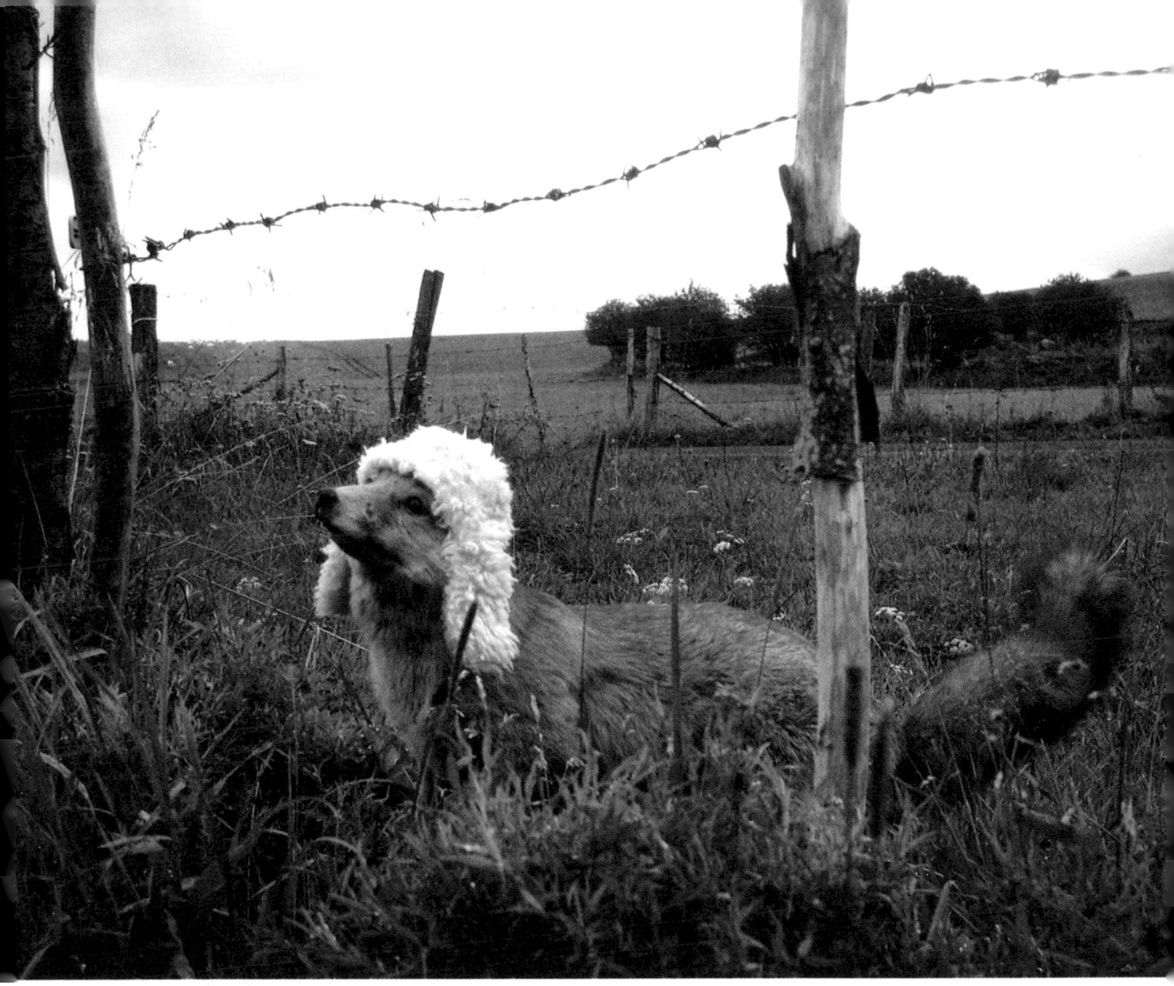

VALÉRIE GUÉZENNEC
RENARD_ 2005
58 X 77 CM
IMPRESSION NUMÉRIQUE /
DIGITAL PRINT
PRÊT DE L'ARTISTE / COURTESY OF THE ARTIST

NELE WALDERT
HASE AUF SCHOSS, ED. 3/3_ 1995-2005
120 X 45 X 50 CM
PLASTIQUE, LAQUE / *PLASTIC, LACQUER*
ALEXA JANSEN.GALERIE, KÖLN

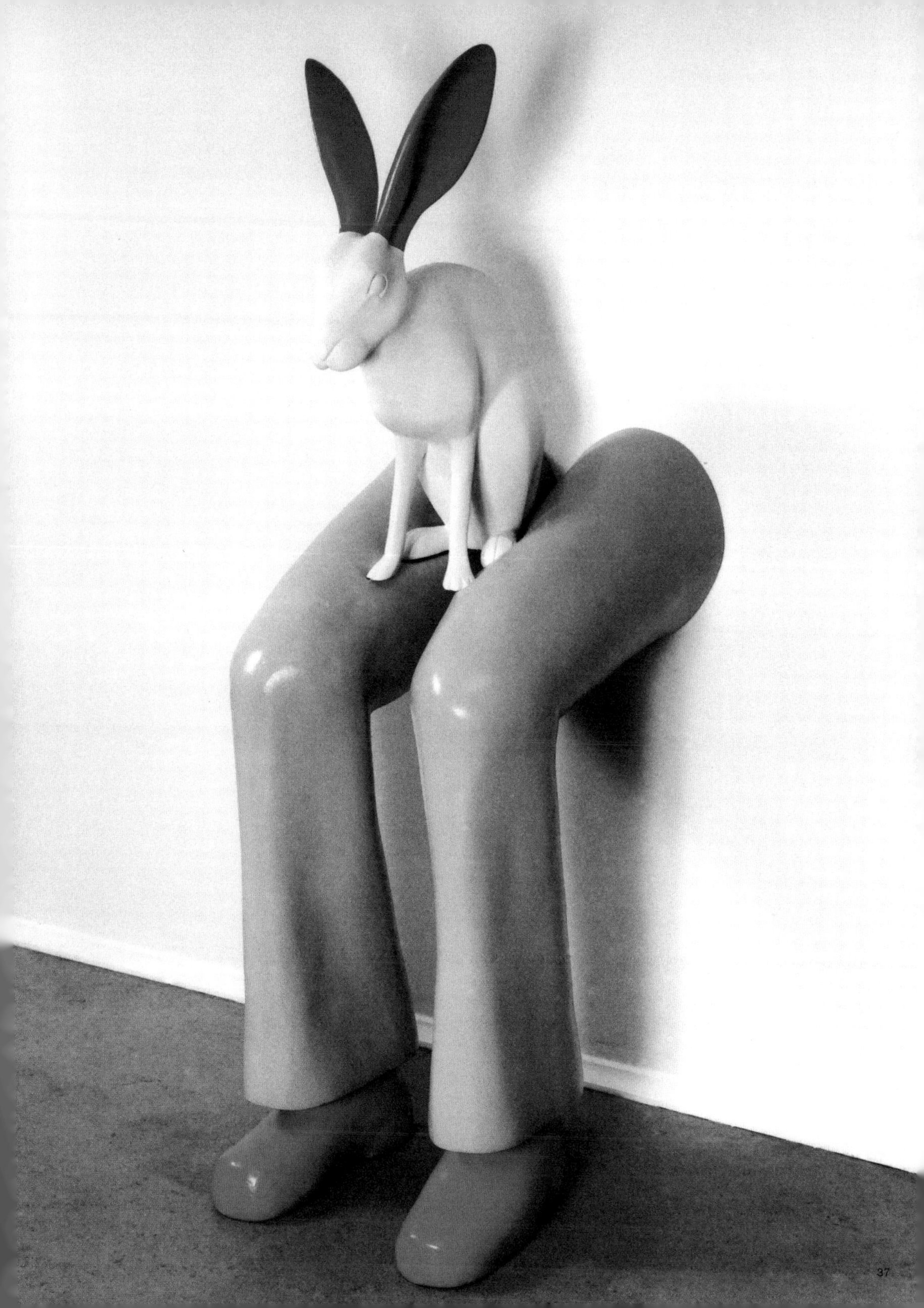

ACTE II / ACT II

LA VOIX DE L'ANIMAL

Cette importante section, mêlant travaux d'artistes et de designers, se place du point de vue de «l'invérifiable» et aborde un débat approché mais jamais tranché depuis Aristote et Descartes sur la conscience de l'animal, son âme, ses besoins réels. Dénominateur commun à ces œuvres: la tentative d'aller dans le sens de l'animal, de sa défense, de lui reconnaître un mode de vie indépendant de nos projections anthropocentristes, quand si souvent, faute de mieux le connaître, nous nous contentons de le cerner et de le définir par ce qui lui manque. Boris Cyrulnik, à travers un ouvrage dont le titre s'inspire d'une phrase de Wittgenstein, *Si les lions pouvaient parler...*[1], a fourni un ouvrage essentiel et formulé une tentative de réponse à la question du « comment » représenter le monde animal, alors qu'il nous est largement inconnu, par la multiplication des approches et le dialogue entre différentes disciplines telles l'éthologie, la zoohistoire, mais aussi la psychanalyse et la philosophie. La thématique de «**BÊTES DE STYLE**» – la représentation animale dans ce qu'elle induit comme rapport à «l'autre» – se prête tout autant, dans le cadre muséal, à la multiplicité des apports et à l'interdisciplinarité. Habitat, protection, défenses, «modes de vie», caractère, expressivité de l'animal sont ici abordés dans la pluralité des regards d'artistes et de designers qui, en utilisant l'animal dans leurs travaux, en explorent les possibles approches.
Œuvre paradigmatique s'il en est de cet hypothétique point de vue animal, la vidéo *Waiting For High Water* de **Jana Sterbak** (2005), a pour protagoniste un chien. Le terrier Stanley déambule dans les rues de Venise, équipé de trois petites caméras vidéo qui capturent sa vision du réel. Sa présence (son regard) / absence (nous ne le voyons jamais) devient notre relais. Stanley est l'acteur et le premier spectateur de *Waiting For High Water* et sa relation étroite avec l'œuvre produit notre vertige par le décentrement du point de vue. Décentrement tout symbolique qui nous ramène littéralement à terre, dans une vision distordue, physiquement «contre-nature» par rapport à notre point de vue de bipède: le regard de Stanley est à hauteur de chien, et «sa» vision panoramique, projetée sur les trois écrans de l'installation vidéo reste tout autant hypothétique puisque relayée par l'objectif des caméras.
Le *medium* photographique est amplement convoqué ici, et cette section n'est pas sans rappeler (singer?) la galerie de portraits telle qu'on la rencontre dans les musées, les demeures bourgeoises ou les palais royaux. Mais que voit-on et comment définir ces figures animales? Peut-on ici parler de visage, d'expression? Le critique Robert Maggiori rappelle dans un formidable article paru à l'occasion de la publication récente de *L'Animal que donc je suis* de Jacques Derrida que certains penseurs, comme Emmanuel Lévinas, refusent à l'animal «le visage», c'est-à-dire «le pouvoir de répondre dans le «me voici», devant l'autre et pour l'autre, de soi pour l'autre[2]».
Alors... «Les voilà». Dans une déclinaison du portrait d'artiste avec chien, **Oleg Kulik** redonne une dignité toute hiératique une expression, voire une supériorité, au chien présent à ses côtés dans *Me and Buck* (1997). Cette œuvre fait partie de la série *Family of the future*, qui est l'évocation d'une cohabitation utopique et heureuse entre l'homme et l'animal, animal qui suscite chez l'artiste l'admiration pour avoir gardé un contact direct avec la nature, que l'homme a perdu avec la Chute. L'artiste, bien connu pour ses *Dog performances* passées, se met en scène avec son double, sa part animale, dans le mimétisme éloquent des poses et des postures.
Ces animaux envisagés, portraiturés ne font pas directement écho à une iconologie précise. Dans ces représentations, l'homme et l'animal se répondent, voire se confondent. Codes culturels ou perceptifs sous-tendent leur mise en scène, qu'il s'agisse des portraits des chiens *Fury I* et *II* et *Hannah I* et *II* (tous deux de 1993) de **Rosemarie Trockel** en diptyques face/profil ou à la paire photographique *Dead Owl* de **Roni Horn** (1997), chouettes empaillées apparemment identiques, mais dont l'expérience de la perception, toujours différente, amène le regardeur à s'interroger sur la duplicité des évidences. Ainsi le *Giant Panda* de **James Balog** (1989) n'a plus grand-chose de géant, perdu dans cette mise en abyme

photographique, cliché grand-angle d'un set photographique dont il est la figure centrale, au sein du cirque acrobatique de Shanghai. Une «perspective dépravée» qui donne à penser sur l'artificialité de nos rapports avec l'animal. Si perce ici la triste condition de l'animal de cirque, parfaitement contre-nature, poser devant l'objectif semble l'être tout autant.
Polysémie des œuvres, du sujet à sa perception. Que nous livre la galerie de masques des singes de **James Mollison** (2004) ou, plus troublantes encore, sous leurs airs tranquilles de tableaux de famille, les photographies du Chinois **Zheng Zhong Yang** ? Le mariage d'une poule et d'un coq, la naissance d'un poussin, la «tribu» tout entière ? L'allégorie prend un tour politique, ces portraits de «basse-cour» n'ont rien de la fable[3] : la politique nataliste de l'enfant unique en Chine sous-tend l'ensemble de cette amère série baptisée *Lucky Family* (1998). Un étrange sextuor lui répond : l'installation *Six animaux* de **Xavier Veilhan** (1989) où chien, basset, requin, marmotte, cheval, pingouin, fondus au gris d'une couleur uniforme et de l'échelle unique de leurs proportions, déjouent le carcan des classifications : cette réunion informelle d'espèces «standardisées» semble appeler d'une même voix l'homme à reconsidérer son rapport aux animaux.
Imaginer des besoins propres aux animaux, «vérifiables» à défaut d'être vérité, formuler des réponses fonctionnelles : la présence de certains designers nous a paru essentielle dès lors que nous envisagions cette section. Fruit de l'observation ou de constats, les prototypes ou objets présentés ici s'ancrent dans la réalité «partagée» de l'homme et l'animal. Ainsi, un article de loi autorisant les maires à gérer le cheptel de chats errants en ville induit le designer **Mathieu Lehanneur** à concevoir *House 213* (2004), un mode «d'habiter» spécifique où les chats peuvent se regrouper et se protéger. Dans le même registre d'une problématique urbaine – la survie, en ville, des moineaux, dépendante de leur nutrition – l'Institut français d'architecture a commandé aux **Radi designers** une mangeoire, la *Cantine aux moineaux* (2003), où les gros volatiles ne peuvent pénétrer.
Protection et défense, chassé-croisé entre les besoins de l'homme et l'animal, entre les espèces animales mêmes, les points de vue s'alternent et s'échangent. On peut à première vue s'interroger sur les *Drones* de **Nicolas Darrot** (2003), étranges insectes transformés en engins de guerre par de petites cuirasses prosthétiques : créatures nées du point de vue défensif de l'insecte qui pâtit toujours de l'acception nuisible qui lui est communément attribuée ou «animaux-machines» offensifs signifiant l'attaque et le danger ? À ces créatures hybrides, pour le moment inopérantes, répond en mode actif le projet des *Animaux améliorés* de **James Auger** (2000-2006). Le designer conçoit des prothèses défensives fonctionnelles pour certains rongeurs menacés ou d'autres ingéniosités pouvant améliorer la perception des animaux, pallier certains de leurs manques, corriger ce qu'ils endurent malgré eux, comme la pollution que nous leur faisons subir. Un scénario «post-animal» tantôt visionnaire et empathique, tantôt provocateur, déplacement ironique du fantasme post-humain ? **Bill Burns** et ses *Safety Gear from small animals* (Équipement de sécurité pour petits animaux, 1994/2006) offrent d'autres alternatives, plus «humaines» et ironiques, au souci de protection des plus petits êtres du règne animal, face au nôtre, sans merci.

_ Boris Cyrulnik (éd.) *Si les lions pouvaient parler. Essais sur la condition animale*, Paris, Gallimard, 1998.

_ Robert Maggiori, «Derrida, foi d'animal», *Libération*, 2 mars 2006.

_ Voir à ce sujet le commentaire d'Elisabeth Magne, «De la poule et de l'œuf... Petite Anthologie esthétique de la volaille dans l'art», in *Animaux d'artistes*, Figures de l'art, 8, Pau, 2004.

THE ANIMAL'S VOICE

This important section combining works by artists and designers positions itself from the perspective of the "unverifiable" and tackles a debate, approached but never concluded since Aristotle and Descartes, regarding the animal's awareness, its soul, its real needs. The common denominator in these works is the attempt to move in the direction of the animal, in its defence, to acknowledge it has a way of life independent of our anthropocentric projections, when so frequently, through lack of knowing better, we are content to outline it and define it by what it lacks. In a book whose title was inspired by Wittgenstein's phrase, *If lions could speak...*,[1] Boris Cyrulnik has produced an essential work and formulated an attempt to reply to "how" to represent the animal world, when it is largely unknown to us, through a multiplication of approaches and a dialogue between various disciplines, such as ethology and zoohistory, but also psychoanalysis and philosophy. The subject matter of the exhibition "Bêtes de style" –animal representation as far as it leads to connection to "the other"– lends itself just as well, within a museum framework, to a multiplicity of contributions and an interdisciplinary approach. Animal habitat, protection, defences, "ways of life", character, and expressiveness are tackled here in the plurality of perspectives of artists and designers who, while making use of animals in their work, explore possible approaches to them.

A paradigmatic work, if ever there was one, of this hypothetical animal viewpoint, the video *Waiting For High Water* by **Jana Sterbak** (2005) has a dog as protagonist. The terrier Stanley wanders through the streets of Venice, equipped with three small video cameras that capture his vision of reality. His presence (his gaze) or absence (we never see him) becomes our relay. Stanley is the actor and first viewer of *Waiting For High Water*, and his close relationship with the work induces vertigo in us because of the decentred viewpoint. A highly symbolic decentring that brings us literally down to earth, in a distorted vision, physically "against nature" in relation to our viewpoint as bipeds. Stanley's gaze is at dog level and "his" panoramic vision, projected on the three screens of the video installation, remains just as much hypothetical since it is relayed through the camera lenses.

The photographic medium is amply invoked here, and this section is somewhat reminiscent of (mimics?) the portrait gallery as encountered in museums, middle-class homes or royal palaces. But what do we see and how are we to define these animal figures? Can we talk about faces, expressions, in this case? In a tremendous article that appeared on the occasion of the recent publication of Jacques Derrida's *L'Animal que donc je suis*, the critic Robert Maggiori reminds us that some thinkers, such as Emmanuel Lévinas, refuse the animal "a face", in other words "the power to respond, in the 'here I am', in front of the other and for the other, from itself for the other".[2]

So... "there they are". In a variation of the portrait of artist with dog, **Oleg Kulik** gives the dog present at his side in *Me and Buck* (1997) a totally hieratic dignity, an expression, indeed a superiority. This work forms part of the series *Family of the Future*, an evocation of utopian, happy cohabitation between man and animal, an animal which arouses the artist's admiration for having retained a direct contact with nature, something that mankind lost with the Fall. The artist, well known for his past *Dog Performances*, shows himself with his double, his animal part, in an eloquent mimicry of poses and postures.

These animals given a face, conveyed in portraiture, do not directly echo any precise iconology. In these representations man and animal respond to one another, indeed become confused with one another. Cultural codes or codes of perception underlie their staging, whether we are talking about the dog portraits *Fury I* and *II* and *Hannah I* and *II* (both 1993) by **Rosemarie Trockel** in the form of profile/face diptyches or the photographic pair *Dead Owl* by **Roni Horn** (1997), whic are apparently identical stuffed owls but the experience of perception of which, always different, leads the viewer to ask him/herself about the duplicity of the evidence. Thus the *Giant Panda* by **James Balog** (1989) no longer has much of the giant about it, lost in this photographic abyss, a wide-angle shot of a photographic set of which it forms the central figure, in the setting of an acrobatic circus in Shanghai. A "depraved perspective" which makes us think about the artificiality of our relationships with animals. If here it is the circus animal's sad state, consummately *against* nature, that is piercing, posing in front of the camera lens, seems to be just as much so.

A polysemy of works, from the subject to its perception. What do we take from the gallery of monkeys' masks by **James Mollison** (2004), or, more disturbing still, with their air of family pictures, the photographs by the Chinese **Zheng Zhong Yang**? The marriage of a hen and a cockerel, the birth of a chick, the "tribe" all together? The allegory takes a political turn. These "farmyard" portraits have nothing of the fable about them: the single-child birth policy in China underlies the whole of this bitter series baptised *Lucky Family* (1998)[3]. It is answered by a strange sextet, the installation *Six Animals* by **Xavier Veilhan** (1989), where dog, basset hound, shark, marmot, horse, and penguin, steeped in a uniform grey colour and on a unique scale as regards their proportions, throw off the shackles of classification: this informal gathering of "standardised" species seems with the same voice to call mankind to reconsider his relationship with animals.

Imagining the needs of animals themselves, "verifiable" in default of being the truth, formulating functional responses: the presence of certain designers seemed essential to us as soon as we envisaged this section. The fruit of observation, the prototypes or objects presented here are anchored in the reality "shared" by man and animal. Thus, a bill authorising mayors to manage the stray cat population in their towns led the designer **Mathieu Lehanneur** to design *House 213* (2004), a specific type of "housing" in which cats can gather together and protect themselves. On the same urban problem level –the survival in towns and cities of the sparrow, dependent for food– the French Institute of Architecture commissioned from **Radi designers** a specific feeding trough, the *Cantine aux moineaux* (2003), into which large birds cannot penetrate.

Protection and defence, to-ings and fro-ings between the needs of man and animal, even between animal species, the viewpoints alternate and are exchanged. At first sight, one may ask oneself about **Nicolas Darrot**'s *Drônes* (2003–2004), strange insects transformed into engines of war by means of tiny prosthetic breastplates: creatures born out of the defensive viewpoint of the insect, which still suffers from the label of pest commonly attributed to it or offensive "animal-machines" signifying attack and danger? These hybrid creatures, inoperative at present, are answered actively by **James Auger**'s project *Augmented Animals* (2006). The designer contrives functional defensive prostheses for certain threatened types of rodents, or other ingenious devices capable of improving the perception of these animals, compensate for some of their failings, remedy what they suffer from involuntarily, like the pollution to which we subject them. A "post-animal" scenario, sometimes visionary and empathetic, sometimes provocative, an ironic displacement of post-human fantasy? **Bill Burns** and his *Safety Gear for Small Animals* (1994/2006) offer other alternatives, more "humane" and ironic, concerned with protection for the smallest denizens of the animal kingdom facing our own world, without mercy.

_ Boris Cyrulnik (ed.), *Si les lions pouvaient parler. Essais sur la condition animale*, Paris, Gallimard, 1998.

_ Robert Maggiori, "Derrida, foi d'animal", *Libération*, 2 March 2006.

3_ On this subject, see the article by Elisabeth Magne, "De la poule et de l'œuf…Petite Anthologie esthétique de la volaille dans l'art", in *Animaux d'artistes*, igures de l'art, 8, Pau, 2004.

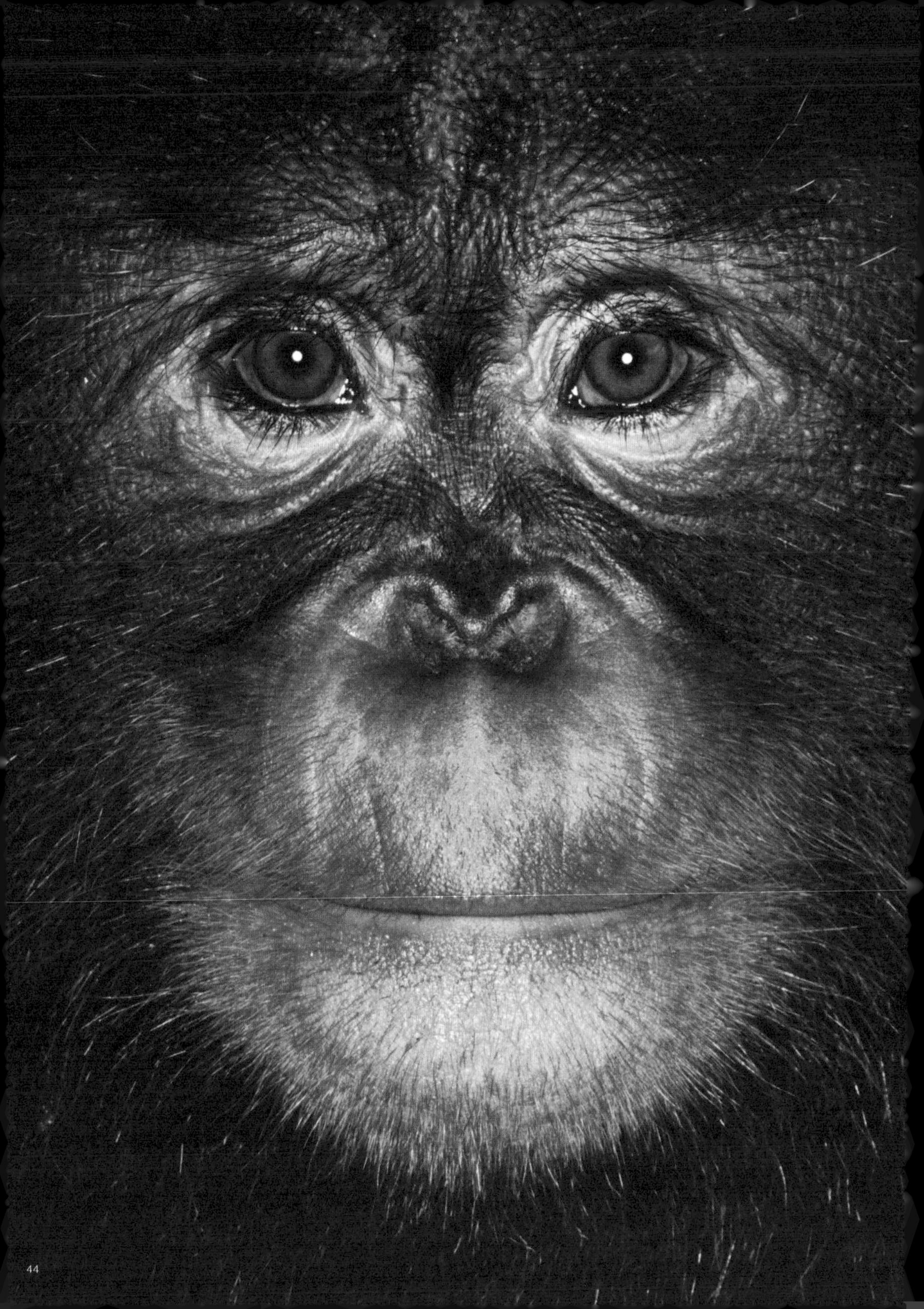

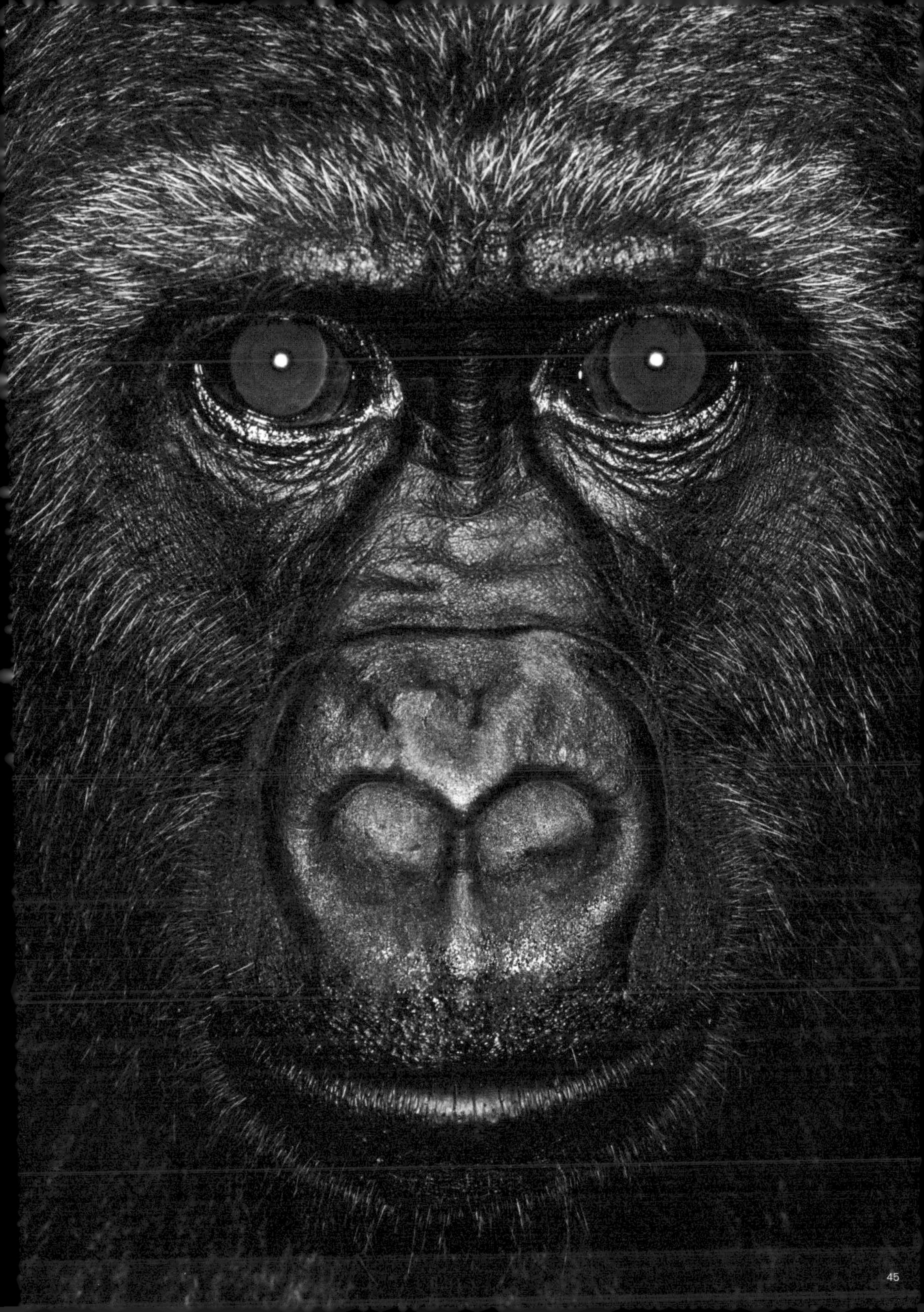

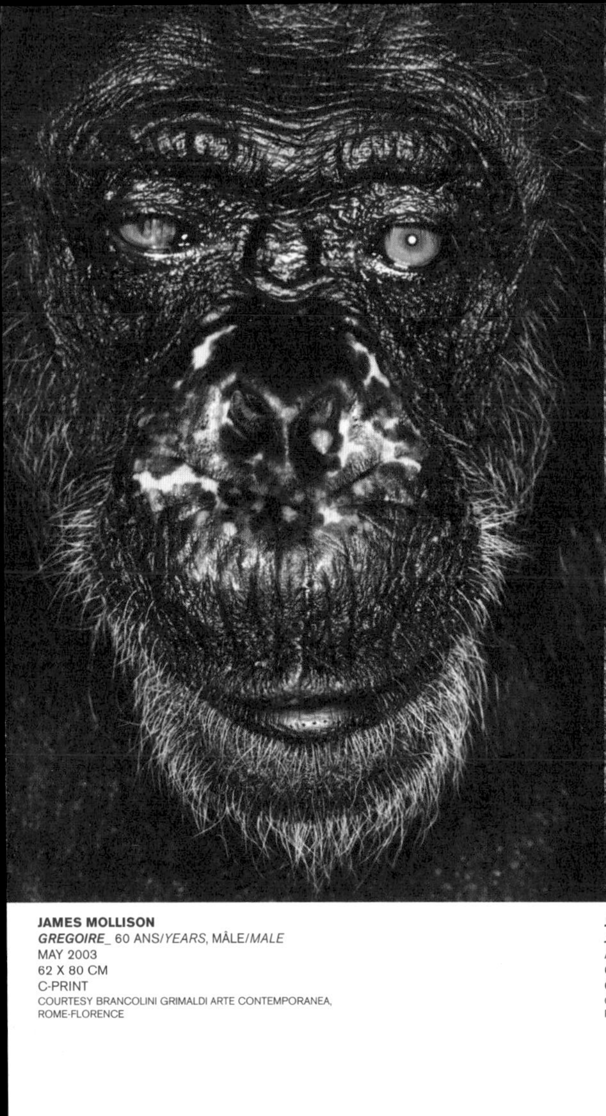

JAMES MOLLISON
GREGOIRE_ 60 ANS/*YEARS*, MÂLE/*MALE*
MAY 2003
62 X 80 CM
C-PRINT
COURTESY BRANCOLINI GRIMALDI ARTE CONTEMPORANEA,
ROME-FLORENCE

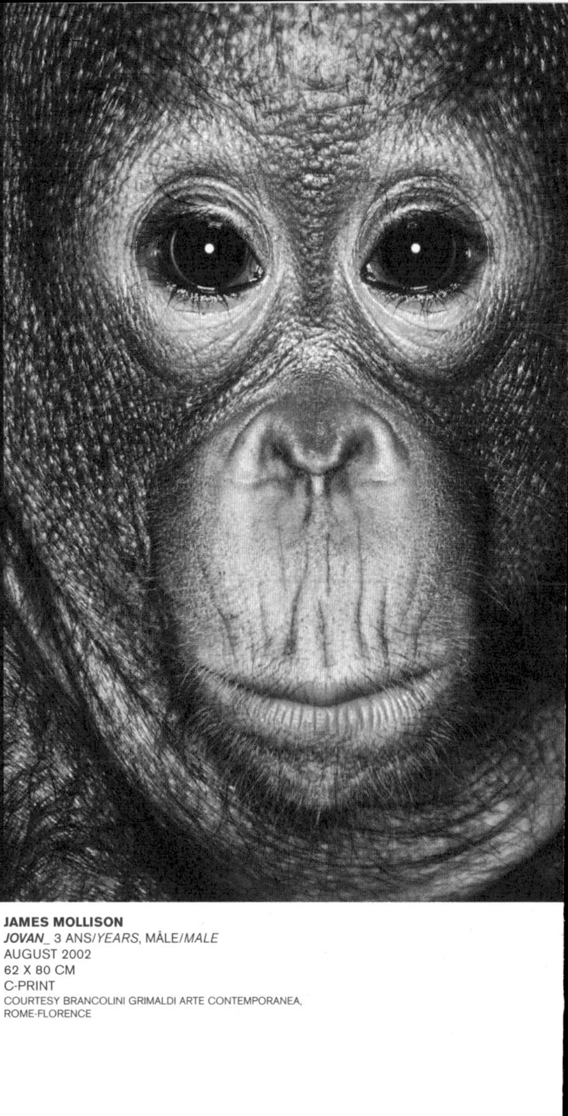

JAMES MOLLISON
JOVAN_ 3 ANS/*YEARS*, MÂLE/*MALE*
AUGUST 2002
62 X 80 CM
C-PRINT
COURTESY BRANCOLINI GRIMALDI ARTE CONTEMPORANEA,
ROME-FLORENCE

<<
JAMES MOLLISON
MILLIE_ 3 ANS/*YEARS*, FEMELLE/*FEMALE*
SEPTEMBER 2004
62 X 80 CM
C-PRINT
COURTESY BRANCOLINI GRIMALDI ARTE CONTEMPORANEA,
ROME-FLORENCE

JAMES MOLLISON
KIBU_ 3 ANS/*YEARS*, MÂLE/*MALE*
DECEMBER 2001
62 X 80 CM
C-PRINT
COURTESY BRANCOLINI GRIMALDI ARTE CONTEMPORANEA,
ROME-FLORENCE

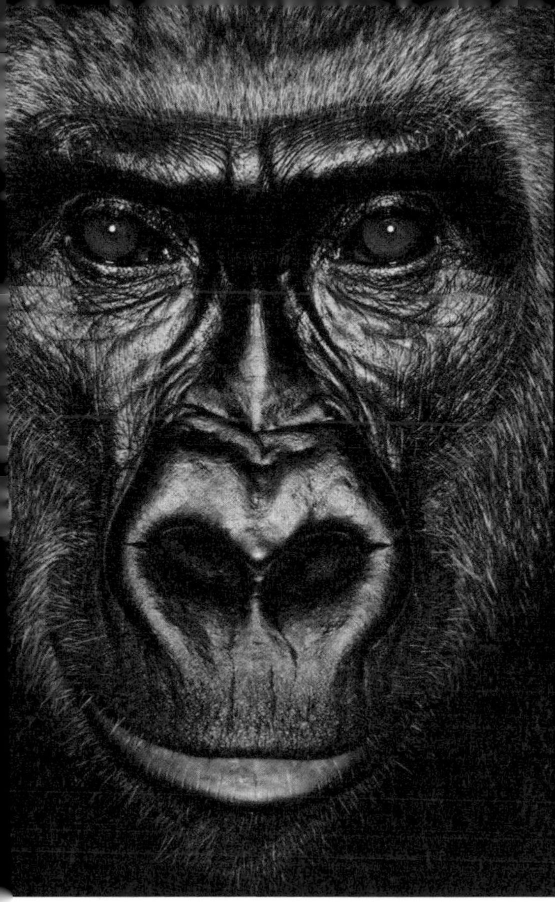

MES MOLLISON
***MBU**_ 8 ANS/*YEARS*, FEMELLE/*FEMALE*
Y 2003
X 80 CM
PRINT
URTESY BRANCOLINI GRIMALDI ARTE CONTEMPORANEA,
ME-FLORENCE

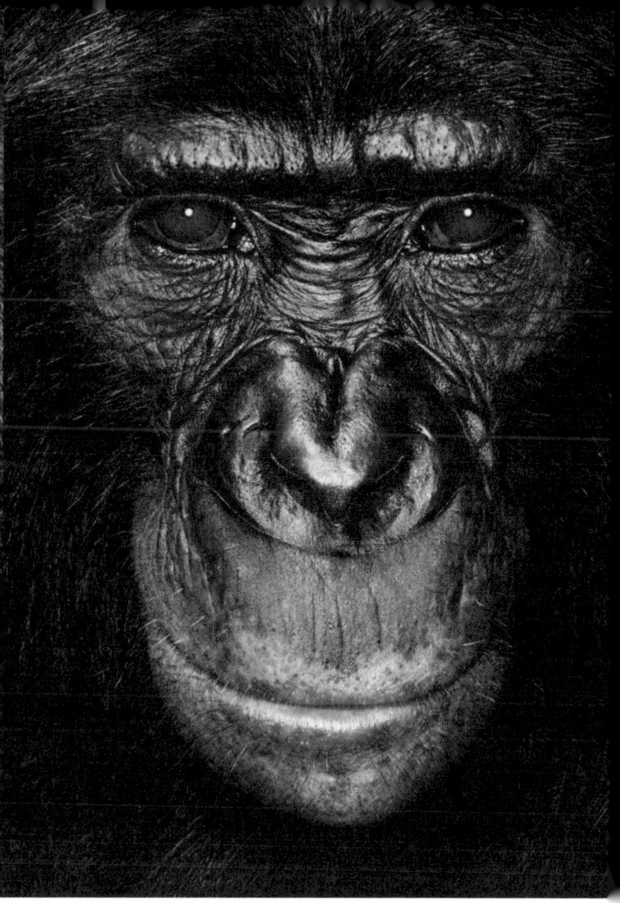

JAMES MOLLISON
***TATANGO**_ 11 ANS/*YEARS*, FEMELLE/*FEMALE*
MAY 2003
62 X 80 CM
C-PRINT
COURTESY BRANCOLINI GRIMALDI ARTE CONTEMPORANEA,
ROME-FLORENCE

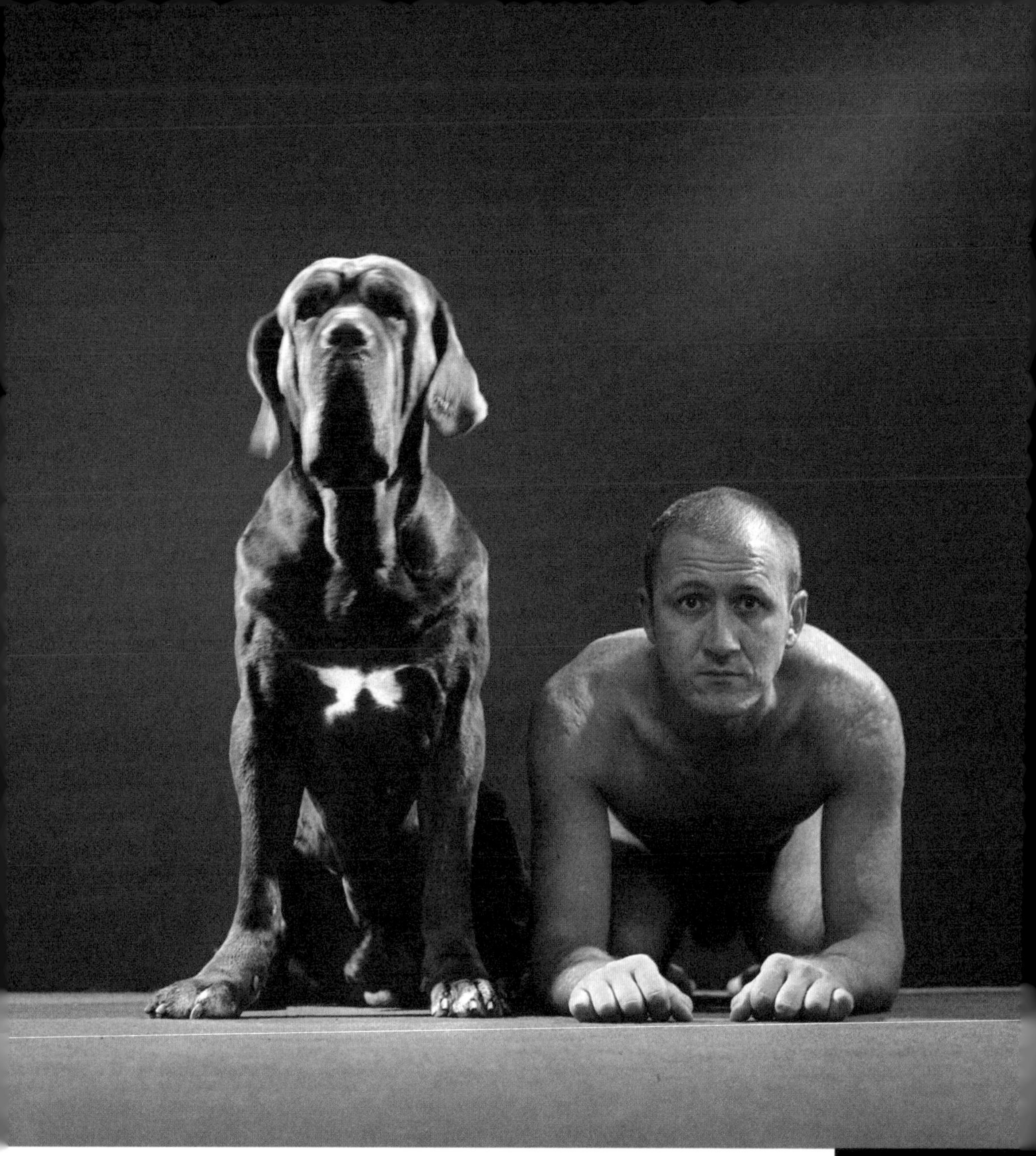

OLEG KULIK
FAMILY OF THE FUTURE_ 1997
ME AND BUCK
60 X 50 CM
C-PRINT
COURTESY GALERIE RABOUAN MOUSSION, PARIS

OLEG KULIK
FAMILY OF THE FUTURE_ 1997
ME AND QUILTY
100 X 90 CM
C-PRINT
COURTESY GALERIE RABOUAN MOUSSION, PARIS

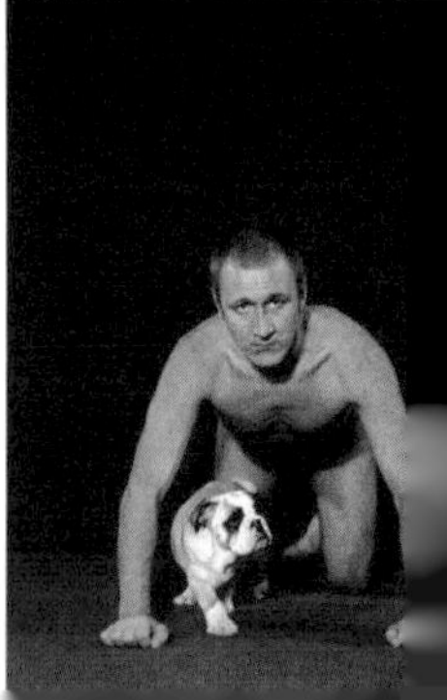

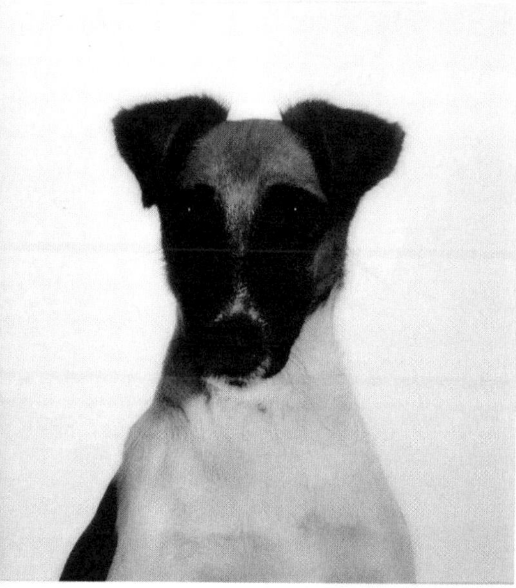

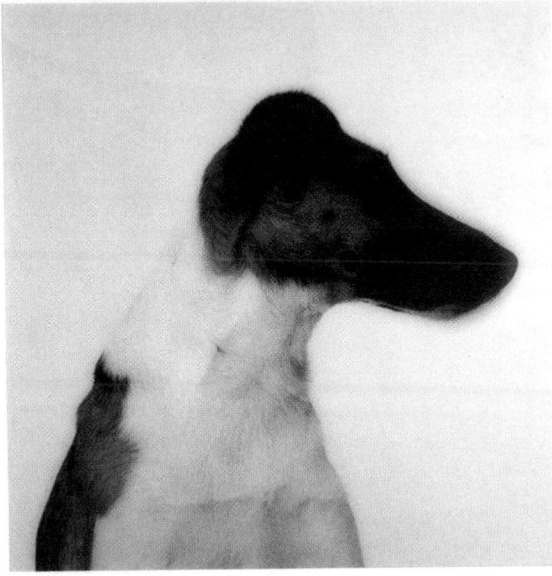

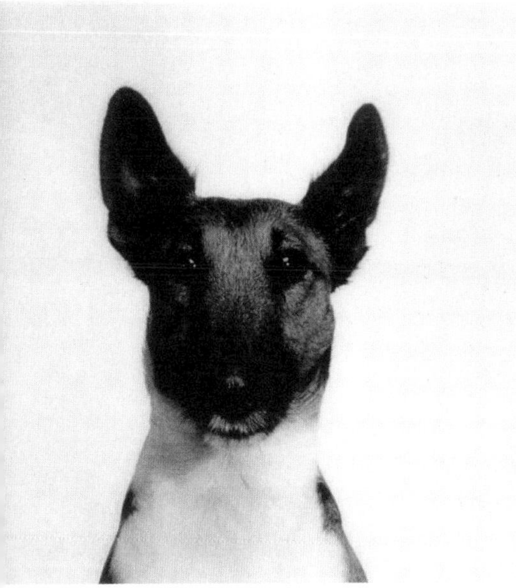

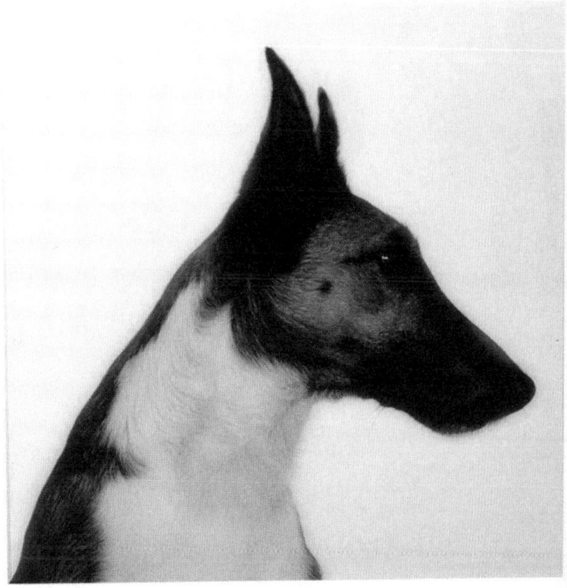

OSEMARIE TROCKEL
***ANNAH I & II*_** 1993
00 X 100 CM
HOTOGRAPHIE, TECHNIQUE MIXTE /
HOTOGRAPHY, MIXED MEDIA
OURTESY MONIKA SPRÜTH /
ILOMENE MAGERS GALLERY, KÖLN / MÜNCHEN

***RY I & II*_** 1993
0 X 100 CM
HOTOGRAPHIE, TECHNIQUE MIXTE /
HOTOGRAPHY, MIXED MEDIA
OURTESY MONIKA SPRÜTH /
ILOMENE MAGERS GALLERY, KÖLN / MÜNCHEN

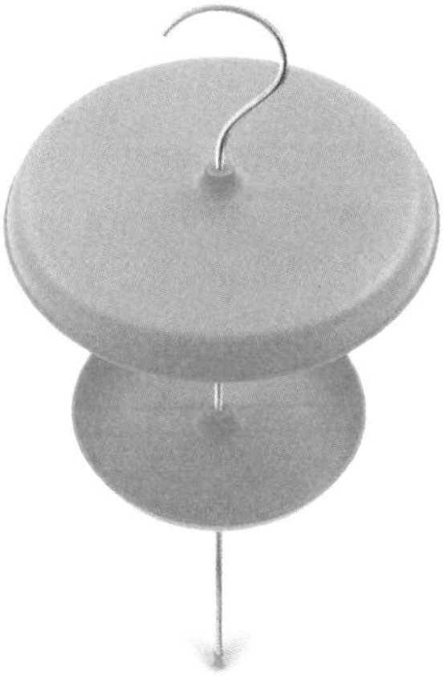

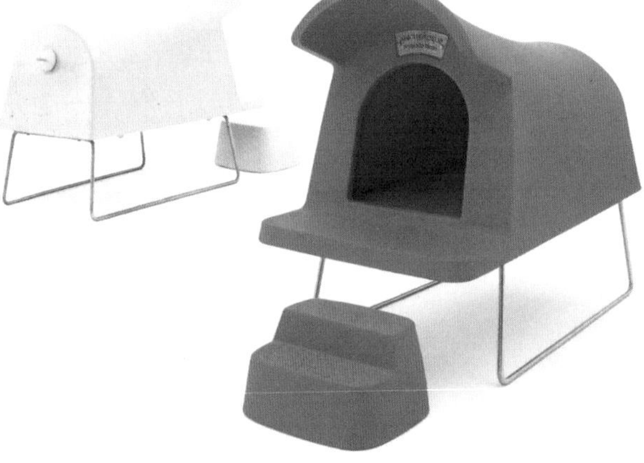

JASPER MORRISON
*BIRD TABLE_* 2001
98,5 X 42 CM
CADRE EN ACIER INOXYDABLE,
DISQUES EN POLYPROPYLÈNE
MOULÉS PAR INJECTION /
FRAME IN STAINLESS STEEL,
DISCS IN STANDARD INJECTION
MOULDED POLYPROPYLENE
PRÊT DE MAGIS / COURTESY MAGIS

MICHAEL YOUNG
*MAGIS DOG HOUSE_* 2001
75,5 X 48,5 X 89 CM
POLYÉTHYLÈNE MOULÉ,
CADRE EN ACIER INOXYDABLE,
PLAQUE EN LAITON AVEC INSCRIPTION /
ROTATIONAL-MOULDED POLYETHYLENE
UNDER FRAME IN STAINLESS STEEL,
ROD BRASS PLATE WITH SLOGAN:
«AMICUS FIDELIS PROTECTIO FORTIS»
PRÊT DE MAGIS / COURTESY MAGIS

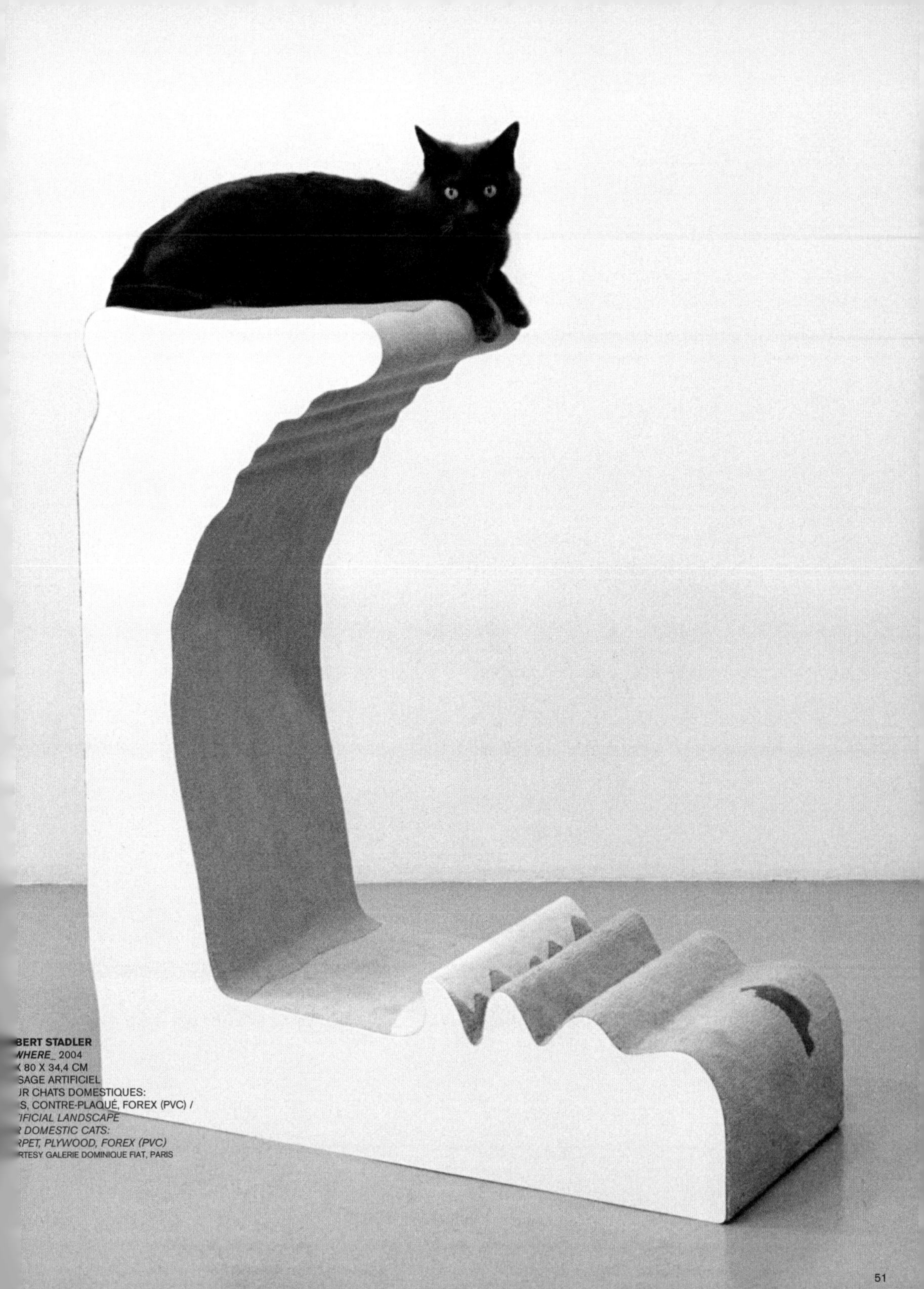

BERT STADLER
*WHERE_* 2004
X 80 X 34,4 CM
SAGE ARTIFICIEL
JR CHATS DOMESTIQUES:
S, CONTRE-PLAQUÉ, FOREX (PVC) /
TIFICIAL LANDSCAPE
R DOMESTIC CATS:
RPET, PLYWOOD, FOREX (PVC)
RTESY GALERIE DOMINIQUE FIAT, PARIS

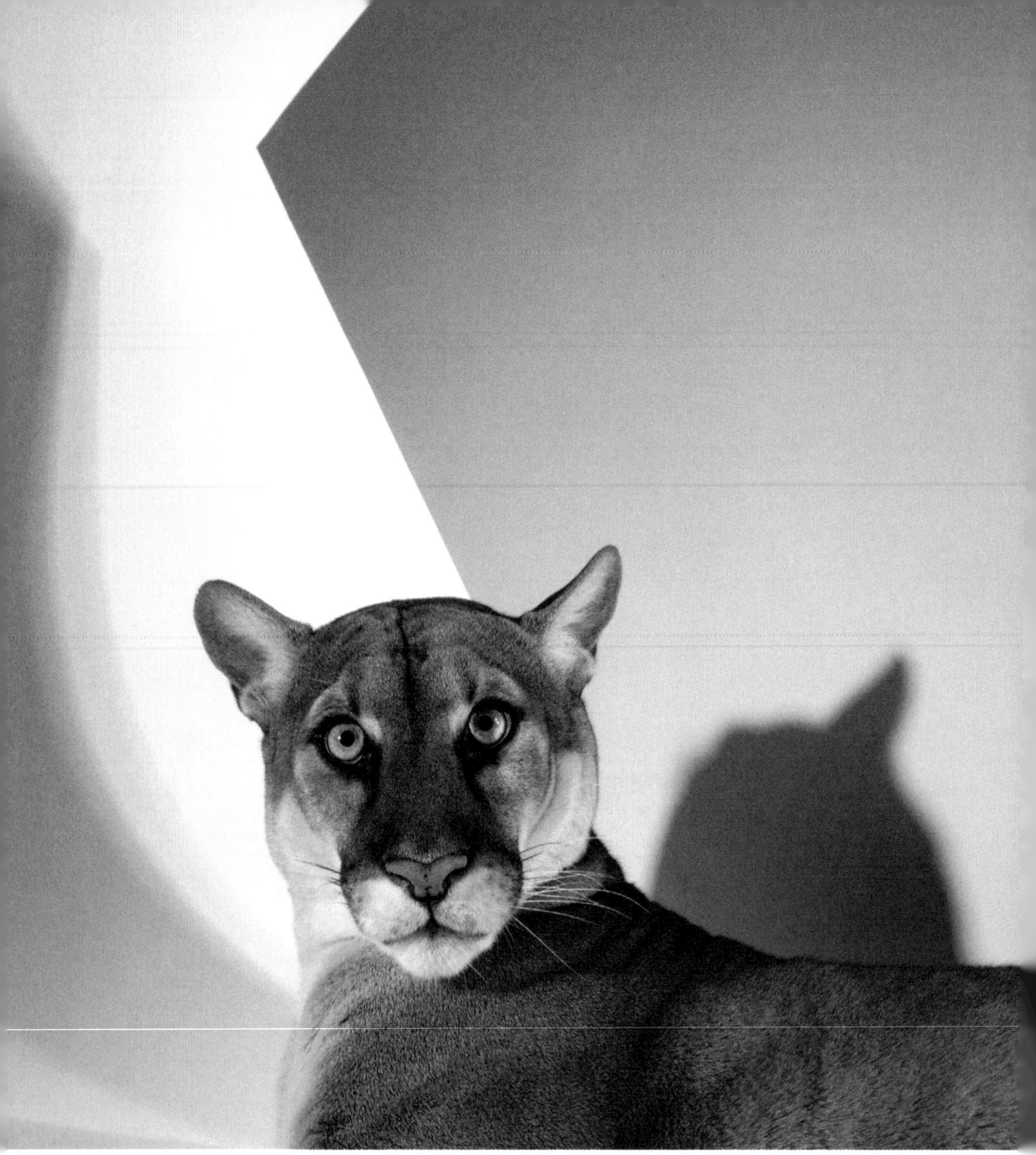

JAMES BALOG
*FLORIDA PANTHER_* 1989
131 X 130 CM
PHOTOGRAPHIE COULEUR, DIASEC /
COLOUR PHOTOGRAPHY, DIASEC
MUSÉE DE L'ELYSÉE, LAUSANNE

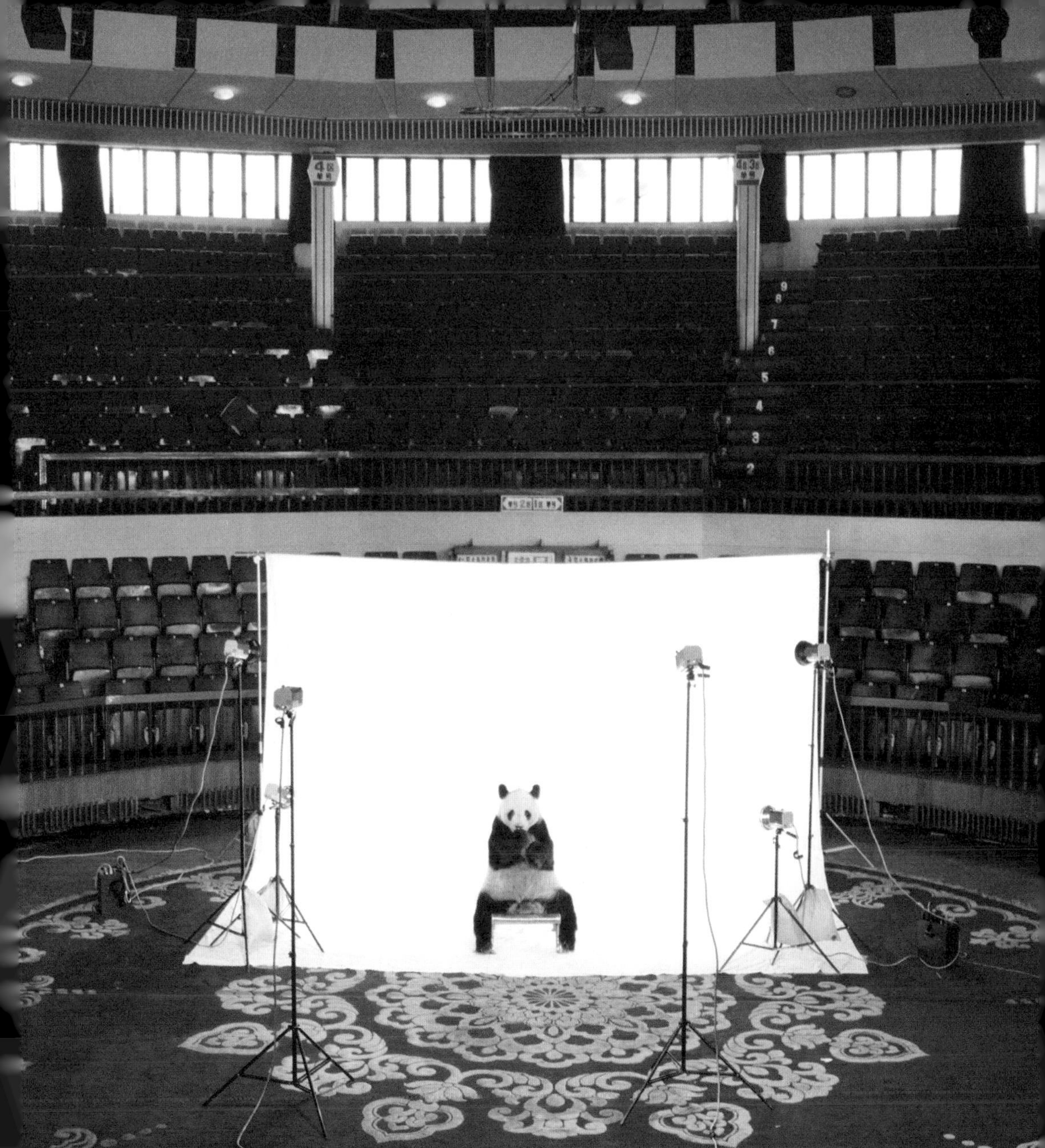

MES BALOG
ANT PANDA WEI WEI_ 1989
X 130 CM
OTOGRAPHIE COULEUR, DIASEC /
OLOUR PHOTOGRAPHY, DIASEC
SÉE DE L'ELYSÉE, LAUSANNE

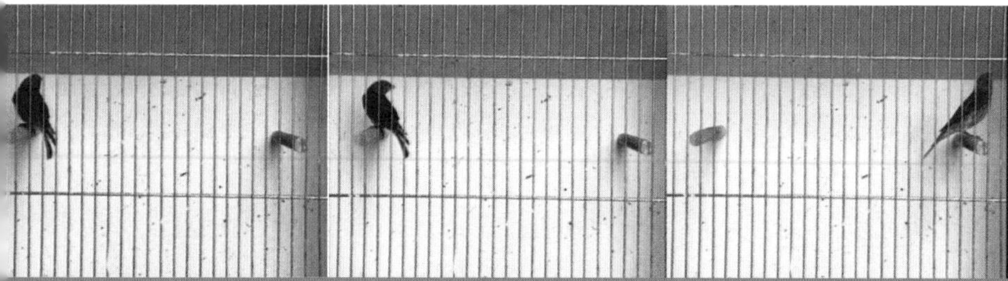

L'oiseau, l'art
la cage et le mu

ZHENZHONG YANG
LUCKY FAMILY 4, ED. 8/10_ 2002
PHOTOGRAPHIE COULEUR /
COLOUR PHOTOGRAPHY
60 X 60 CM
FONDS NATIONAL D'ART CONTEMPORAIN,
MINISTÈRE DE LA CULTURE ET DE LA COMMUNICATION, PA
INV. 02-1070

LUCKY FAMILY 2, ED. 8/10_ 2002
PHOTOGRAPHIE COULEUR /
COLOUR PHOTOGRAPHY
60 X 60 CM
FONDS NATIONAL D'ART CONTEMPORAIN,
MINISTÈRE DE LA CULTURE ET DE LA COMMUNICATION, PA
INV. 02-1069

LUCKY FAMILY 1, ED. 8/10_ 2002
PHOTOGRAPHIE COULEUR /
COLOUR PHOTOGRAPHY
60 X 100 CM
FONDS NATIONAL D'ART CONTEMPORAIN,
MINISTÈRE DE LA CULTURE ET DE LA COMMUNICATION, PA
INV. 02-1068

MARIE-JOSÉ BURKI
L'OISEAU, L'ART LA CAGE ET LE MUSÉE_ 1994
VIDÉO, 5' 40''
EDITION À L'OCCASION DU PRIX CULTUREL PLACETTE
POUR LE MUSÉE D'ART MODERNE ET CONTEMPORAIN DE GENÈVE (MAMCO) /
EDITION FOR THE PLACETTE CULTURAL PRIZE, MAMCO, GENEVA.
PRÊT DE L'ARTISTE ET DU MAMCO /COURTESY OF THE ARTIST AND MAMCO

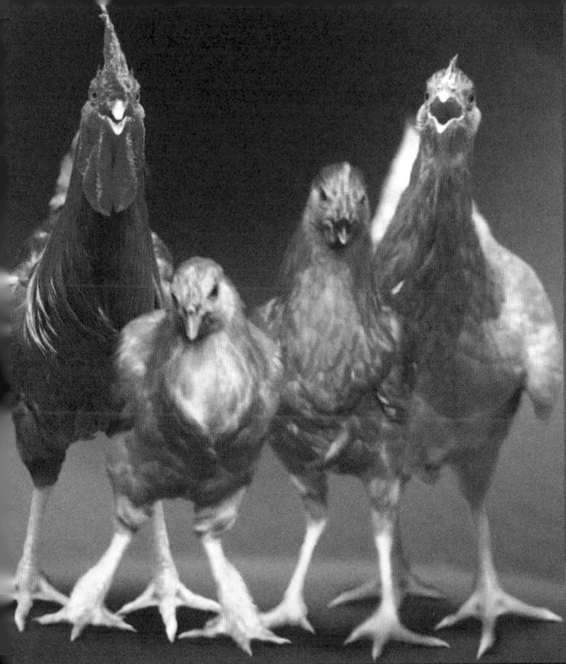
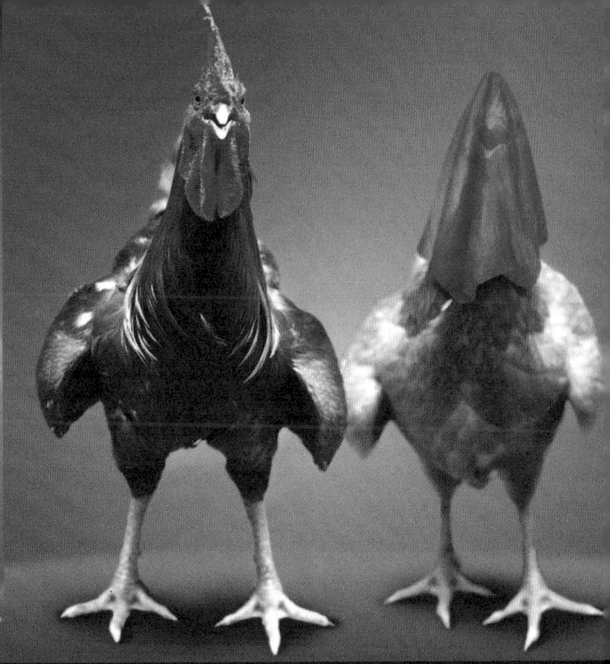
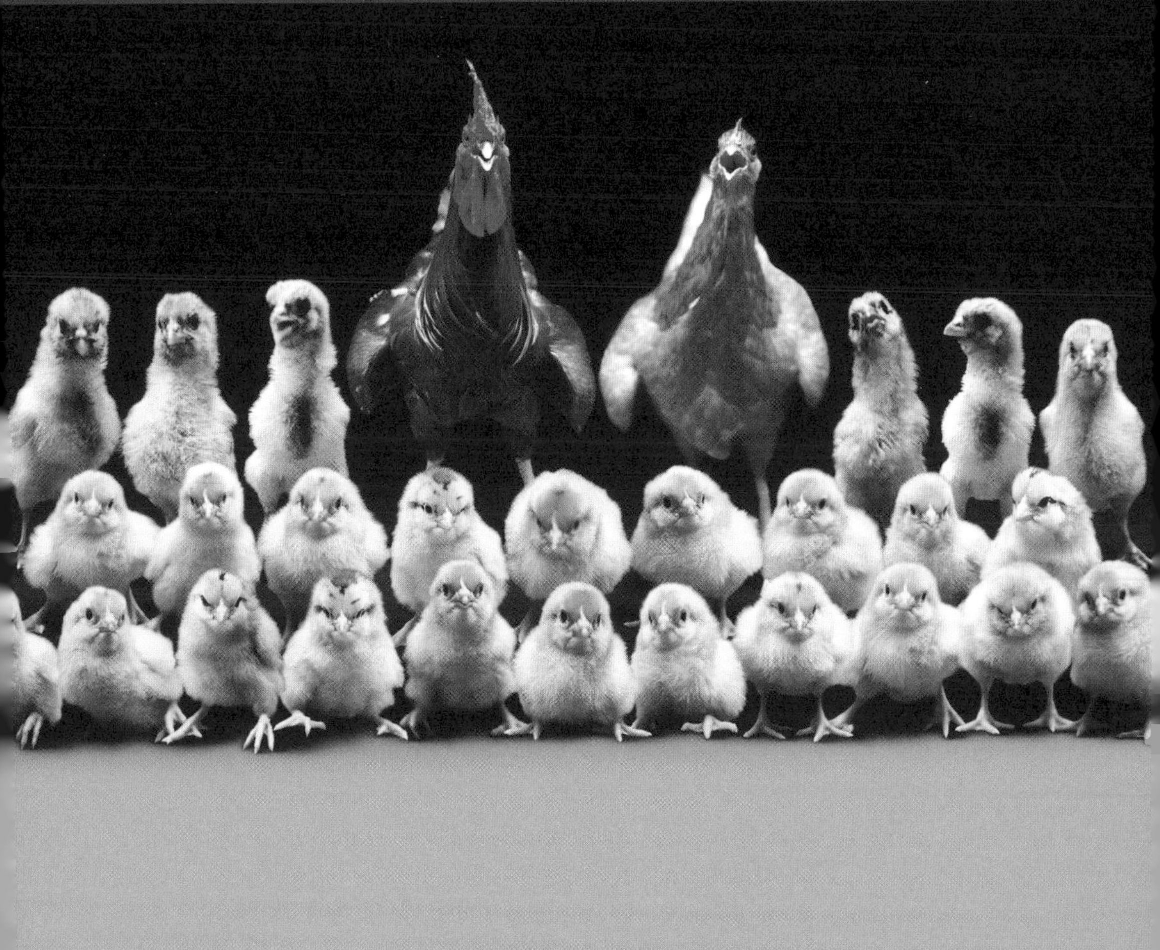

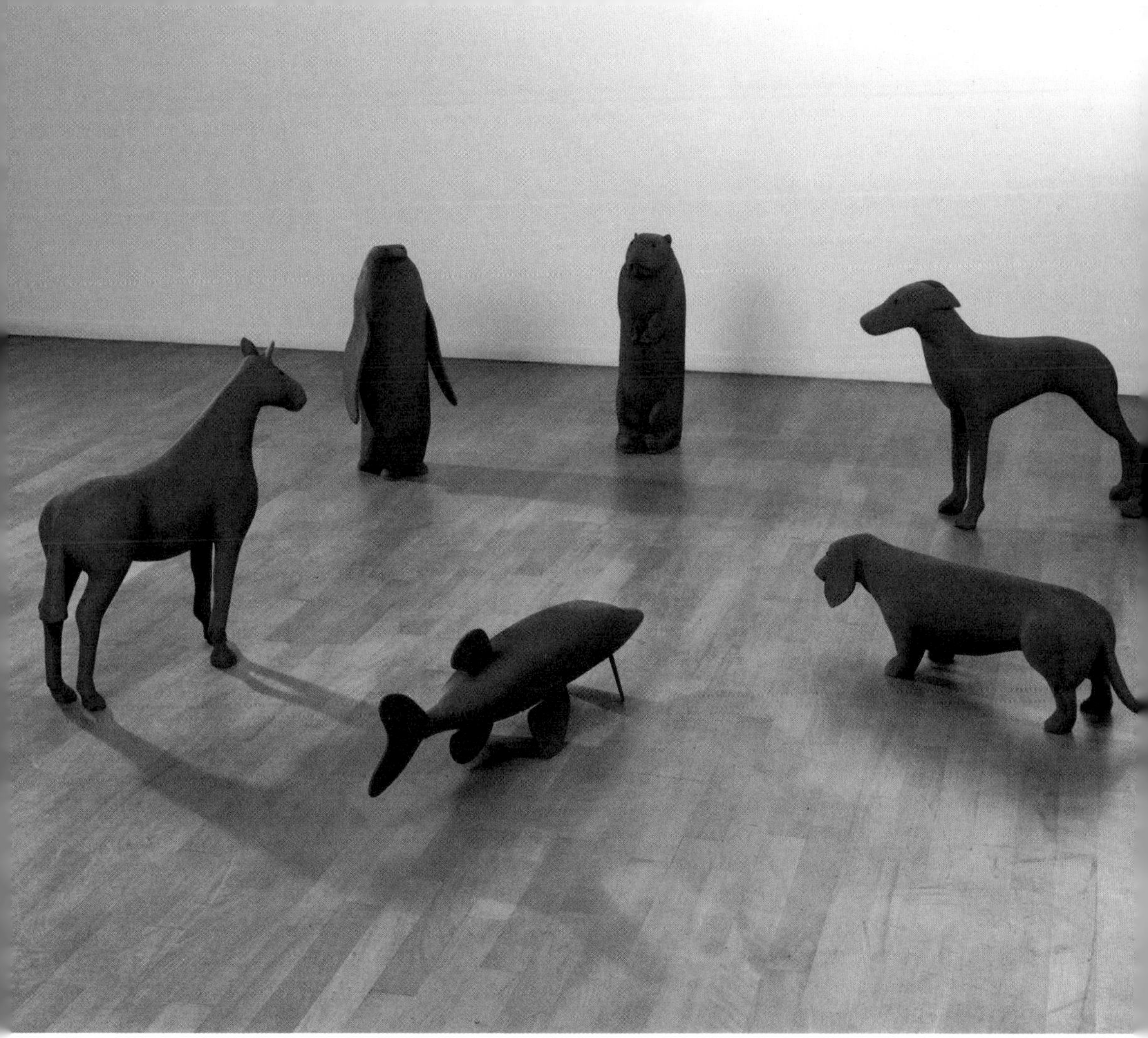

XAVIER VEILHAN

Le travail de Xavier Veilhan procède de rapports d'échelle et d'effets de déplacements qui se matérialisent par des modifications d volumes, de distances et de formats. L'esthétique qui en découle est résolument épurée. L'artiste s'attache à conserver des moyen traditionnels, la sculpture, la peinture, la forte présence du sujet et de la figuration. Ses œuvres ne sont d'ailleurs pas sans faire réfé rence à l'histoire de l'art, qu'elle soit passée (la statuaire du XIXe siècle) ou contemporaine (l'art minimal ou conceptuel).
L'imagerie utilisée pour ses travaux d'éléments à l'échelle modifiée est délibérément commune, familière, et immédiatement ident fiée par tous. Ces ***Six animaux*** présentent un aspect figé, renforcé par la couleur sombre et uniforme qui les recouvre, et se situer ainsi entre réalité et illusion. Le déplacement des rapports de taille conventionnels conduit alors inévitablement à une nouvelle appré hension de l'espace et à une confrontation entre l'objet figuratif reproduit par l'artiste et le souvenir visuel que nous en avons.

Xavier Veilhan's work proceeds from relationships of scale and the effects of shifts produced by modifications of volume, distanc and format. The resulting aesthetic is resolutely pared down. The artist is attached to the preservation of traditional methods, scul ture, painting, the strong presence of the subject and figuration. However, his works do not exclude references to the history of a whether past (nineteenth-century statuary) or contemporary (minimal or conceptual art).
The imagery used for his works incorporating elements on a modified scale is deliberately ordinary, familiar, and immediately ident fiable. These ***Six Animals*** present a frozen appearance, reinforced by the dark, uniform colour that covers them, and thus lie some where between reality and illusion. The shift in conventional relationships of size leads inevitably to a new apprehension of space, ar a confrontation between the figurative object reproduced by the artist and our own visual memory of it.

FRAC Franche-Comté

XAVIER VEILHAN
***S ANIMAUX**_* 1989
BASSET / *BASSET*: 37 X 96 X 31 CM
CHIEN / *DOG*: 75 X 95,5 X 52 CM
PINGOUIN / *PENGUIN*: 70 X 50 X 48 X CM
REQUIN / *SHARK*: 39 X 107 X 32,5 CM
MARMOTTE / *MARMOT*: 70 X 50 X 48 CM
CHEVAL / *HORSE*: 69 X 92 X 53 CM
INSTALLATION: RÉSINE DE POLYESTER, PEINTURE /
INSTALLATION: POLYESTER, RESIN, PAINT
COLLECTION DU FRAC FRANCHE-COMTÉ, FRANCE

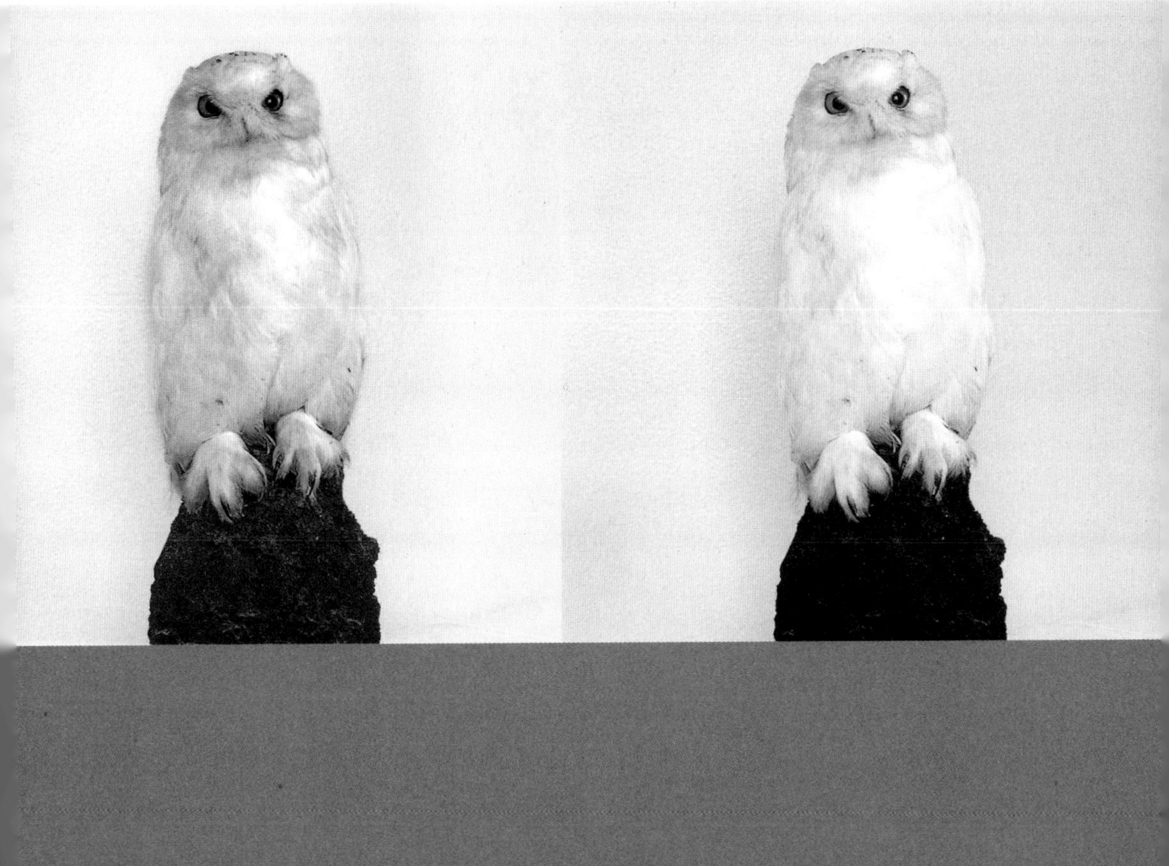

ONI HORN
*EAD OWL_* 1997
3 X 56 CM CHAQUE/*EACH*
IMPRESSIONS IRIS / *2 PAIRED IRIS PRINTS*
OURTESY COLLEZIONE ENEA RIGHI, BOLOGNA &
ALLERIA RAFFAELLA CORTESE, MILANO

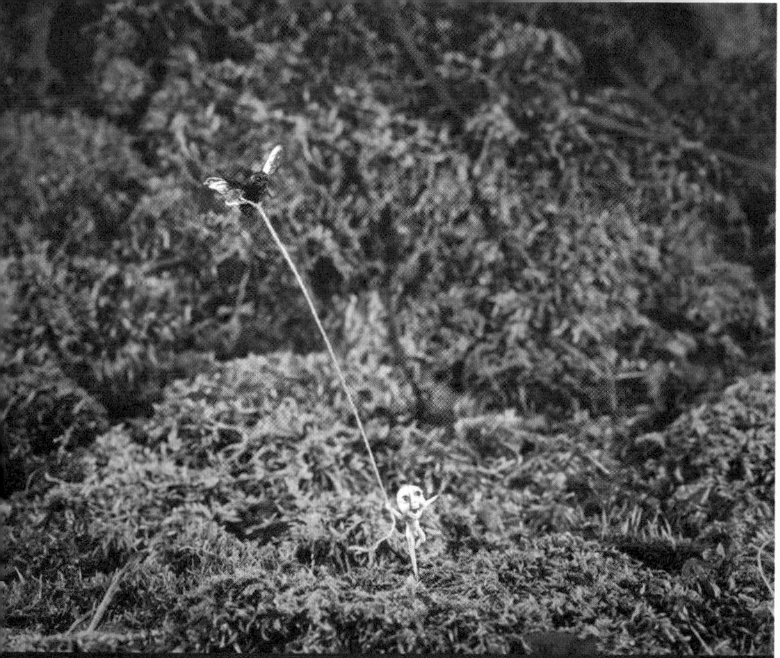

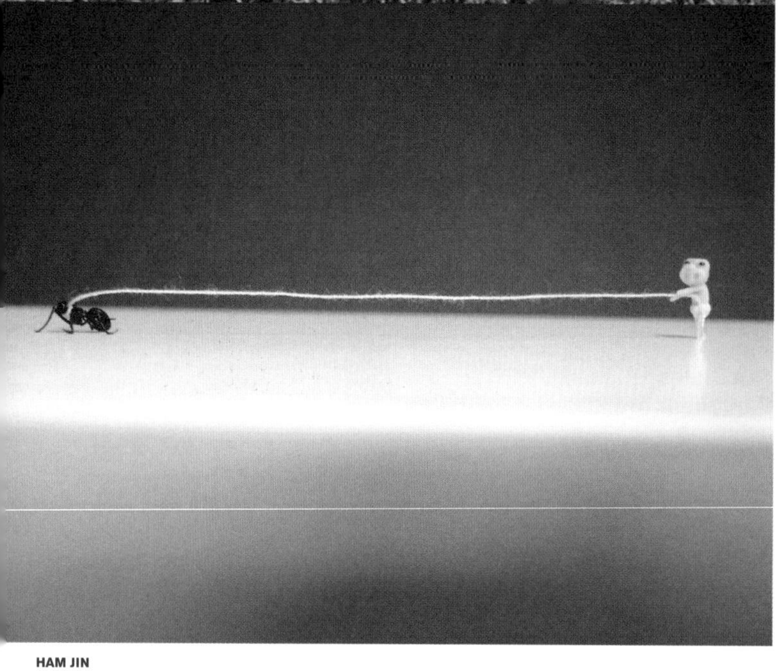

HAM JIN
BOY FLYING A FLY_ 2006
APPROX. 7 X 2 X 1 CM
INSTALLATION: ARGILE POLYMÈRE ET TECHNIQUES MIXTES /
INSTALLATION: POLYMERCLAY AND MIXED MEDIA
PRÊT DE L'ARTISTE / COURTESY OF THE ARTIST

LET'S GO FOR A WALK_ 2006
APPROX. 1 X 6 X 1 CM
INSTALLATION: ARGILE POLYMÈRE ET TECHNIQUES MIXTES /
INSTALLATION: POLYMERCLAY AND MIXED MEDIA
PRÊT DE L'ARTISTE / COURTESY OF THE ARTIST

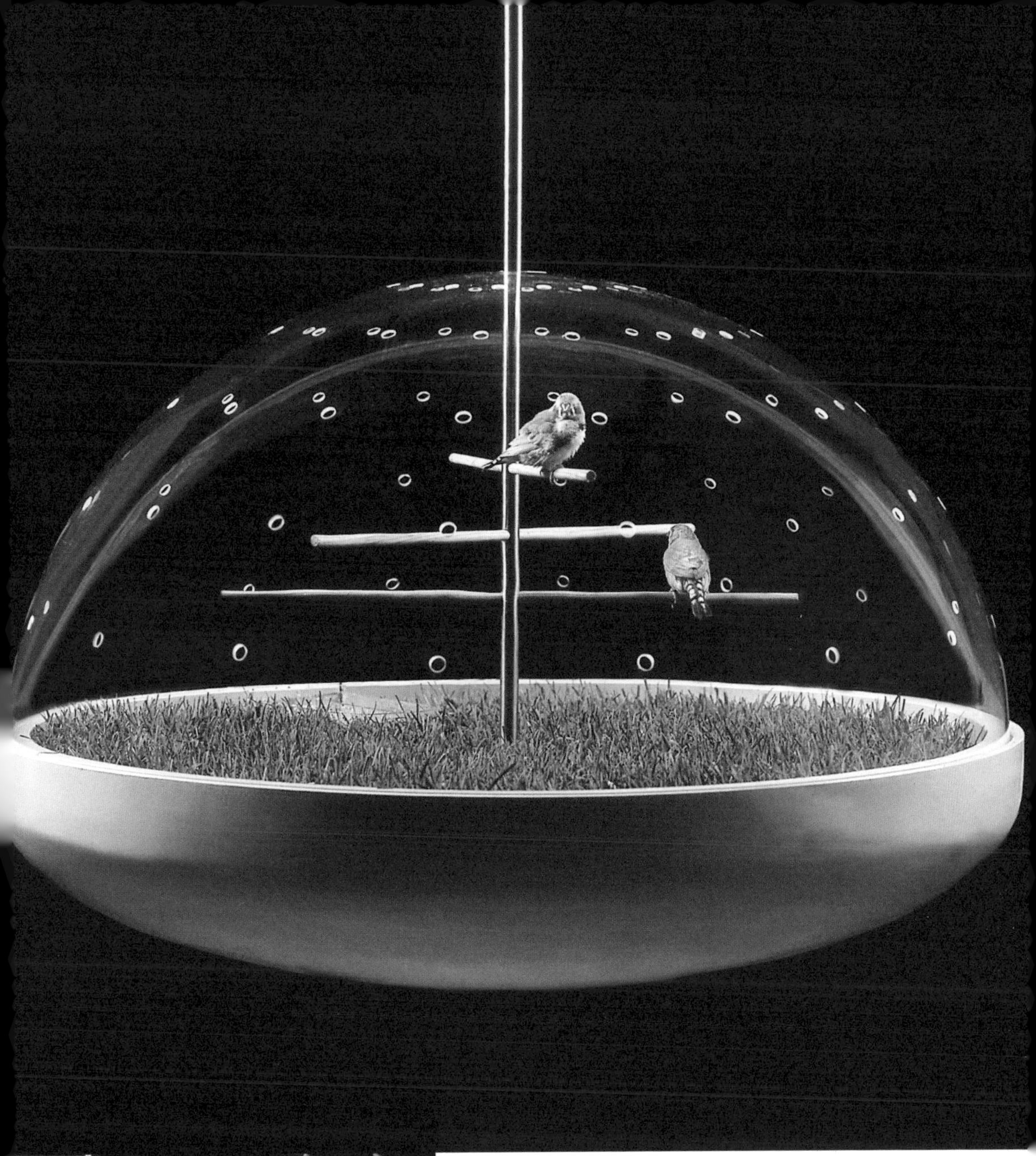

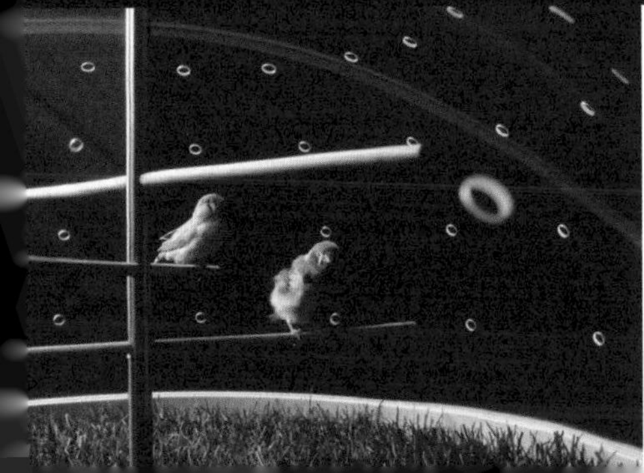

ENRICO AZZIMONTI – JORDI PIGEM
*SINUS*_ 2002
Ø 80 X 60 CM - SUSPENSION 150 CM
POLYMÉTHACRYLATE, ACIER, BOIS, HERBE /
POLYMETHACRYLATE, STEEL, WOOD, GRASS
STUDIO DI ARCHITETTURA ENRICO AZZIMONTI

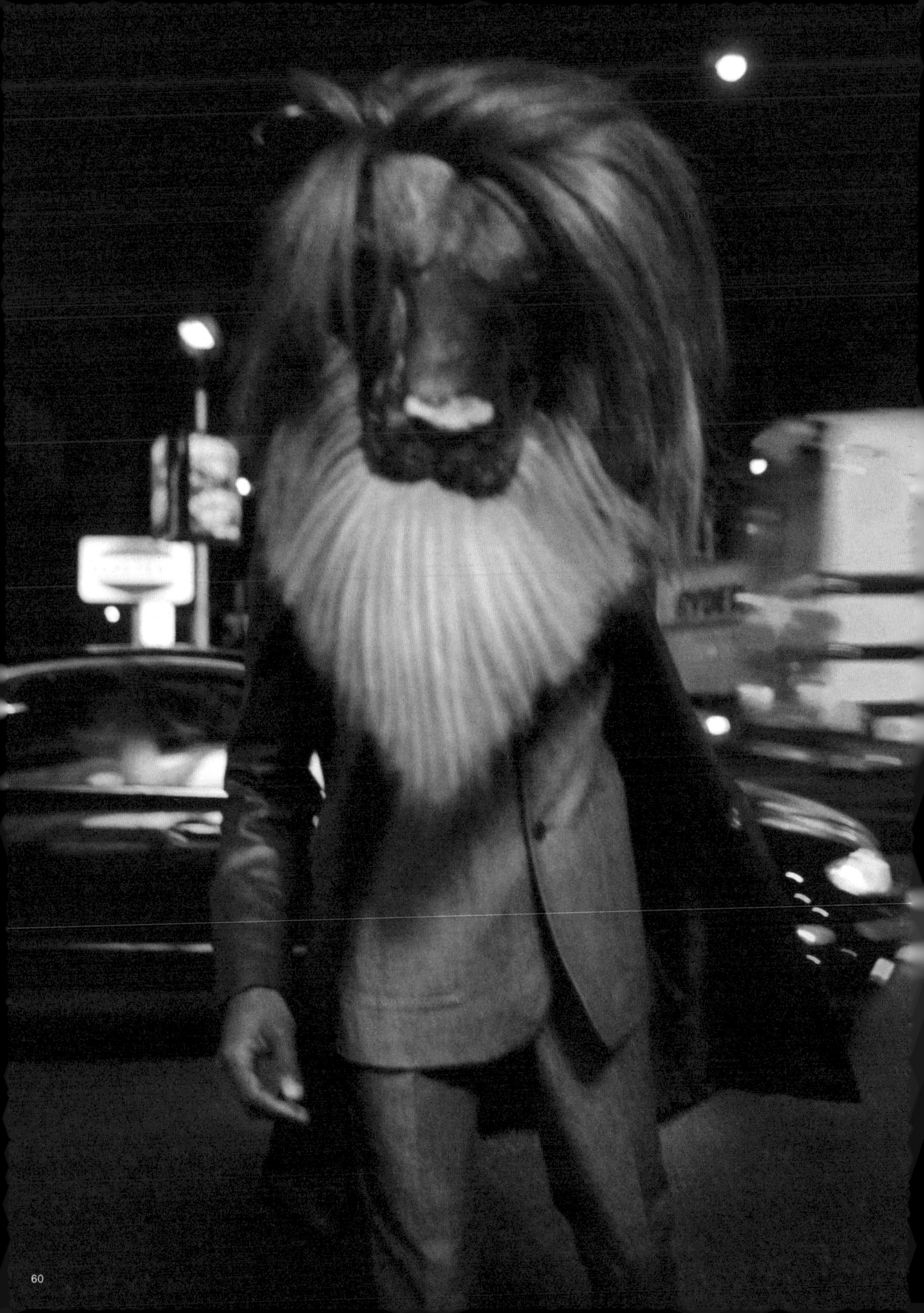

N-PIERRE KHAZEM
*'ITLED 1_* 1999
< 52
RINT
RTESY SPERONE WESTWATER, NEW YORK

NA STERBAK

aiting for High Water (En attendant la marée) est un prolongement de l'installation vidéo *From Here To There* (Ici et là) si bien reçue r la critique et dont la première fut présentée dans le pavillon canadien de la Biennale de Venise en 2003.
tte fois l'histoire se situe uniquement à Venise, pendant les inondations d'hiver. Le même terrier Jack Russell, Stanley, continue son riple dans les rues de Venise en filmant ses aventures grâce à trois petites caméras attachées sur son corps. La bande originale sée sur les images et jouée par un harpiste fut réalisée spécialement pour cette installation vidéo à trois écrans. La singularité du int de vue du chien combinée à l'écran multiple et à la radicalité du montage place cette installation dans la tradition des premiers ns cinématographiques (E. Muybridge, E.-J. Marey) et du cinéma expérimental (J. Mekas, M. Snow).
alerie Erna Hecey, Bruxelles_ Juin 2006

aiting for High Water is a continuation of Sterbak's critically acclaimed video installation *From Here To There*, which was first presented in the Canadian pavilion at the 2003 Venice Biennale.
takes place uniquely in Venice, during the period of the winter floods. The same Jack Russell terrier, Stanley, continues his voyage rough the streets of Venice, recording his travel with three small video cameras mounted on his body. Original music based on the ages and performed by a harpsichord player was commissioned for this three-screen video installation. The unique canine viewint combined with the composite screen and radical editing situates the installation in the tradition of the early cinema (E. Muybridge, -J. Marey) and experimental film (J. Mekas, M. Snow).
alerie Erna Hecey, Brussels_ June 2006

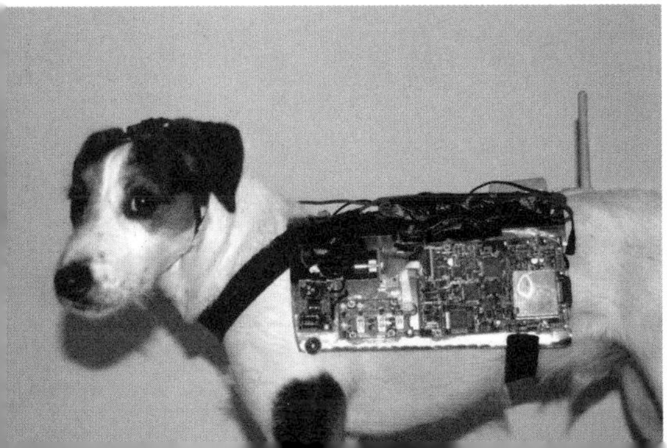

STANLEY

JANA STERBAK >>
WAITING FOR HIGH WATER_ 2005
INSTALLATION VIDÉO À TROIS ÉCRANS/
3 SCREENS VIDEO INSTALLATION
PRÊT DE L'ARTISTE / COURTESY OF THE ARTIST

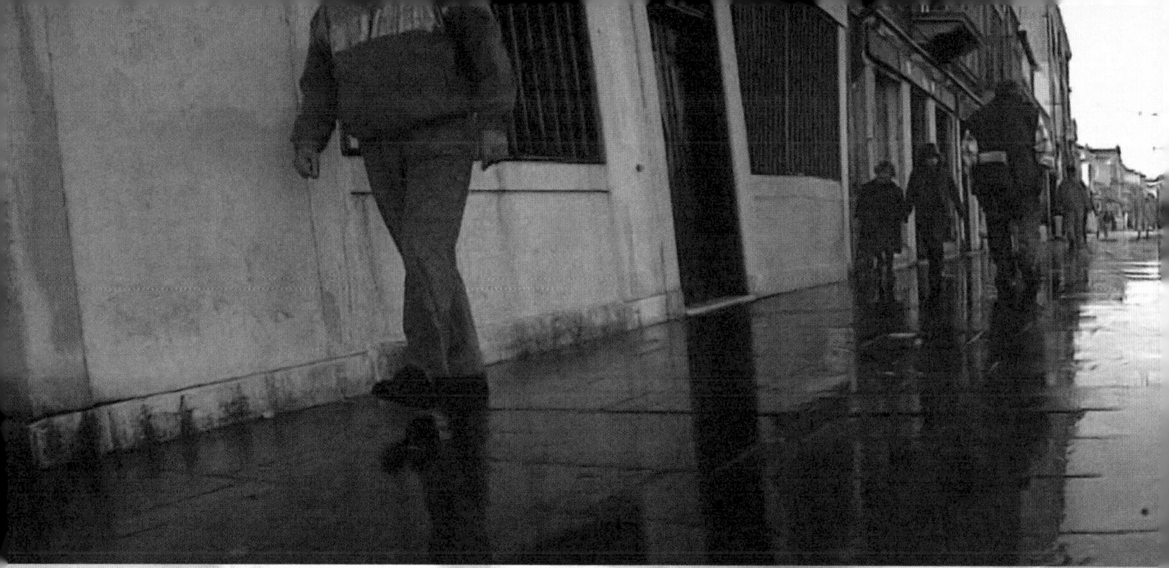
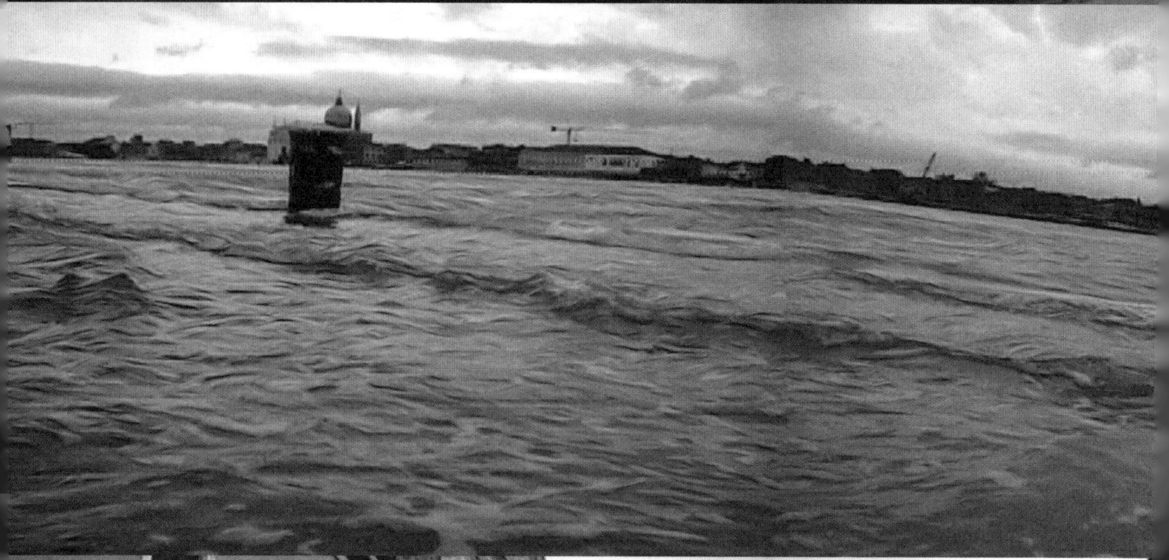
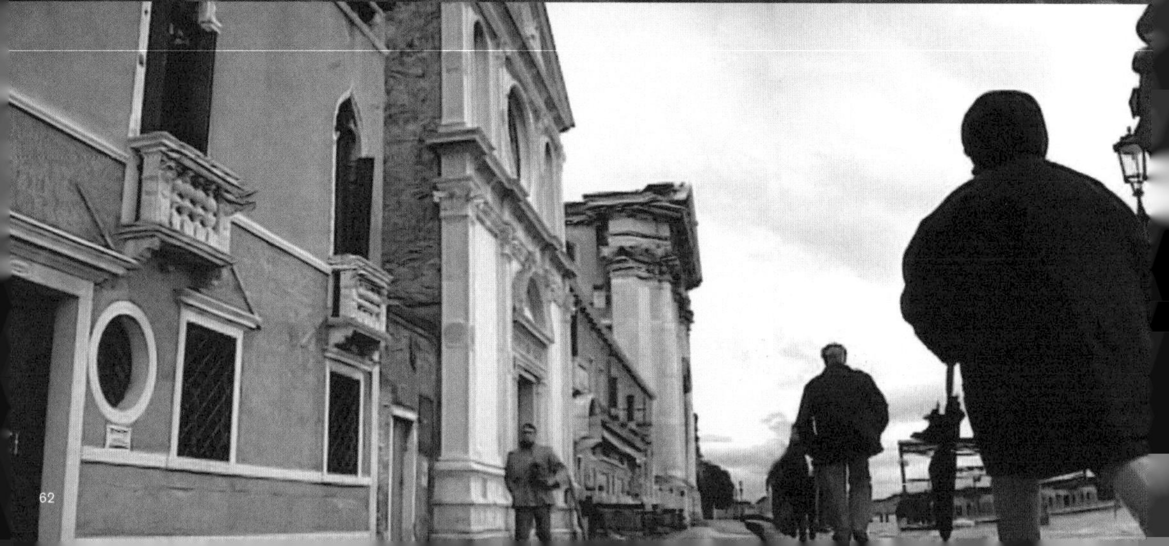

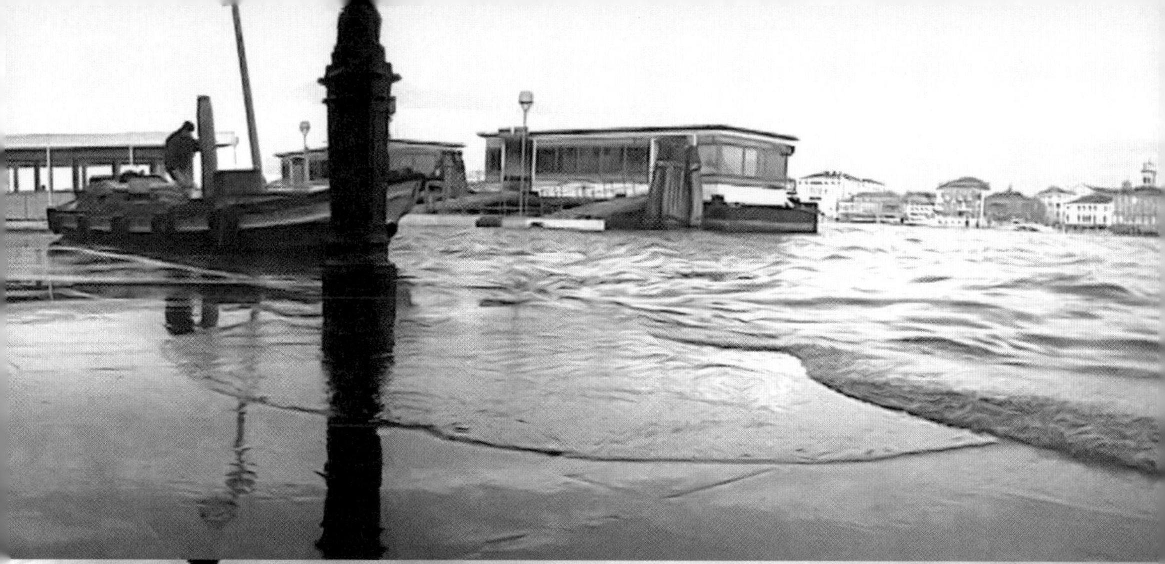

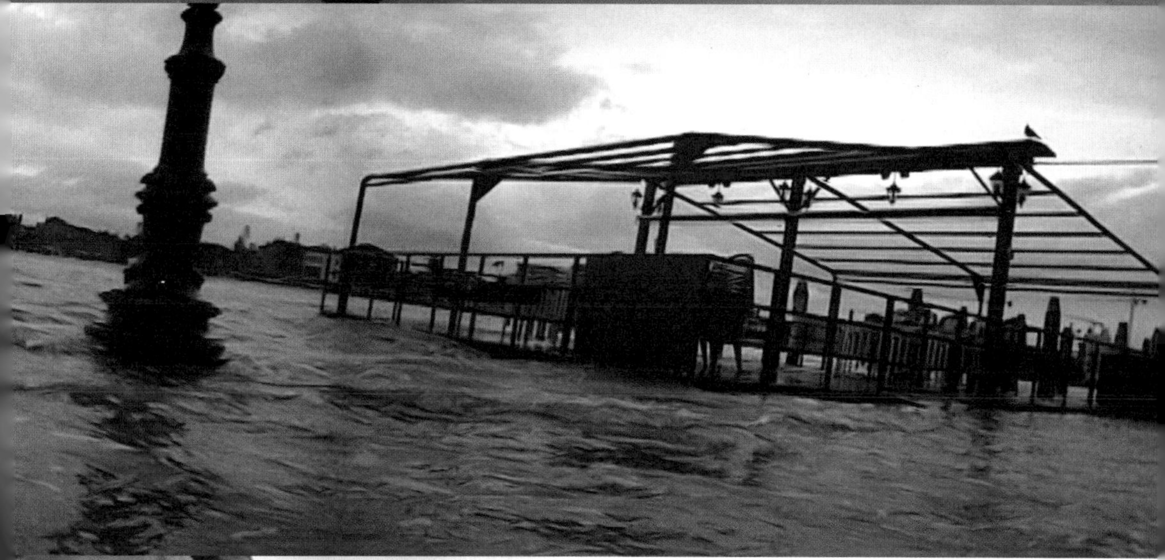

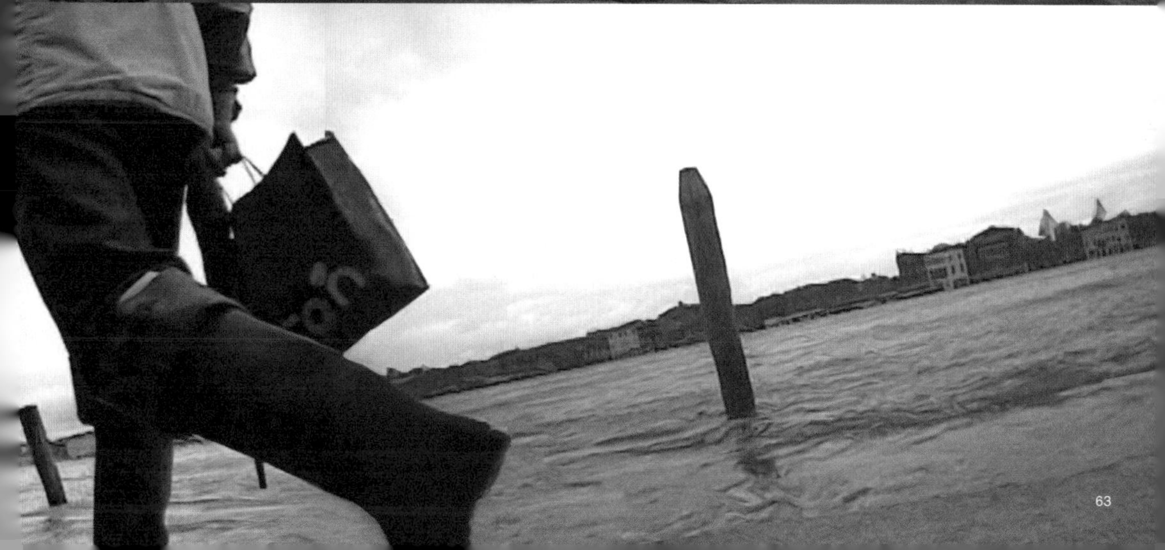

JAMES AUGER *Animaux améliorés*

L'utilisation de la technologie est propre à notre espèce, mais nombre de nos inventions technologiques pourraient tout aussi bie profiter à d'autres animaux. Cette série imagine un monde où certaines inventions de l'homme auraient été développées pou ces animaux, afin de répondre à des besoins précis.

JAMES AUGER *Augmented Animals*

The use of technology is unique to our species, but many of our technological innovations would be equally appreciated by othe animals. This series imagines a world where some of man's technology has been developed for these animals, tending to som of their specific needs.

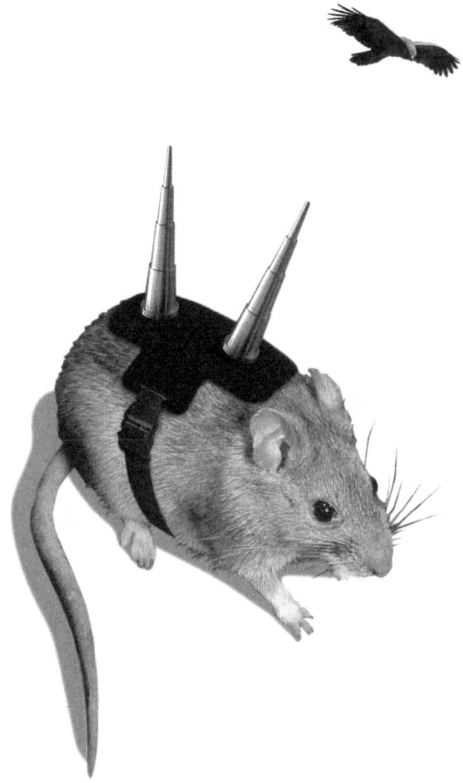

Protection pour rongeurs champêtres contre les prédateurs aériens.

Defence for field rodents against aerial predators.

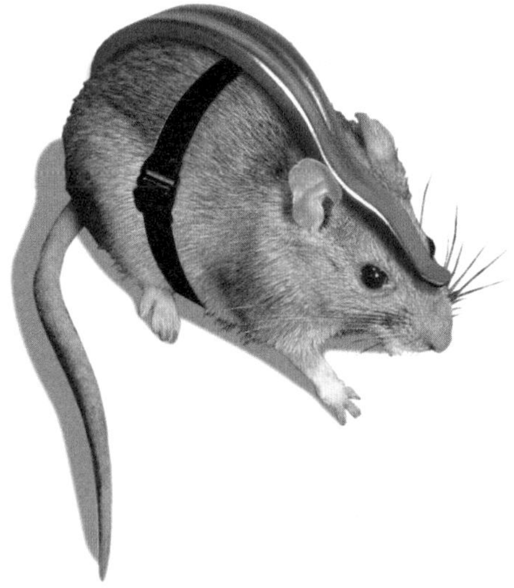

Protection pour rongeurs urbains contre les tapettes à souri

Defence for house rodents against mouse and rat traps.

JAMES AUGER
*AERIAL ATTACK PROTECTION JACKET_* 2001
30 X 40 CM
CONCEPT: PHOTOMONTAGE, IMPRESSION NUMÉRIQUE /
2D CONCEPT : PHOTOMONTAGE, DIGITAL PRINT
PRÊT DE L'ARTISTE / COURTESY OF THE ARTIST

JAMES AUGER
*VERTICAL IMPACT PROTECTION JACKET_* 2001
30 X 40 CM
CONCEPT: PHOTOMONTAGE, IMPRESSION NUMÉRIQUE /
2D CONCEPT: PHOTOMONTAGE, DIGITAL PRINT
PRÊT DE L'ARTISTE / COURTESY OF THE ARTIST

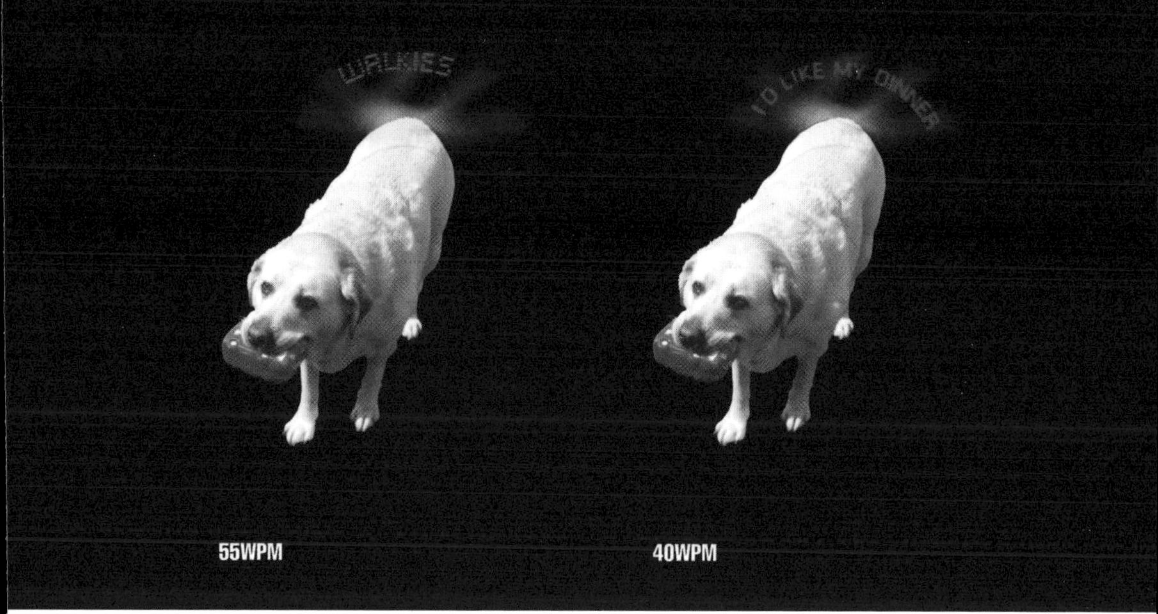

MES AUGER
D DOG TAIL COMMUNICATOR_ 2000 (CONCEPT) -2006 (REALISATION)
(4 X 0,5 CM
OTOTYPE FONCTIONNEL: ÉLECTRONIQUE ET LED /
FUNCTIONAL PROTOTYPE: ELECTRONIC MEDIA AND LED'S
T DE L'ARTISTE / *COURTESY OF THE ARTIST*
CTRONIQUE PAR / *ELECTRONICS BY* / STEPHAN HUGHES

s LED placées sur la queue du chien inscrivent des messages dans l'air uand il remue la queue, permettant ainsi une nouvelle forme de communication ntre le chien et son maître.

ne LEDs spell out messages as the tail passes through the air, enabling ew forms of communication between the dog and his owner.

Le masque à odeurs. L'une des raisons pour lesquelles le loup devint l'allié de l'homme lorsque ce dernier vivait de chasse et de cueillette est attribuée à son sens olfactif: il menait les hommes à leurs proies potentielles. Chez le chien moderne, le sens olfactif est la seule caractéristique naturelle qui soit restée intacte depuis son ancêtre le loup. On estime le sens olfactif du chien 40 fois supérieur à celui de l'homme; dans l'environnement domestique moderne, cela doit entraîner de terribles frustrations!

Nuisance odor respirator. One of the reasons wolves first found favour amongst the hunter gatherer tribes is attributed to their sense of smell –they led the tribesmen to potential food. In modern dogs the sense of smell is the only natural trait remaining undiminished from those of their wolf ancestors. It is estimated that the dogs sense of smell is more than 40 times more powerful than that of the human– in the domestic environment this must surely lead to much frustration!

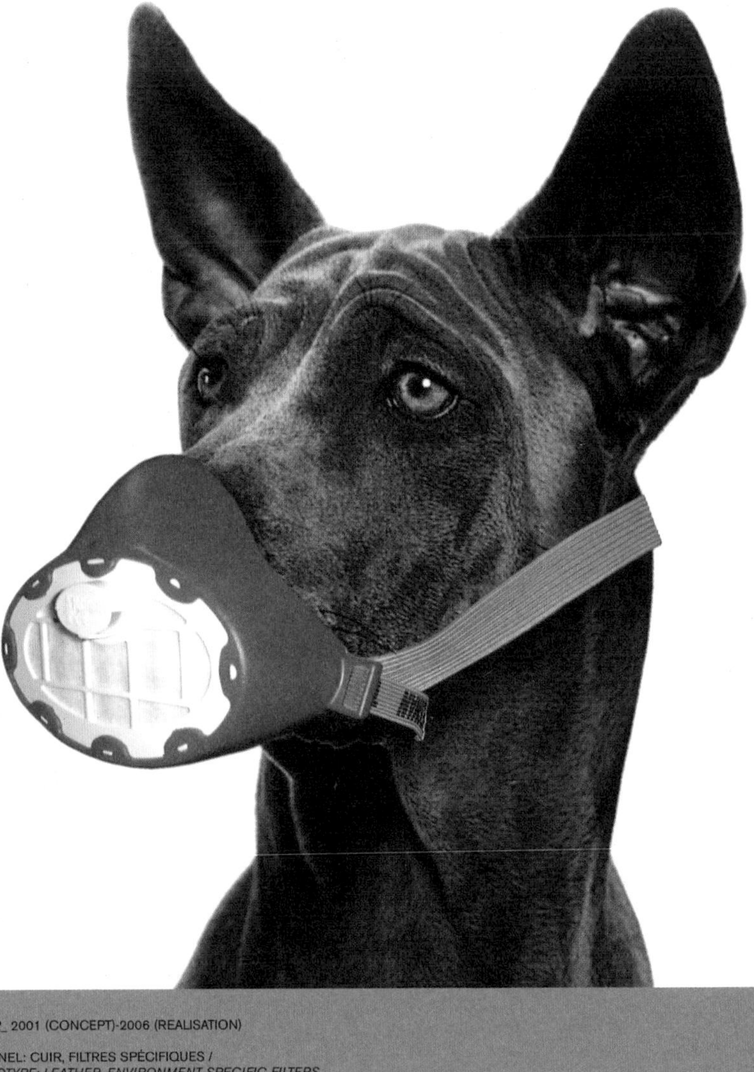

JAMES AUGER
*NUISANCE ODOR RESPIRATOR_* 2001 (CONCEPT)-2006 (REALISATION)
8 X 10 X 15 CM
PROTOTYPE NON OPÉRATIONNEL: CUIR, FILTRES SPÉCIFIQUES /
3D NON-OPERATIONAL PROTOTYPE: LEATHER, ENVIRONMENT SPECIFIC FILTERS
PRÊT DE L'ARTISTE / COURTESY OF THE ARTIST

…nçues pour le champ de bataille, les lunettes nocturnes permettent au soldat de voir son ennemi dans l'obscurité. Chaque nuit est un champ de bataille pour le petit rongeur. Chaque fois qu'il s'aventure au dehors sa vie est menacée par des prédateurs.

Developed for the battlefield, night-vision goggles enable the soldier to see his enemy in darkness. Every night is like a battlefield for the small rodent. Each time they venture out from the safety of their burrow, their lives are under constant threat from predators.

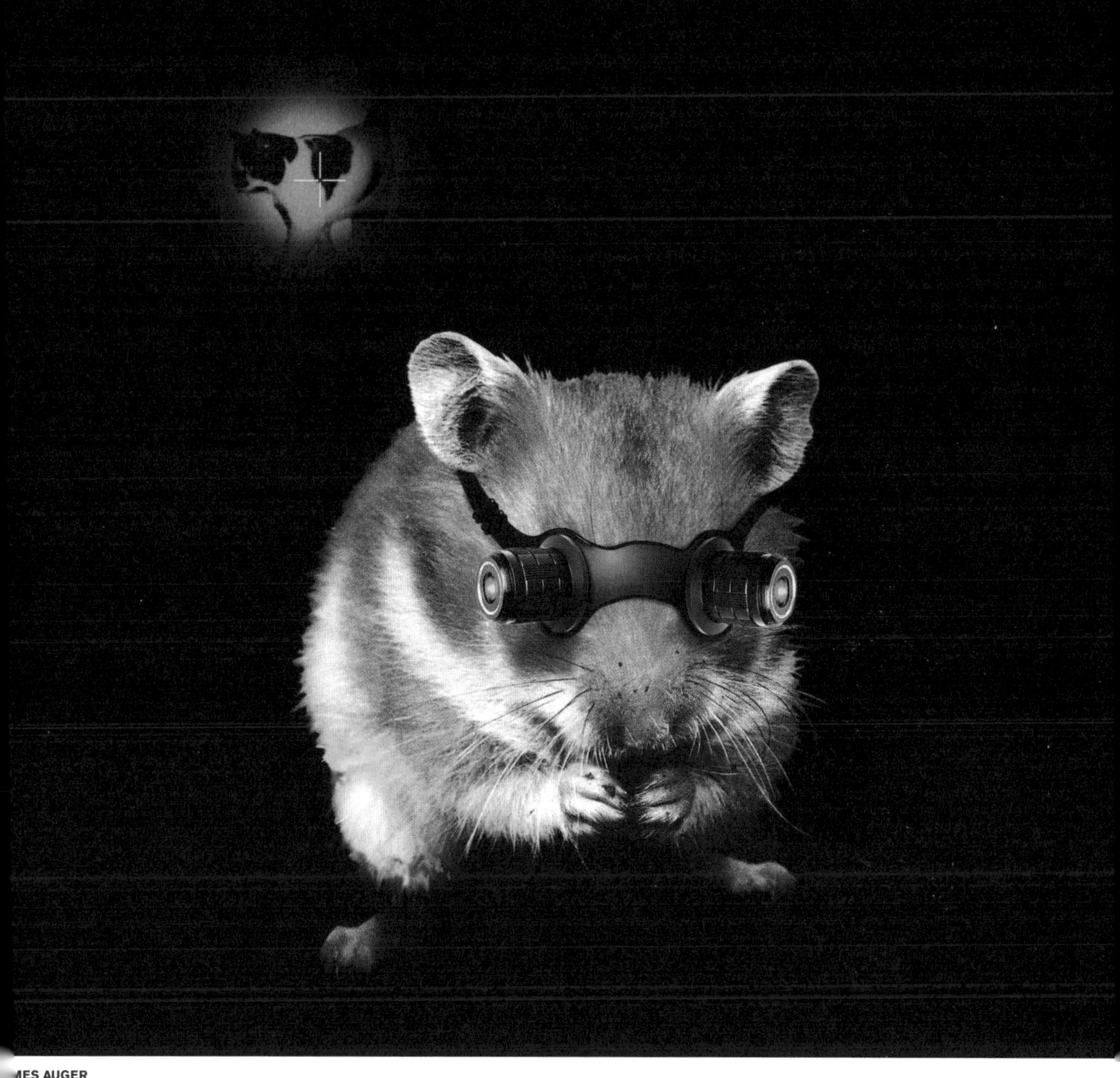

MES AUGER
*GHT VISION SURVIVAL GOOGLES_* 2001
X 40 CM
NCEPT: PHOTOMONTAGE, IMPRESSION NUMÉRIQUE /
CONCEPT, PHOTOMONTAGE, DIGITAL PRINT
T DE L'ARTISTE / COURTESY OF THE ARTIST

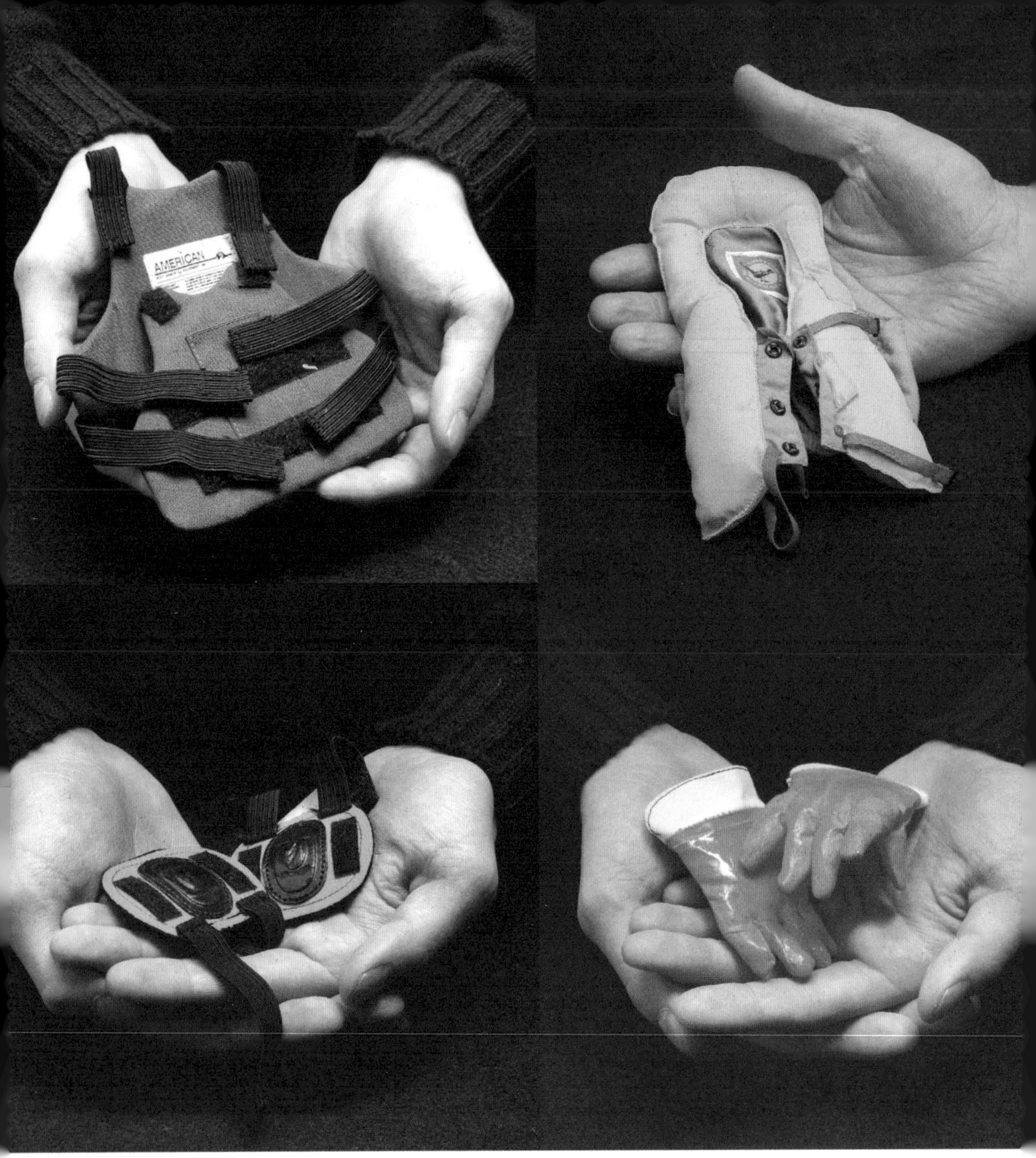

BILL BURNS
BULLET PROOF VEST_ 1996-2001
10 X 25 X 11 CM
COTON, CARTON/ *COTTON, CARDBOARD*
PRÊT DE L'ARTISTE / COURTESY OF THE ARTIST

BILL BURNS
KNEE PADS_ 1994
4 X 3 X 3,5 CM
POLYESTER, CARTON/ *POLYESTER, CARDBOARD*
PRÊT DE L'ARTISTE / COURTESY OF THE ARTIST

BILL BURNS
FLOTATION DEVICE #2_ 2003
12 X 6,5 X 2 CM
COTON, PLASTIQUE / *COTTON, PLASTIC*
PRÊT DE L'ARTISTE / COURTESY OF THE ARTIST

BILL BURNS
RUBBERIZED WORK GLOVES_ 2002
5,5 X 4,5 X 1 CM
COTON, PEINTURE ACRYLIQUE / *COTTON, ACRYLIC PAINT*
PRÊT DE L'ARTISTE / COURTESY OF THE ARTIST

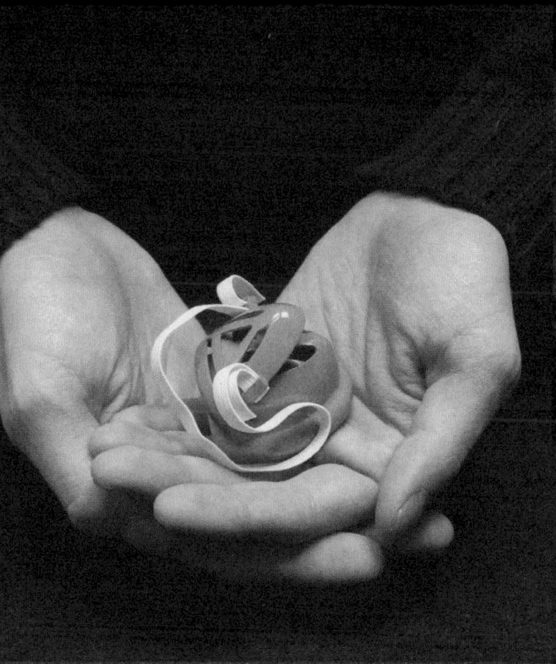

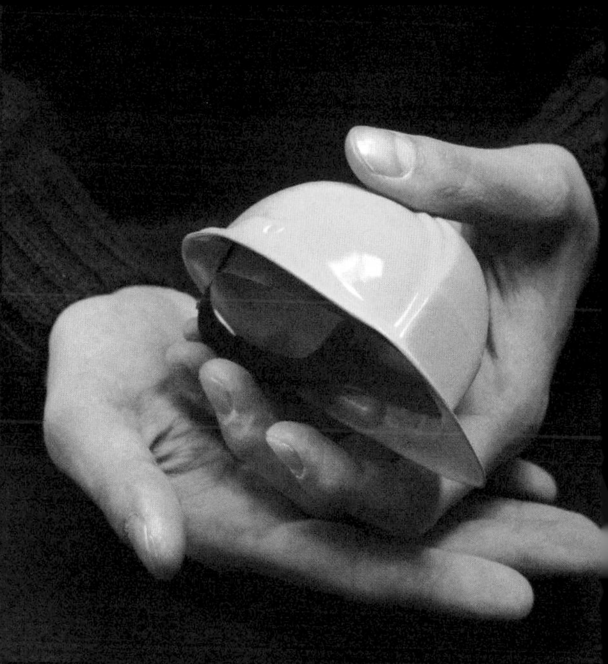

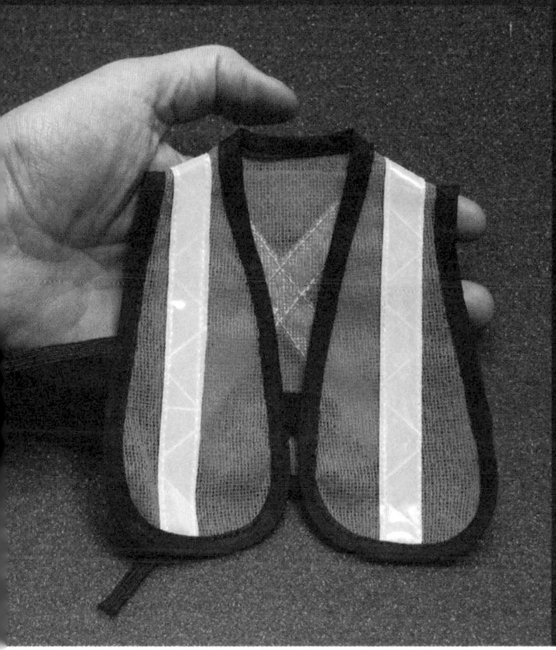

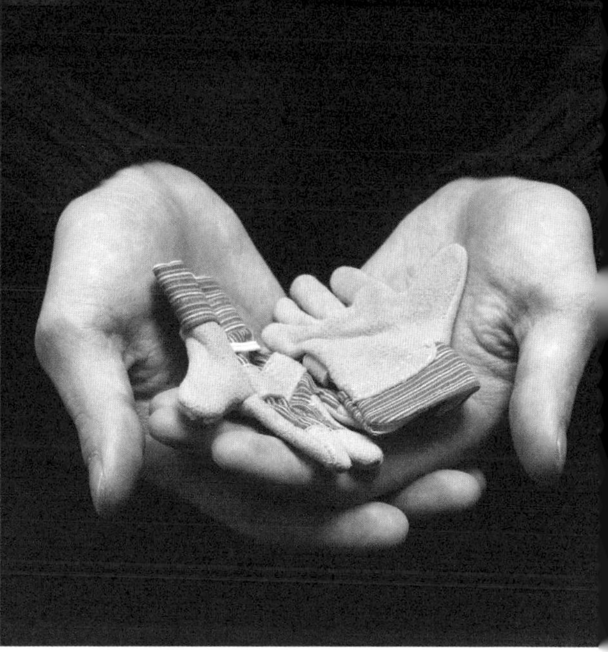

LL BURNS
ST MASK_ 1994
(5 X 4,5 CM
)LYSTYRÈNE PRESSÉ SOUS-VIDE /
CUUM FORM POLYSTYRENE
ÊT DE L'ARTISTE / COURTESY OF THE ARTIST

LL BURNS
FETY VEST_ 1994-2005
X 7,5 X 25 CM
SU, PLASTIQUE / *FABRIC, PLASTIC*
ÊT DE L'ARTISTE / COURTESY OF THE ARTIST

BILL BURNS
HARD HAT_ 1995-2000
9 X 10 X 8 CM
PLASTIQUE / *PLASTIC*
PRÊT DE L'ARTISTE / COURTESY OF THE ARTIST

BILL BURNS
LEATHER WORK GLOVES_ 1994-2005
5,5 X 4,25 X 5 CM
CUIR, COTON / *LEATHER, COTTON*
PRÊT DE L'ARTISTE / COURTESY OF THE ARTIST

'ototypes de la série *Equipement de sécurité pour petits animaux*
'ototypes from the series *Safety gear for small animals*

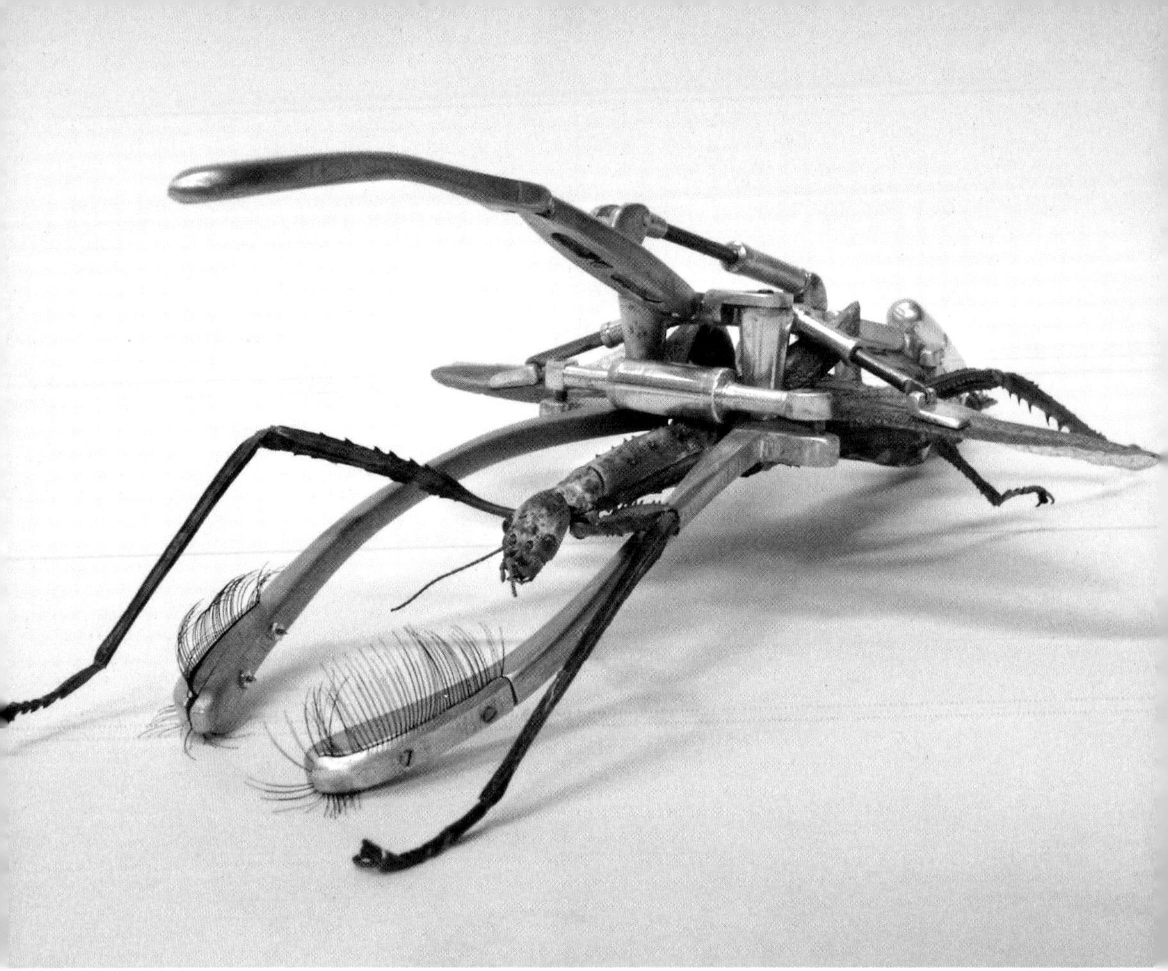

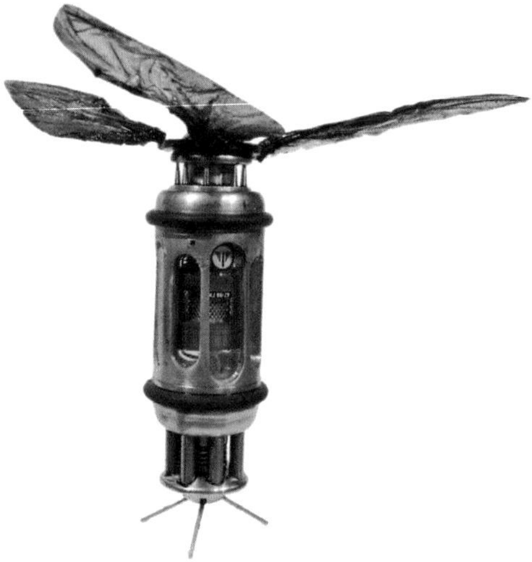

NICOLAS DARROT
SÉRIE DRONECAST / DRONECAST SERIES_ 2003-2004
GRAND PHASME À CILS, 28 X 16 X 9 CM
BOMBARDIER, 17 X 17 X 15 CM
MATÉRIAUX DIVERS, MORCEAUX D'INSECTES /
MIXED MEDIA, PIECES OF INSECT
COURTESY GALERIE EVAHOBER

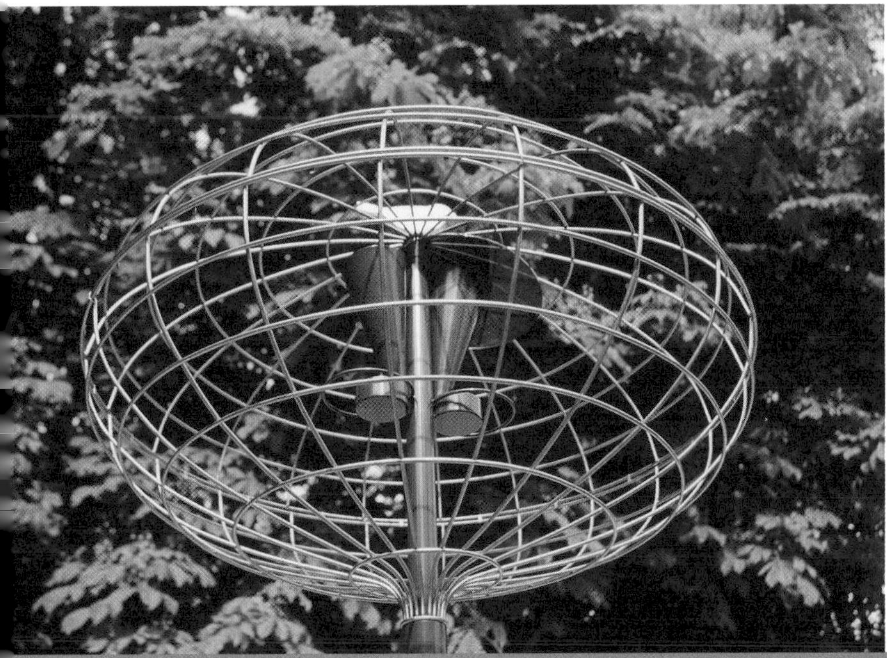

ADI DESIGNERS
CANTINE AUX MOINEAUX_ 2003
0 X 73 CM
ROTOTYPE, INSTITUT FRANÇAIS D'ARCHITECTURE, PARIS
RUCTURE EN FIL D'ACIER, PIÉTEMENT ET MANGEOIRE
I FONTE D'ACIER PEINTE /
RUCTURE IN STEEL WIRE, BASE AND TROUGH
PAINTED CAST STEEL
ÊT DES ARTISTES / COURTESY OF THE ARTISTS

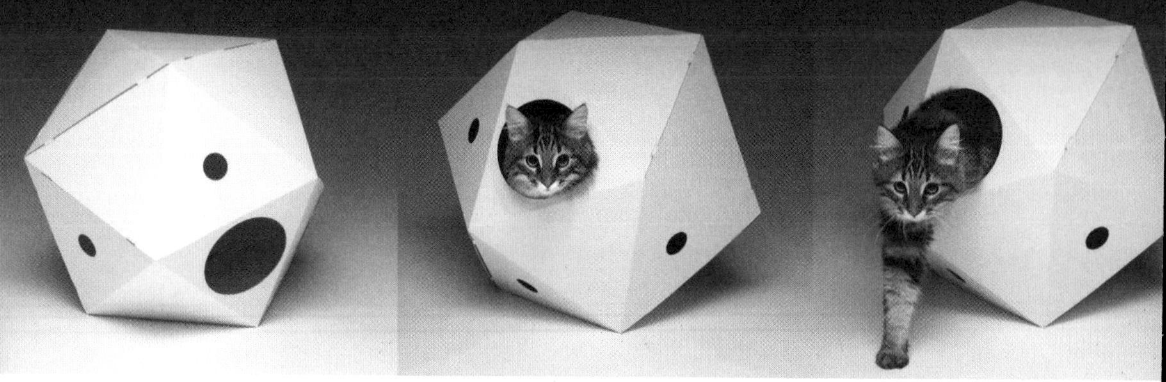

RADI DESIGNERS
ICOSAHÉDRON_ 1998
Ø 46,6 CM
CARTON ALVÉOLAIRE, SÉRIGRAPHIÉ, PRÉ-PLIÉ, PRÉDÉCOUPÉ /
ALVEOLAR CARDBOARD, SILKSCREENED, PRE-BENT, PRE-CUT
PRÊT DES ARTISTES / COURTESY OF THE ARTISTS

MATHIEU LEHANNEUR *House 213.6*

Scénario : le 6 janvier 1999, l'article 213.6 du projet de loi relatif aux « chats libres » a été adopté par l'Assemblée nationale Il autorise le maire à gérer un cheptel de chats errants dans la ville. La municipalité s'engage à leur assurer un suivi sanitair (vaccinations, stérilisations, soins), les associations de protection s'engagent à les nourrir.
-Créer un mode d'« habiter » spécifique, modulable et multipliable en se libérant des typologies de l'habitat humain.

Scénario: on 6 January 1999, article 213.6 of the bill relating to "free cats" was adopted by the National Assembly. It authorises the mayor of a town to assume responsibility for its stray cat population, by which the town council undertakes to ensure thei health care (vaccinations, sterilisation, treatment), and the local protection societies undertake to feed them.
– To create a specific form of "housing", variable and multipliable, while freeing oneself from the typologies of human housing conditions

MATHIEU LEHANNEUR
HOUSE 213.6 –
UNITÉ D'HABITATION POUR CHATS ERRANTS_ 2004
SYSTÈME HOUSE 213.6 EN SITUATION.
CONFIGURATION EN COLIMAÇON CONSTITUÉ DE 7 MODULES UNITAIRES /
SYSTEM HOUSE 213.6 IN SITUATION. SNAIL CONFIGURATION IN 7 SINGLE UNITS.
PRÊT DU DESIGNER / COURTESY OF THE ARTIST

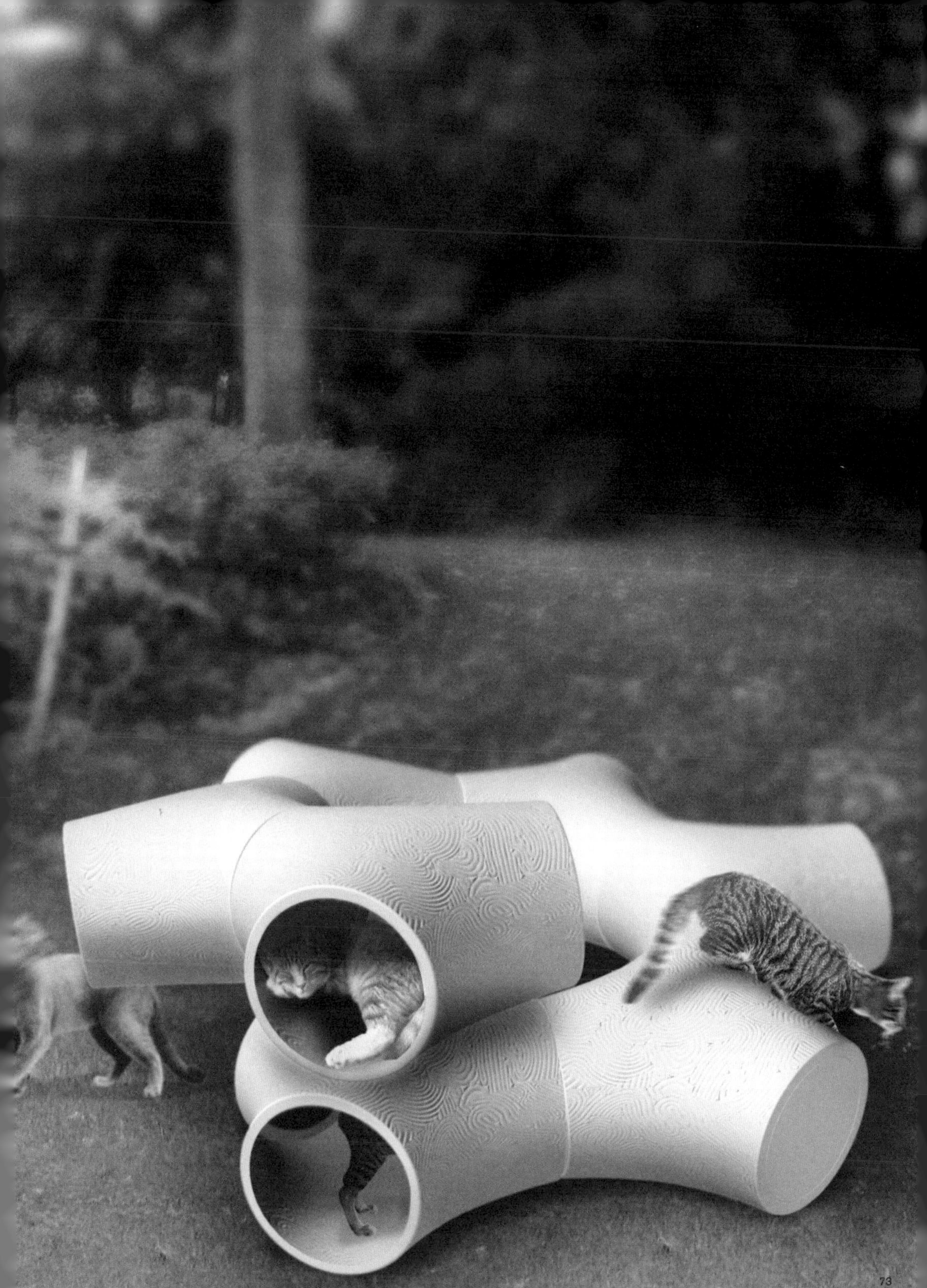

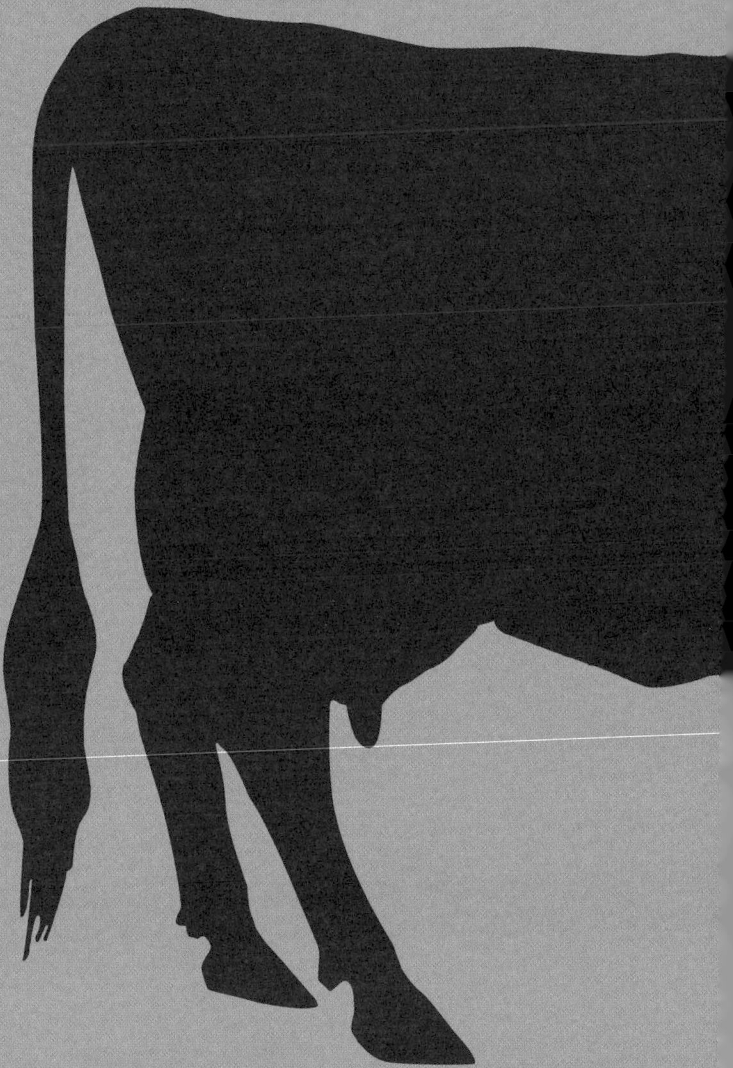

DRESSER DOMPTER DOMINER / TRAINING TAMING DOMINATING

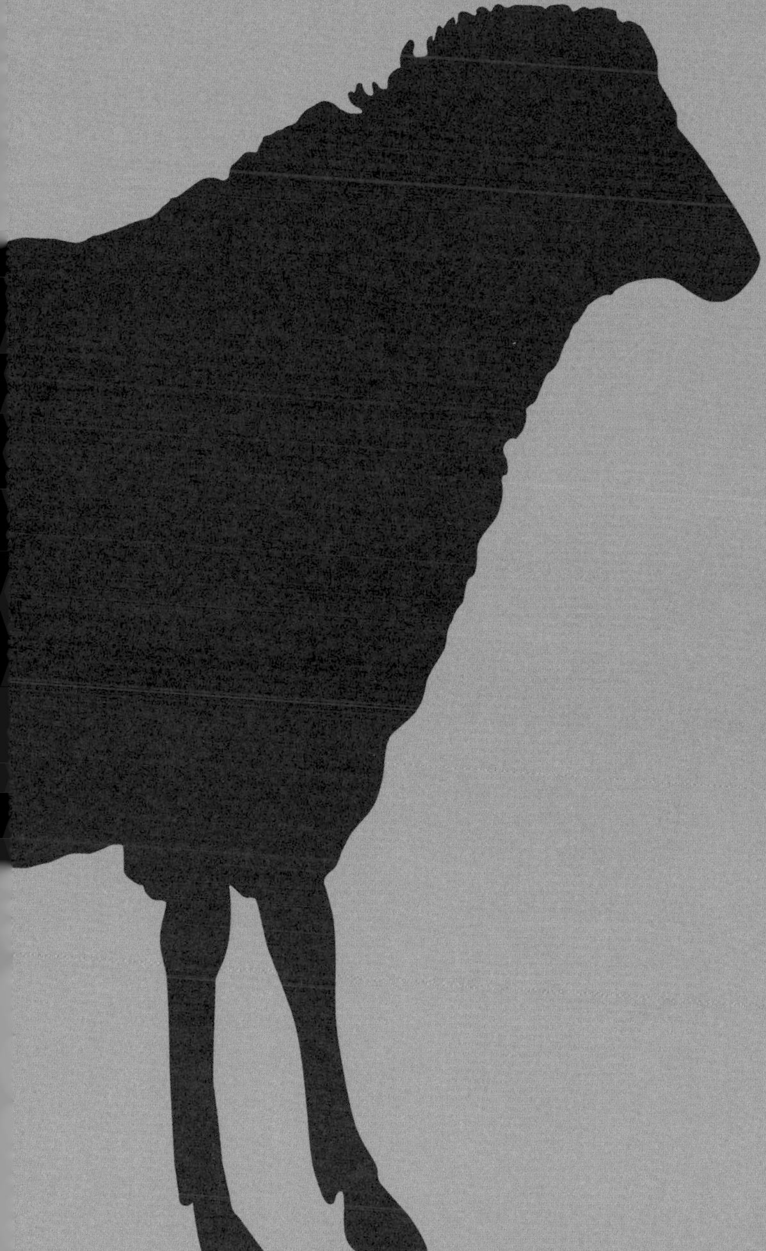

DRESSER, DOMPTER, DOMINER

L'animal que nous rencontrons ici est, à des degrés divers, au service de l'humain. De l'animal *utilisé* à l'animal *utilitai* fabriqué par nos besoins d'humains et non vécu selon sa nature, jusqu'à l'animal en représentation, vécu au prisme de codes et mises en scène humaines: entre puissance et domination, l'homme s'impose ici en grand manipulateur.

Ainsi le chien, «animal métonymique» selon le mot de Claude Lévi-Strauss[1], revêt tour à tour différents rôles, à l'imag de son maître, il se fait révélateur de sa personnalité et de son caractère. *Status symbol*, il est force tranquille chez le hommes de pouvoir, chien de garde, il est véritable arme de défense non plus instinctive mais acquise par dressage o par croisements de races comme le pitbull, miniaturisé, il est simple «gadget» quand les stars s'en emparent tel un sa à main pour leurs sorties médiatisées. L'humain met en scène l'animal de façon équivoque, superficielle, présomptueus agressive, l'utilise pour ses différents aspects symboliques ou le manipule de façon imagée, à l'instar de certaines publ cités haute couture qui, dans la veine porno-chic machiste et sado-masochiste, nous livrent leur lot d'attitudes ambiguë entre la femme et le chien.

L'artiste **Annika Larsson** met en scène dans la vidéo *Dog* (2001) deux hommes et un chien, dans une esthétique luxue se et glacée en de longs plans où, apparemment, il ne se passe rien. S'il ne *se passe* apparemment rien, ou très peu, c *qui passe* inversement à travers la bête, vécue ici comme acteur de leurs représentations, est le rapport pervers maîtr serviteur, dans l'image stéréotypée – donc «figée» par définition – de la dépendance entre domination et soumissio

De la manipulation figurée, fantasmée, à la réalité expérimentale scientifique actuelle, les enjeux sont bien sûr différent Le projet *Utility Pets* (Animaux domestiques utilitaires, 2003) d'**Elio Caccavale** interroge ainsi un nombre impressionna de valeurs autour de l'instrumentalisation de l'animal, «réservoir de vie» cloné à des fins de survie de l'humain, qui pos d'évidents problèmes éthiques. Ici, c'est la mort de l'animal – en l'occurrence le cochon, l'animal qui nous ressemble plus biologiquement –, qui s'apprête à servir la vie de l'homme et sa guérison. Ce concept critique que dévoile *Utility Pe* (élever et maintenir en pleine santé un animal qui deviendrait «médecin malgré lui» au prix de sa mort) formule un ave tissement clair sur le recours aux xénogreffes et aux dérives qu'elles pourraient engendrer.

Les *Misfits*, hybrides de **Thomas Grünfeld** (2003 et 2004), ne prennent pas place ici pour délivrer la morale de la fabl Ces créatures composites, faites de collages d'animaux naturalisés, semblant rompre avec l'harmonie du tout et all contre le cours naturel des choses, rappellent certes les monstruosités ou anomalies de l'espèce comme les «accident dus aux manipulations génétiques. Tout autant allusion au spectacle prisé du cabinet des monstres des *Musées d'histoire naturelles*, elles renvoient aussi à la fascination/répulsion de l'humain pour l'étrange. Productions aléatoires, non plus fa de la nature mais artefact, l'animal y est formellement manipulé, et ces compositions, inquiétantes «figures de style s'inscrivent peut-être tout autant dans le combinatoire infini de l'art que dans la «nature» de son processus créatif.

Œuvre radicale, *Beginnings of space travel* de **Werner Reiterer** (2002) choque par l'insoutenable manipulation qu'e évoque: un chat, animal généralement choyé et aimé, est littéralement collé au plafond de la salle par l'effet de l'héliu que l'humain semble ici lui avoir insufflé. Il est donc destiné à s'envoler plus haut et plus loin, là où l'homme a préfé tester l'inconnu à moindre risque, en y envoyant d'abord un animal qui, lui, ne demandait rien.

1_ Claude Lévi-Strauss, *La Pensée sauvage*, Paris, Plon, Presses Pocket, 1985.

RAINING TAMING DOMINATING

ne animals that we encounter here are, to various degrees, at the service of mankind. From the *utilised* animal to the *util-arian* animal produced by our human needs and not living according to its nature, down to the animal as representation, ving though the prism of human codes and stagings: between power and domination, here mankind imposes itself as e great manipulator.

nus the dog, a "metonymical animal", to use Claude Lévi-Strauss's term,[1] takes on different roles in turn, in the image of s master; it becomes revelatory of his personality and his character. As a status symbol, it is a tranquil force among men f power; as a guard dog, it is a veritable defensive weapon, no longer through instinct but as acquired through training by crossing of breeds, like the Pitbull; miniaturised, it is a simple gadget, grabbed by stars like a handbag for their ass-media appearances. The human presents the animal in ways that are equivocal, superficial, presumptuous, aggres-ve, and uses it for its various symbolic aspects or manipulates it in a way that is laden with imagery, after the fashion of ertain *haute couture* adverts which, in a macho porno-chic and sadomasochistic vein, supply us with their share of nbiguous attitudes vis-à-vis women and dogs.

the video *Dog* (2001), the artist **Annika Larsson** presents two men and a dog in a luxurious aesthetic frozen in long nots in which nothing, apparently, happens. If apparently nothing, or very little, happens, what passes conversely via the nimal, here converted into an actor of their representations, is the perverse master-servant relationship in the stereo-ped image —and thus "frozen" by definition— of dependence between domination and submission.

om figurative, fantastical manipulation to present-day scientific experimental reality, the challenges are certainly differ-nt. Thus **Elio Caccavale**'s project *Utility Pets* (2003) calls into question an impressive number of values to do with strumentalisation of the animal, a "reservoir of life" cloned for purposes of human survival, presenting obvious ethical oblems. Here, it is the death of the animal —in this case a pig, the animal that most resembles us biologically— which epares to serve man's life and healing. The critical concept unveiled by *Utility Pets* (the breeding and keeping in good ealth of an animal that will become a "doctor despite itself" at the price of its death) formulates a clear warning about course to foreign transplants and the shifts they might engender.

e *Misfits* (2003 and 2004), **Thomas Grünfeld**'s hybrids, do not take their place here in order to deliver the moral of the ble. These composite creatures, made up of collages of stuffed animals, seeming to break up the harmony of every-ing and go against the natural course of things, are certainly reminiscent of monstrosities or species anomalies, like the ccidents" arising from genetic manipulation. While alluding to the prized spectacle in the monsters' gallery in natural story museums, they are also a reference to the fascination/repulsion felt by humans for all things strange. Random oductions, no longer the work of nature but artefacts, the animals here are manipulated in terms of form, and these mpositions, disquieting "stylistic figures", perhaps fit just as well into art's combinatorial infinity as into the "nature" of creative process.

radical work, *Beginnings of space travel* by **Werner Reiterer** (2002), shocks us because of the untenable manipulation at it evokes: a cat, an animal that is generally cherished and loved, is literally glued to the ceiling of the room by the fect of the helium that a human has insufflated into its body. It is thus destined to fly off higher and further, up there nere man preferred to test the unknown at little risk to himself by first sending up an animal that asked for nothing.

Claude Lévi-Strauss, *La pensée sauvage*, Paris, Plon, Presses Pocket, 1985.

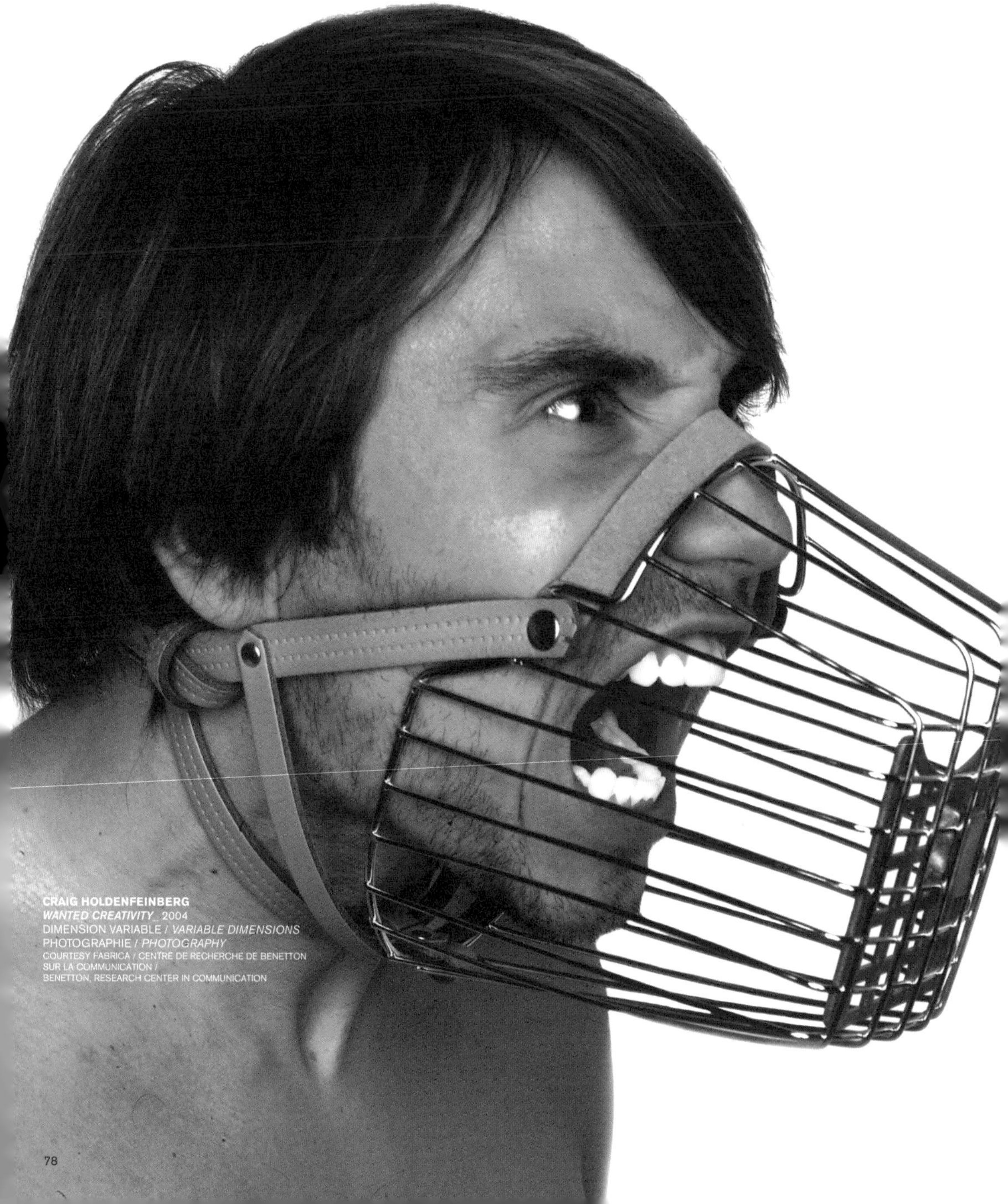

CRAIG HOLDENFEINBERG
***WANTED CREATIVITY*_ 2004**
DIMENSION VARIABLE / *VARIABLE DIMENSIONS*
PHOTOGRAPHIE / *PHOTOGRAPHY*
COURTESY FABRICA / CENTRE DE RECHERCHE DE BENETTON
SUR LA COMMUNICATION /
BENETTON, RESEARCH CENTER IN COMMUNICATION

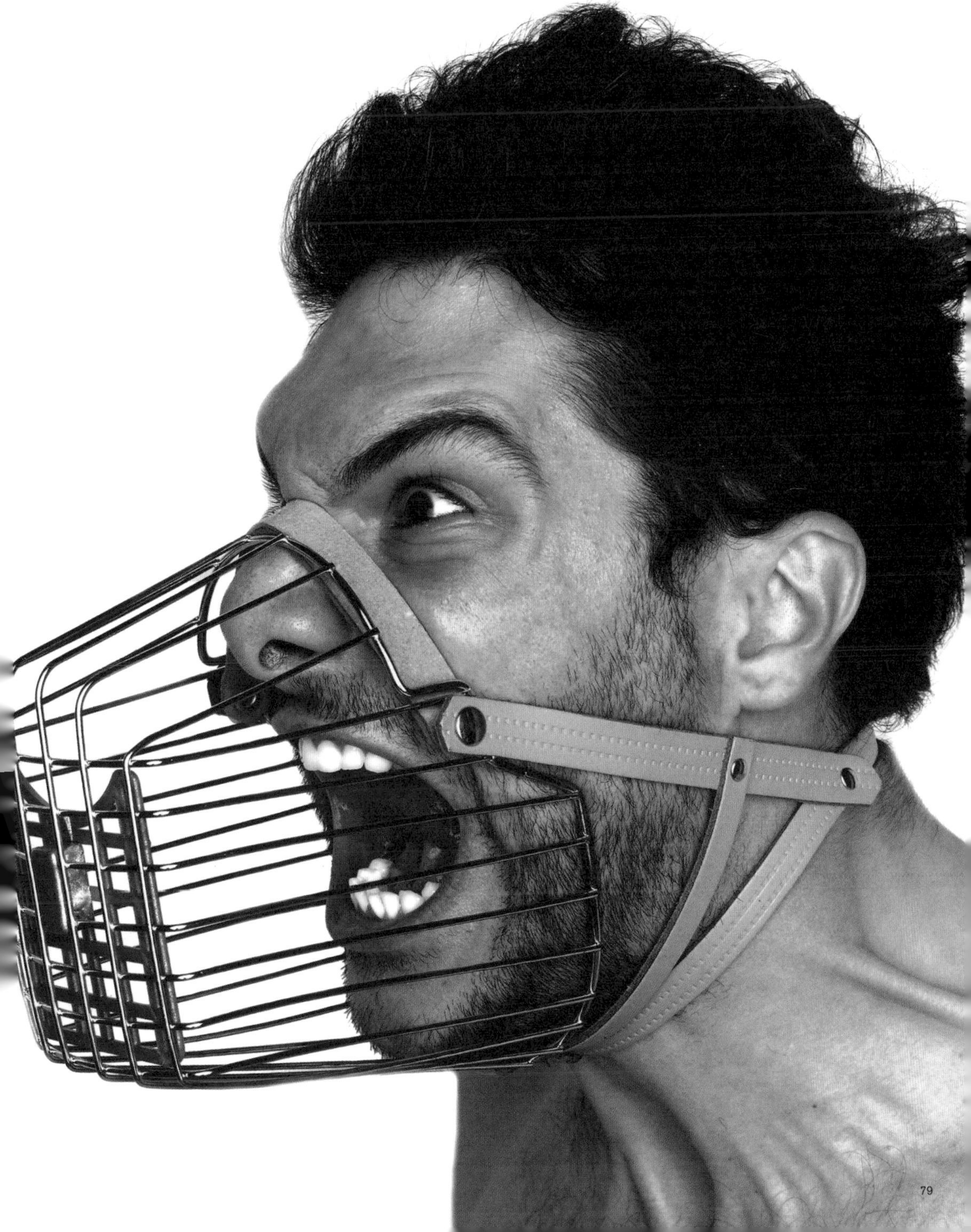

ELIO CACCAVALE *Utility Pets*

«Animaux domestiques utilitaires» est un projet expérimental qui utilise des objets pour attirer l'attention sur les questions éthique que pose la xéno-transplantation (greffe d'organes d'origine animale sur des êtres humains). Ce projet interroge le type d'objets nou veaux requis par la présence du porc au sein du foyer de son propriétaire.
Je me suis projeté dans un futur très réaliste en imaginant que chaque personne se verrait donner après la naissance un porcinet q aurait le même ADN qu'elle. Ce porc, aussi connu sous le nom de «knockout pig» («porc génétiquement modifié») en jargon scien fique, est une forme d'assurance-vie, une banque d'organes.
Les objets des «Animaux domestiques utilitaires» comprennent un téléviseur à basse définition exclusivement destiné aux porc et qu'ils peuvent télécommander tout seuls; un jouet pour porcs avec microphone et radio incorporés qui permet à son propri taire d'écouter son porc jouer; un filtre anti-fumée qui permet au propriétaire de fumer devant son porc sans l'exposer aux risque du tabagisme passif; et un appareil apaisant qui est un outil psychologique fabriqué avec le groin du porc sacrifié. Cet objet se de souvenir mortuaire après la xéno-transplantation, et il aide les receveurs d'organes à résoudre les sentiments contradictoire liés à cette situation complexe.

Utility Pets is an experimental project that uses products to draw attention to the ethical consequences of *xenotransplantatio* namely, the transplantation of animal organs into the bodies of humans. In the not-so-distant future, I imagined that, shortly aft birth, people will be given a piglet with their own DNA engineered into it. The pig, known as a "knockout" pig in scientific jargon, is form of living insurance policy —an organ bank. This project explores what kind of new objects might be needed if the pig lives in th home with its owner's family. The *Utility Pets* products include a low-resolution TV exclusively for pigs, which they can control ther selves; a pig toy with a microphone and a radio handset allowing the owner to listen to the pig enjoying itself; a smoke-filtering devi allowing a person to smoke in front of the pig without it suffering the consequences of passive smoking; and a comforter, that is, psychological product made from the snout of the sacrificed pig, which serves as a memento after the xenotransplantation has bee carried out, and helps people come to terms with the contradictory feelings generated by this complex situation.

Le Service de mémoire

Ce service permet au receveur d'organe de demander que le groin de son animal fonctionnel soit conservé après la greffe. Le groin est placé dans une urne transparente et aide le receveur d'organe à se souvenir de son porc.

Memento Service

This service allows the organ receiver to request that the snout of his utility pet be preserved after the organ transplant. The snout is contained in a clear cast box to be kept as a memento of the utility pet.

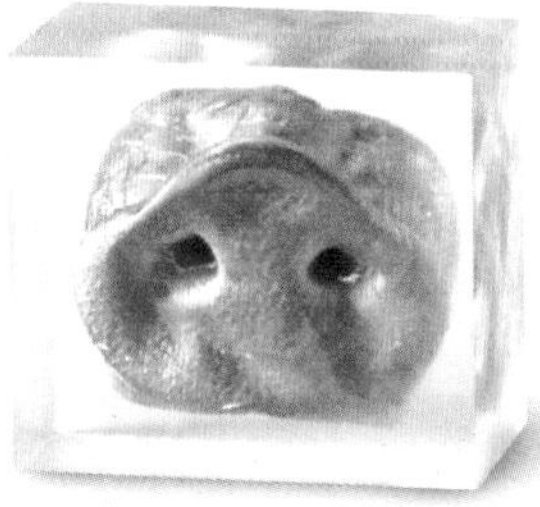

ELIO CACCAVALE
***UTILITY PETS: MEMENTO (PIG SNOUT IN CLEAR CAST)*_** 2003
9,5 X 10,5 X 6 CM
RÉSINE TRANSPARENTE MOULÉE, GROIN DE PORC /
CLEAR CASTING RESIN, PIG SNOUT
PRÊT DE / COURTESY ELIO CACCAVALE, PROJECT DESIGNER

Le Téléviseur à basse définition

Les porcs aiment regarder la télévision et préfèrent certaines émissions à d'autres. Le téléviseur à basse résolution offre un diver sement aux porcs et peut être allumé par l'animal puisque sa présence est détectée par des capteurs sensoriels infrarouges.

Low Resolution TV

Pigs like television and have favourite shows. The low resolution TV can provide entertainment for the pig and it can be activ ed by the animal itself as its presence in front of the TV is detected via infrared sensors.

ELIO CACCAVALE >
***UTILITY PETS: LOW RESOLUTION TV*_** 2003
30 X 24 X 19 CM
RÉSINE EPOXY, PROTOTYPAGE RAPIDE, ÉCRAN LCD
EPOXY RESIN, RAPID PROTOTYPE, LCD SCREEN
PRÊT DE / COURTESY ELIO CACCAVALE, PROJECT DESIGNER

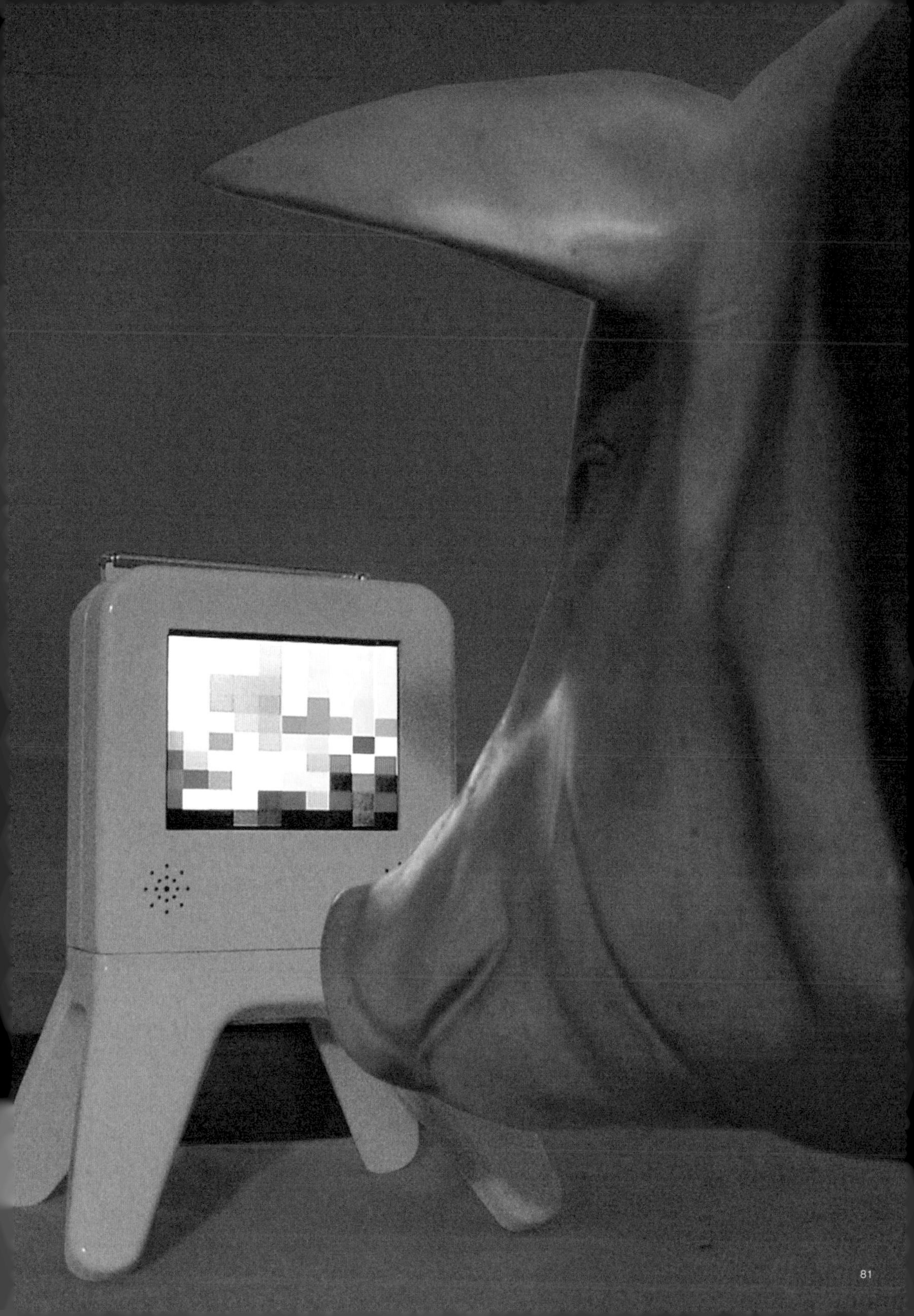

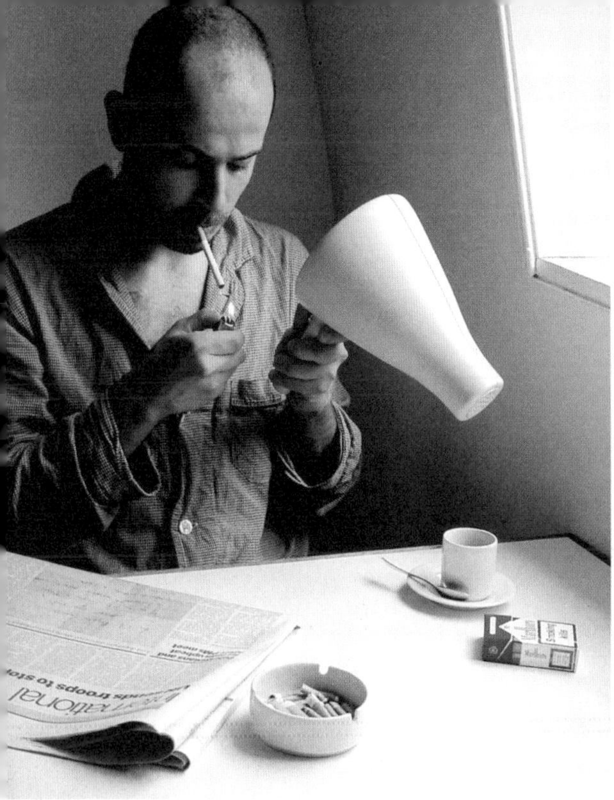

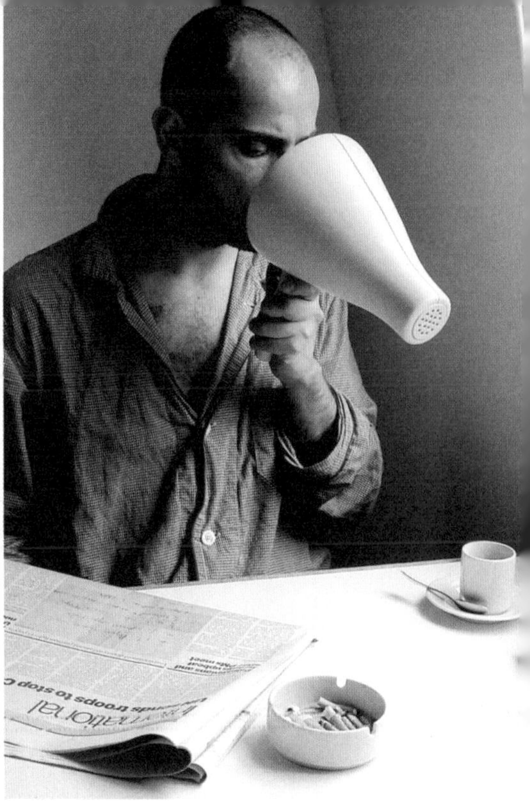

L'Avaleur de fumée

Un filtre anti-fumée qui permet au propriétaire de fumer devant son porc sans l'exposer aux risques du tabagisme passif. tabagisme passif est dangereux pour la santé du porc, mais ce filtre le protège.

Smoke Eater

A smoke filtering device that allows the person to smoke in front of the pig without it suffering the consequence of passive sm ing. Passive smoking is harmful to the pig's health, but the special filter device keeps it protected.

ELIO CACCAVALE
UTILITY PETS: SMOKE EATER_ 2003
28 X 16 X 22 CM
RÉSINE EPOXY, PROTOTYPAGE RAPIDE /
EPOXY RESIN, RAPID PROTOTYPE
PRÊT DE / COURTESY ELIO CACCAVALE, PROJECT DESIGNER

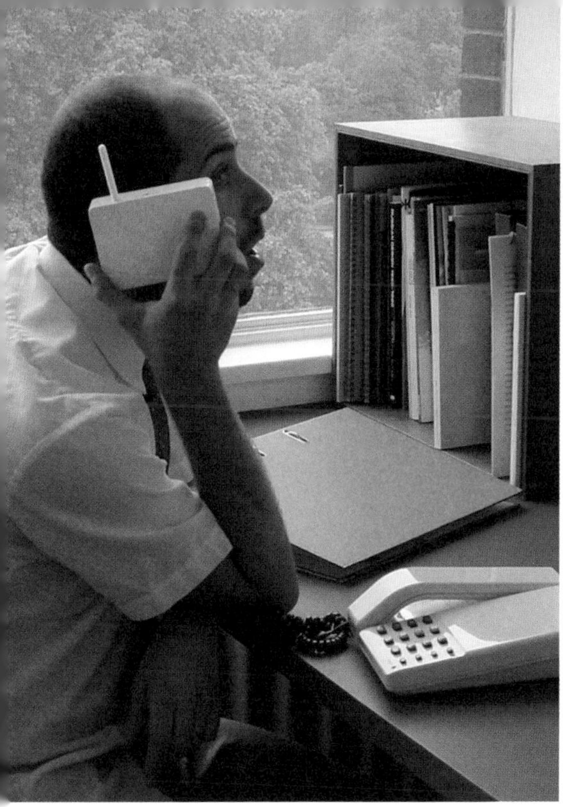

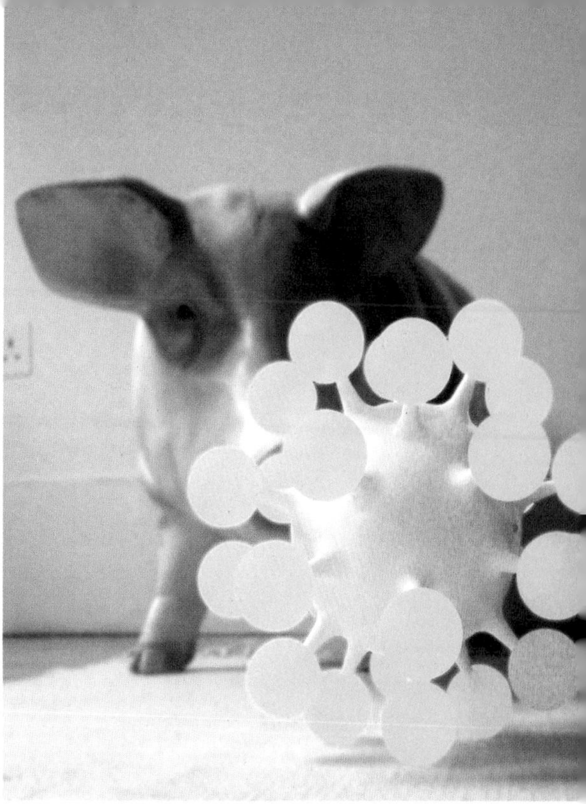

Jouet radiophonique

e jouet explore la construction du lien affectif entre le receveur d'organe (propriétaire) et le donneur d'organe (porc). Le cepteur de radio porté par le propriétaire est réglé sur la longueur d'onde du jouet préféré de son porc et permet au premier écouter l'animal pendant qu'il joue. Les grognements sont diffusés par un microphone radiophonique tandis que le porc s'amuse ec son jouet.

y Communicator

is toy explores the bonding process between the organ receiver (person) and the organ donor (pig). The radio receiver carried the person is tuned into the pig's favourite toy allowing the owner to listen to the pig enjoying itself. Grunts and snorts are oadcasted via a radio microphone while your pig entertains himself with his toy.

O CACCAVALE
ITY PETS: TOY COMMUNICATOR_ 2003
O CM
INE EPOXY, PROTOTYPAGE RAPIDE, ÉMETTEUR RADIO, CAOUTCHOUC /
OXY RESIN, RAPID PROTOTYPE, RADIO TRANSMITTER, RUBBER
DE / COURTESY ELIO CACCAVALE, PROJECT DESIGNER

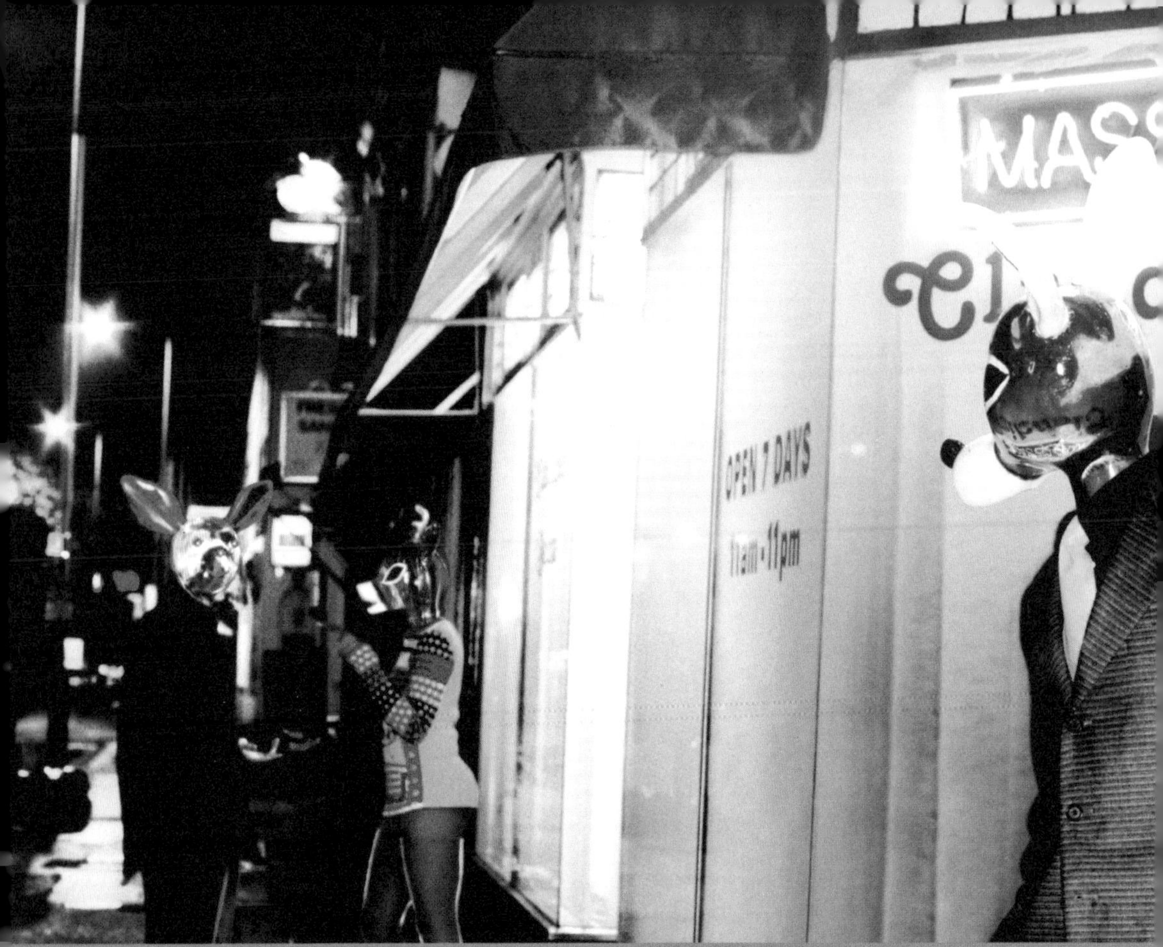

JEAN-PIERRE KHAZEM
*MASSAGE_* 1998
72 X 52 CM
C-PRINT
COURTESY SPERONE WESTWATER, NEW YORK

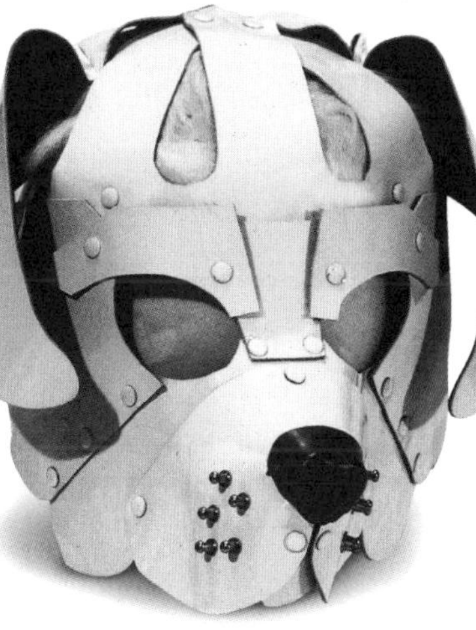

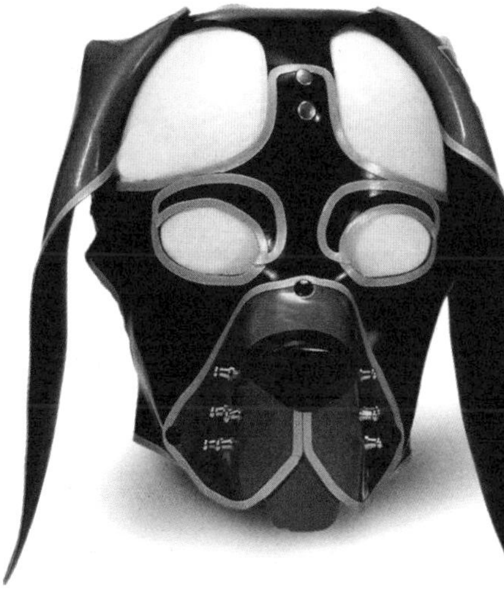

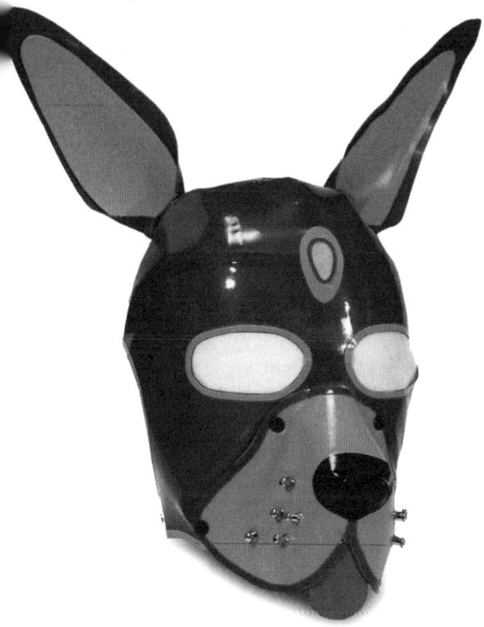

RIWANZ
NCO MASK: WHITE LEATHER MASK_ 2005
25 X 27 CM
R /*LEATHER*
DES ARTISTES/ COURTESY OF THE ARTISTS

RIWANZ
NCO MASK: GREEN RUBBER MASK_ 2005
20 X 27 CM
UTCHOUCH / *RUBBER*
DES ARTISTES/ COURTESY OF THE ARTISTS

KARIWANZ
WANCO MASK: GREEN RUBBER MASK_ 2005
30 X 20 X 27 CM
CAOUTCHOUCH /*RUBBER*
PRÊT DES ARTISTES/ COURTESY OF THE ARTISTS

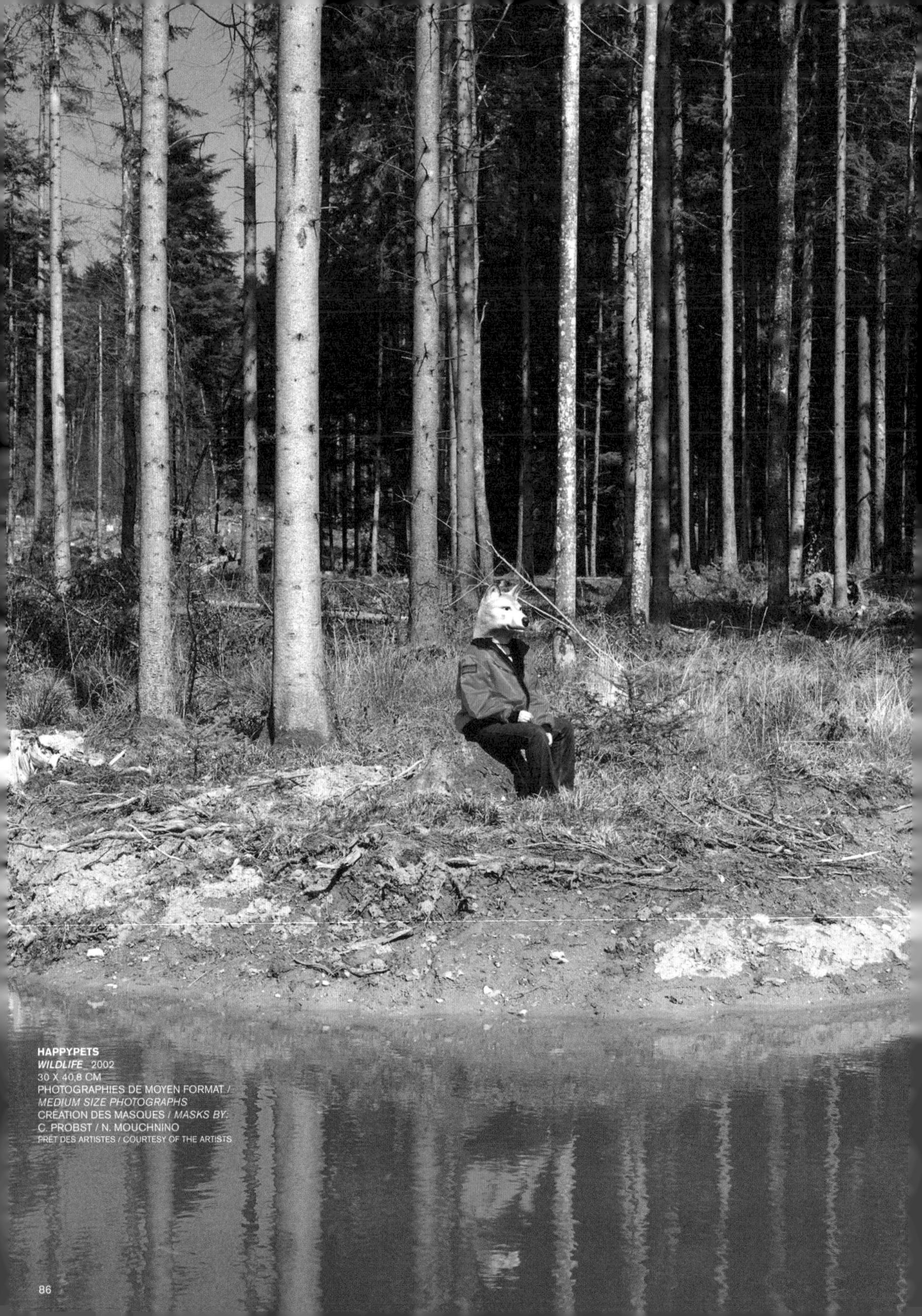

HAPPYPETS
*WILDLIFE*_ 2002
30 X 40,8 CM
PHOTOGRAPHIES DE MOYEN FORMAT / *MEDIUM SIZE PHOTOGRAPHS*
CRÉATION DES MASQUES / *MASKS BY:* C. PROBST / N. MOUCHNINO
PRÊT DES ARTISTES / COURTESY OF THE ARTISTS

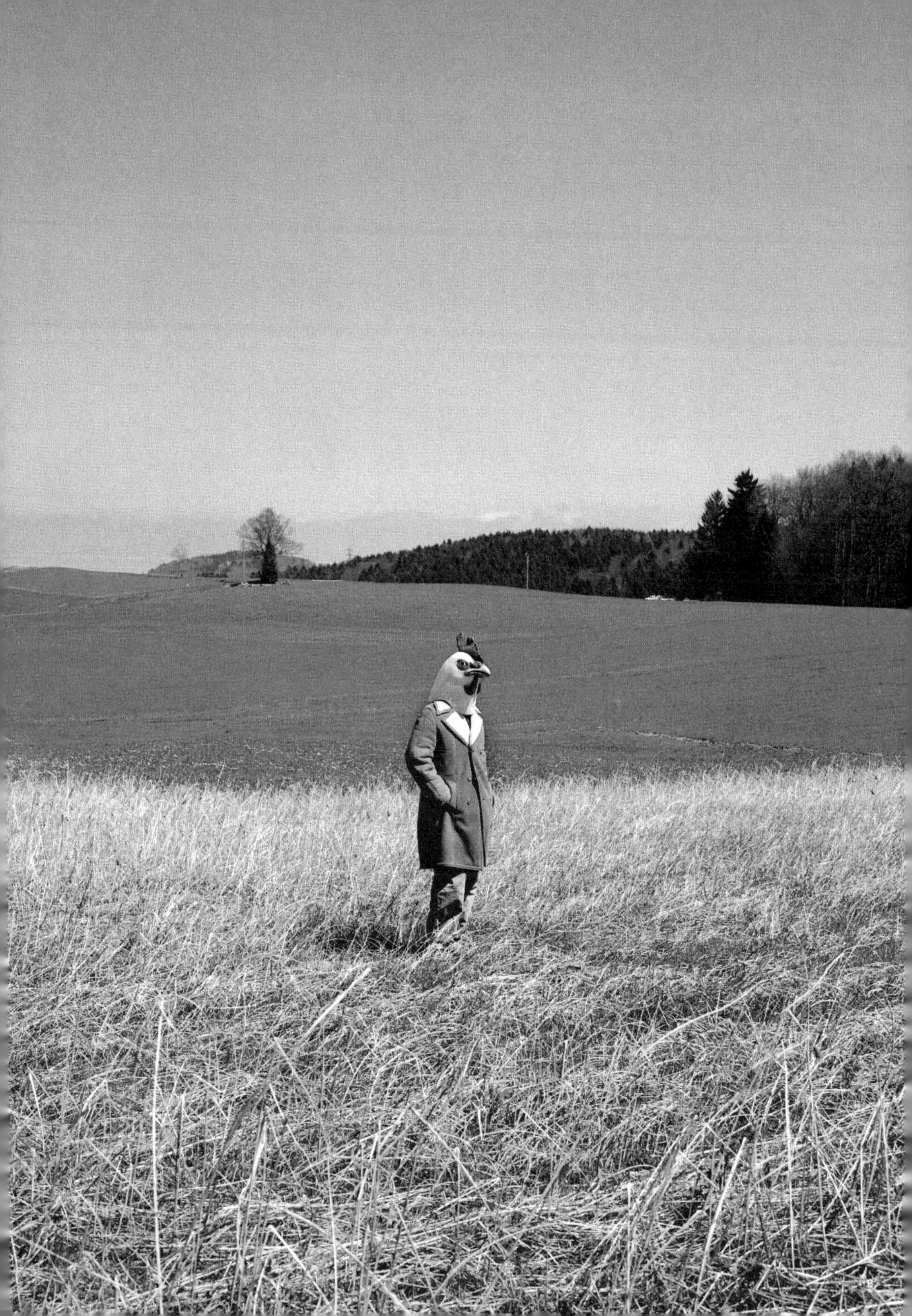

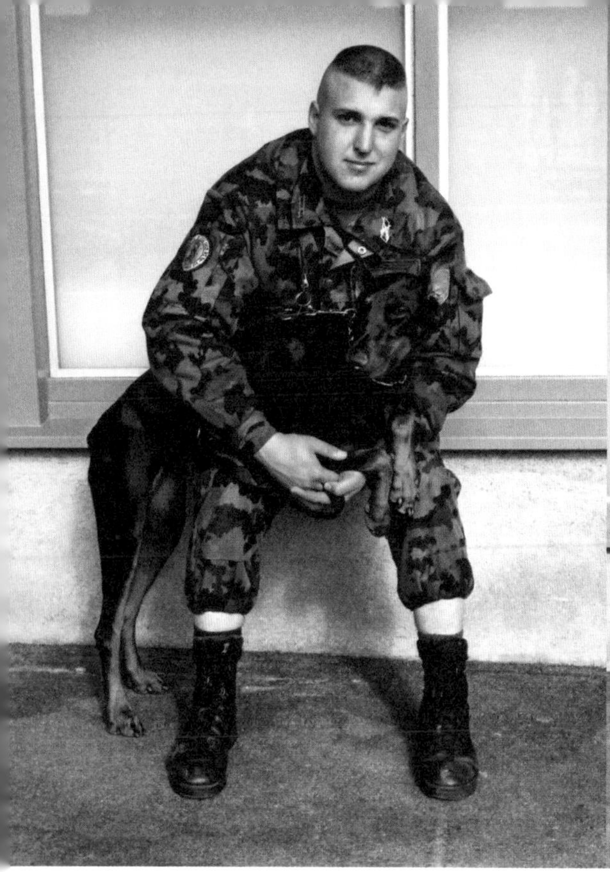

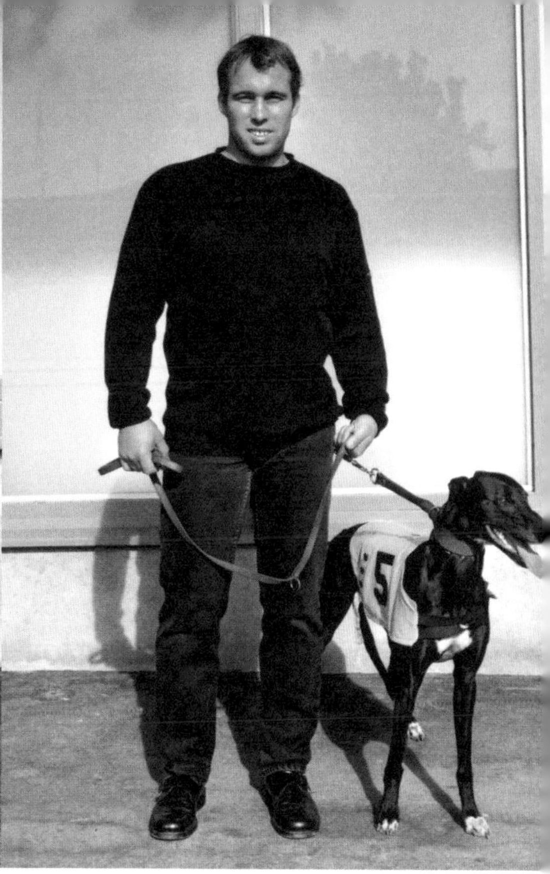

HAPPYPETS
*ANIMALIA 2000_* 2000
15 X 21 CM
2 PHOTOGRAPHIES DE MOYEN FORMAT /
2 MEDIUM SIZE PHOTOGRAPHS
PRÊT DES ARTISTES / COURTESY OF THE ARTISTS

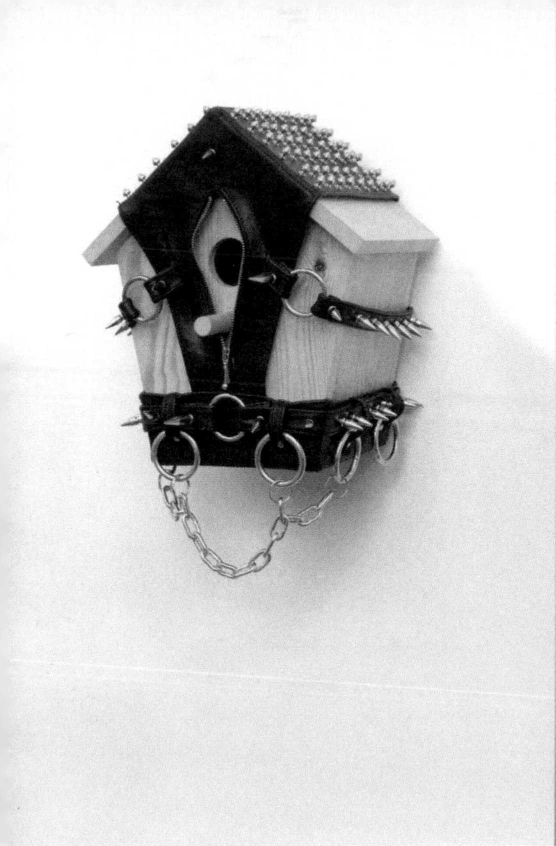

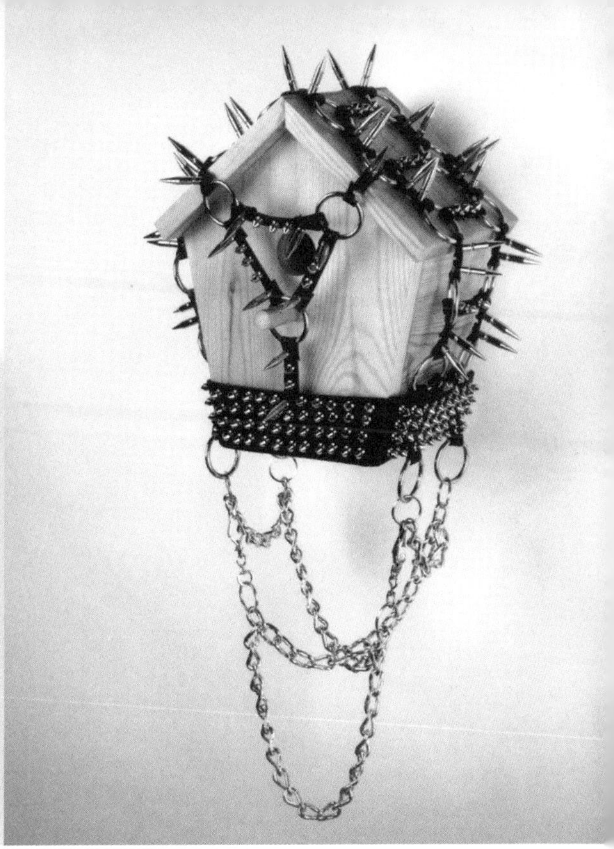

WIM DELVOYE
***BIRD HOUSE #17*_** 1997
34 X 30 X 20 CM
BOIS, CUIR, MÉTAL / *WOOD, LEATHER, METAL*
COLLECTION BILL G.B. PALLOT. PARIS
COURTESY GALERIE NATHALIE OBADIA, PARIS

WIM DELVOYE
***BIRD HOUSE #20*_** 1997
34 X 29 X 21 CM
BOIS, CUIR, MÉTAL /*WOOD, LEATHER, METAL*
COLLECTION COLETTE ET MICHEL POITEVIN, LILLE
COURTESY GALERIE NATHALIE OBADIA, PARIS

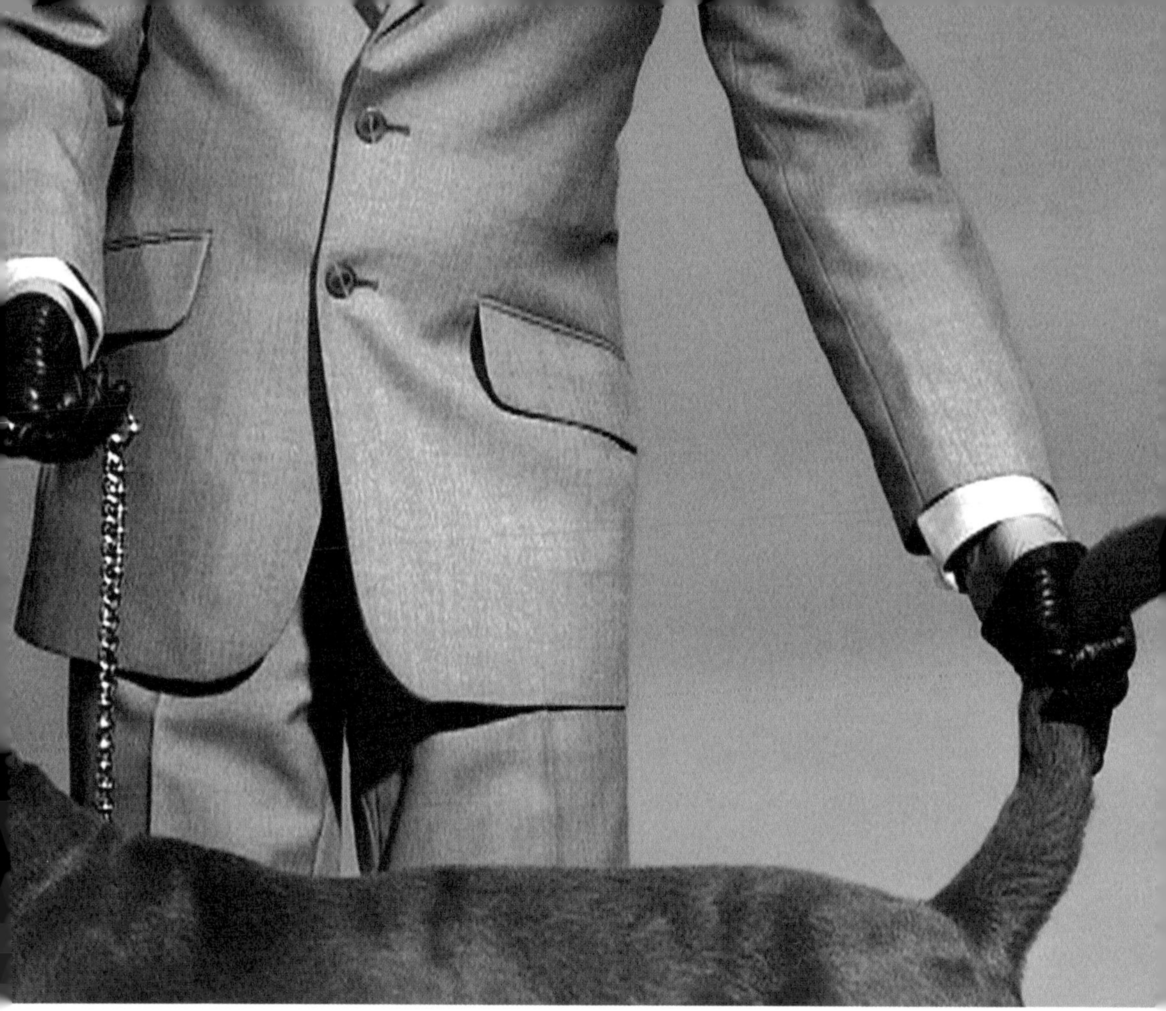

ANNIKA LARSSON
*DOG*_ 2001
VIDÉO 16'
COLLECTION PIERRE HUBER, GENÈVE
COURTESY COSMIC GALERIE, PARIS,
GALERIE ANDRÉHN-SCHIPTJENKO, STOCKHOLM

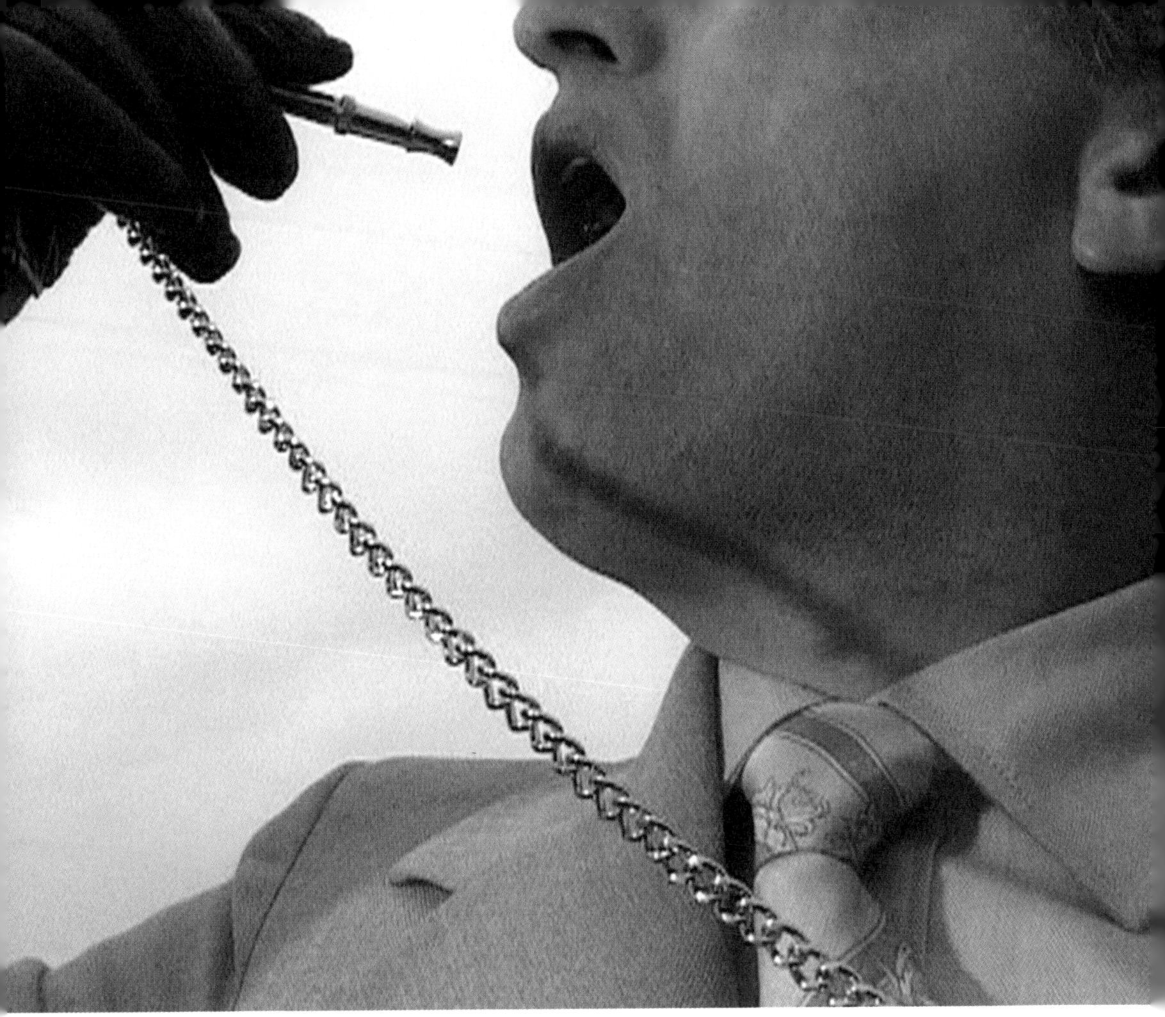

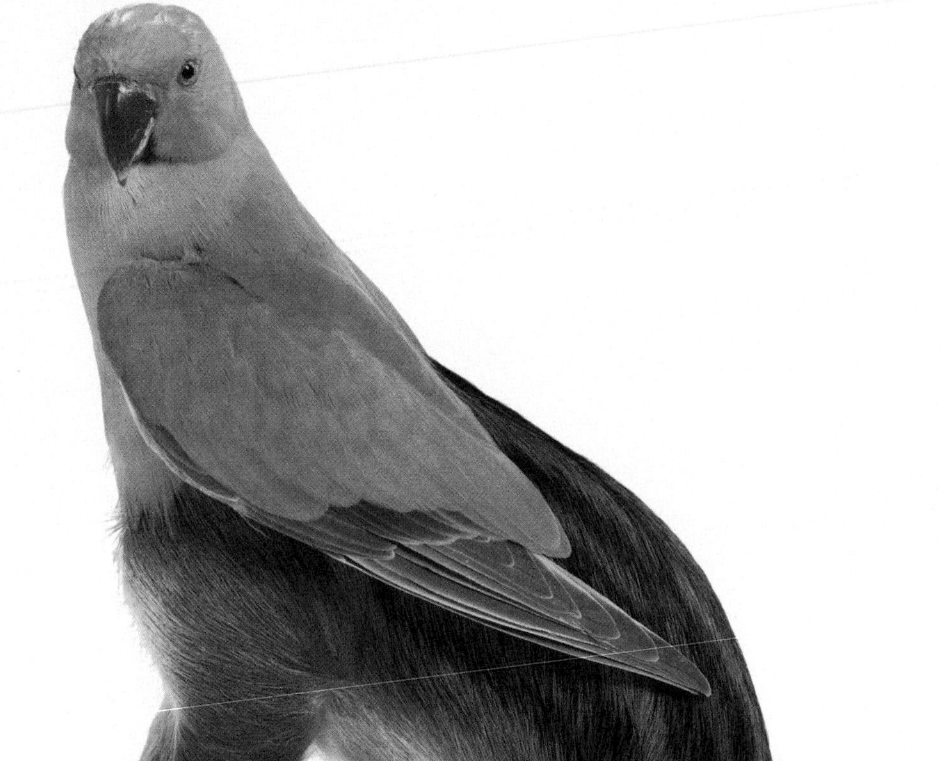

THOMAS GRÜNFELD
MISFIT
***(WILD BOAR/SITTICH) 04/03**_* 2004
30 X 25 X 15 CM
TAXIDERMIE / *TAXIDERMY*
PRÊT DE L'ARTISTE /
COURTESY OF THE ARTIST, KÖLN

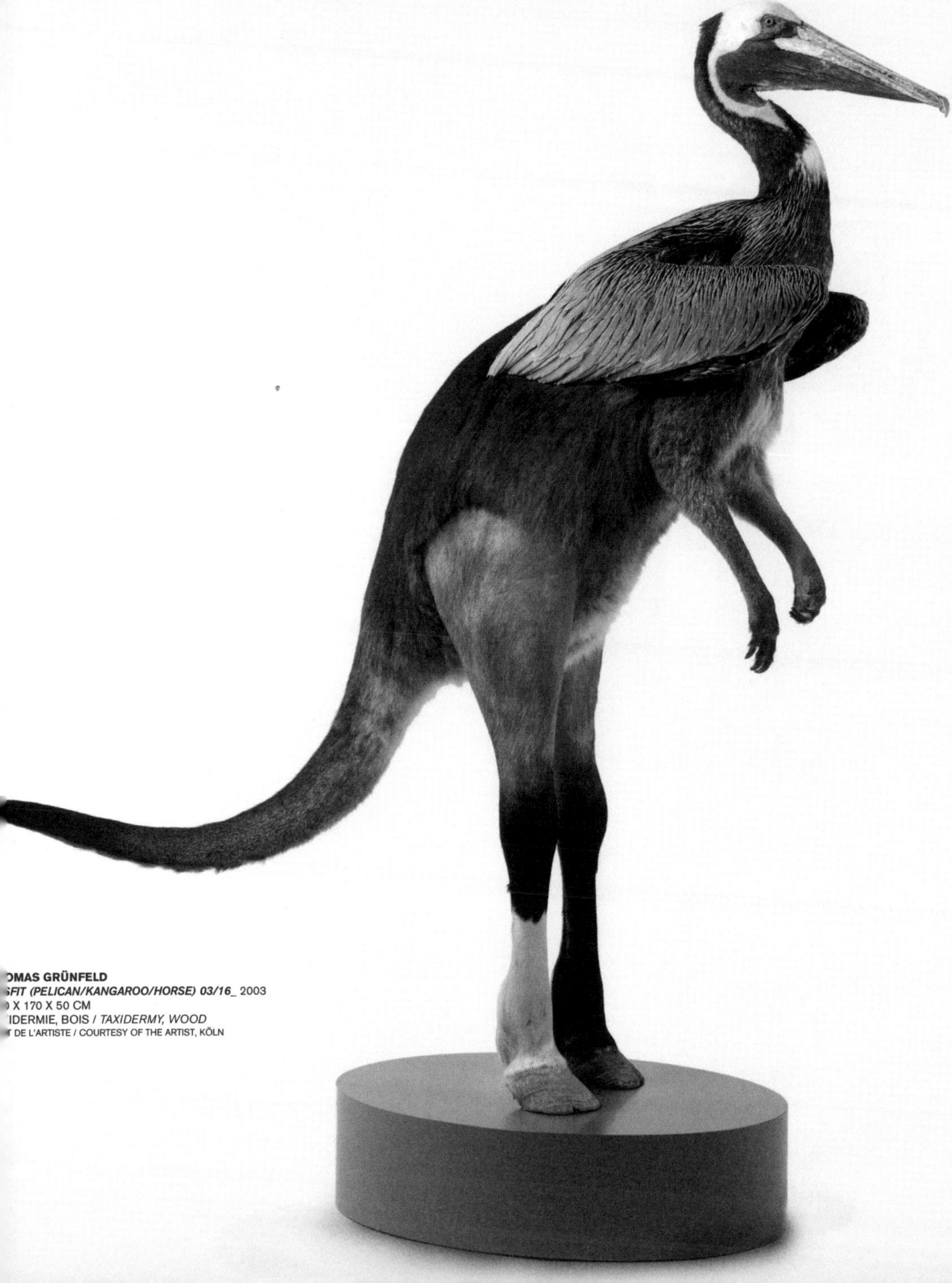

OMAS GRÜNFELD
SFIT (PELICAN/KANGAROO/HORSE) 03/16_ 2003
) X 170 X 50 CM
'IDERMIE, BOIS / *TAXIDERMY, WOOD*
T DE L'ARTISTE / COURTESY OF THE ARTIST, KÖLN

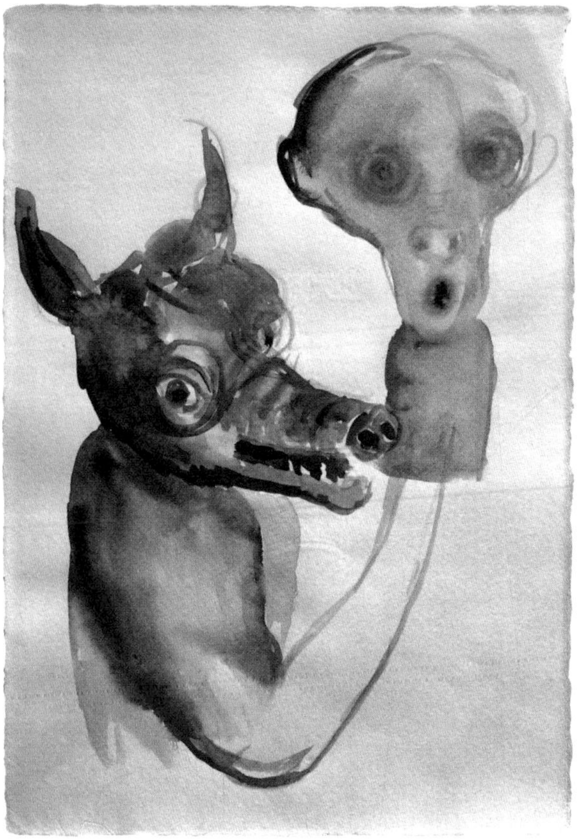

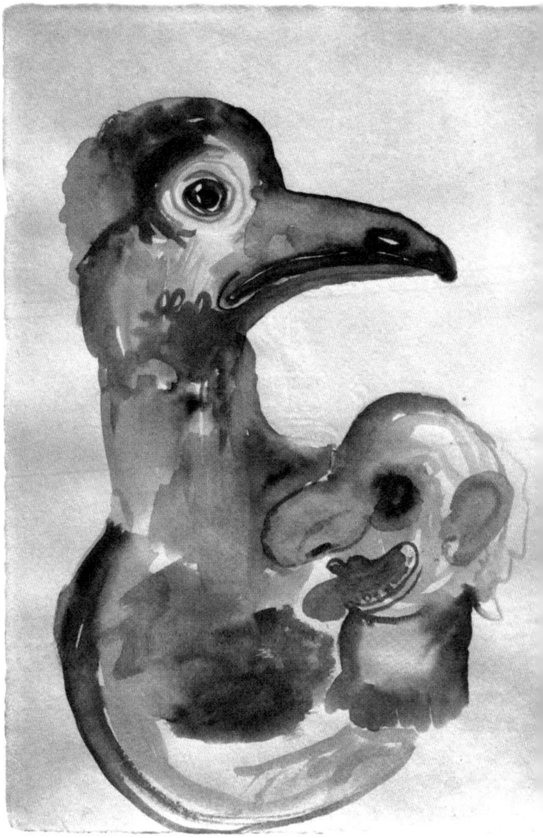

ROSEMARIE TROCKEL
SANS TITRE / UNTITLED_ 1992
31 X 22 CM
AQUARELLE SUR PAPIER /
WATERCOLOUR ON PAPER
DESSINS POUR LES ÉLÈVES DU CENTRE SCOLAIRE DES DEUX THIELLES, LE LANDERON, PARTIE D'UNE COLLECTION CRÉÉE PAR MARTIN DISLER/ DRAWINGS FOR THE STUDENTS OF THE "CENTRE SCOLAIRE DES DEUX THIELLES, LELANDERON", PART OF THE COLLECTION CREATED BY MARTIN DISLER

ROSEMARIE TROCKEL
SANS TITRE / UNTITLED_ 1992
31 X 22 CM
AQUARELLE SUR PAPIER /
WATERCOLOUR ON PAPER
DESSINS POUR LES ÉLÈVES DU CENTRE SCOLAIRE DES DEUX THIELLES, LE LANDERON, PARTIE D'UNE COLLECTION CRÉÉE PAR MARTIN DISLER/ DRAWINGS FOR THE STUDENTS OF THE "CENTRE SCOLAIRE DES DEUX THIELLES, LELANDERON", PART OF THE COLLECTION CREATED BY MARTIN DISLER

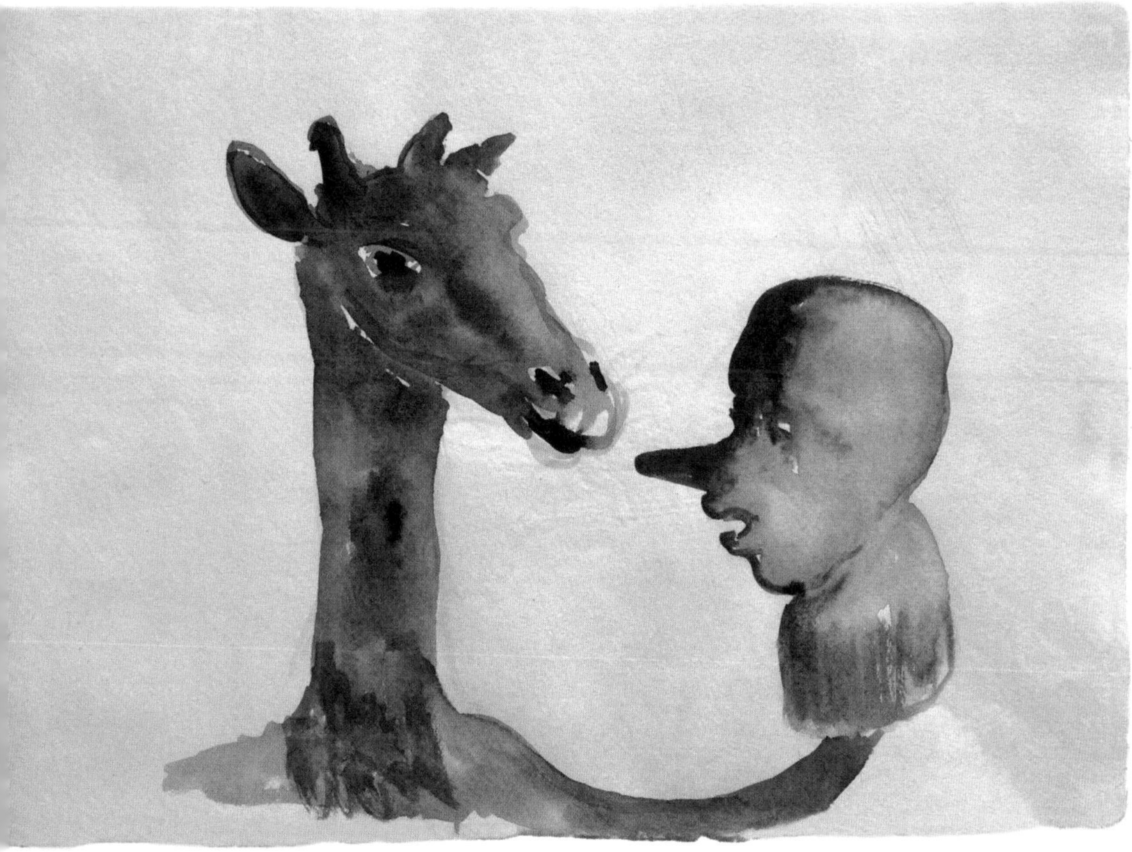

MARIE TROCKEL
*TITRE / UNTITLED_* 1992
1 CM
RELLE SUR PAPIER /
RCOLOUR ON PAPER
S POUR LES ÉLÈVES DU CENTRE SCOLAIRE
JX THIELLES, LE LANDERON, PARTIE D'UNE
CTION CRÉÉE PAR MARTIN DISLER/
IGS FOR THE STUDENTS OF THE "CENTRE
RE DES DEUX THIELLES, LELANDERON", PART
COLLECTION CREATED BY MARTIN DISLER

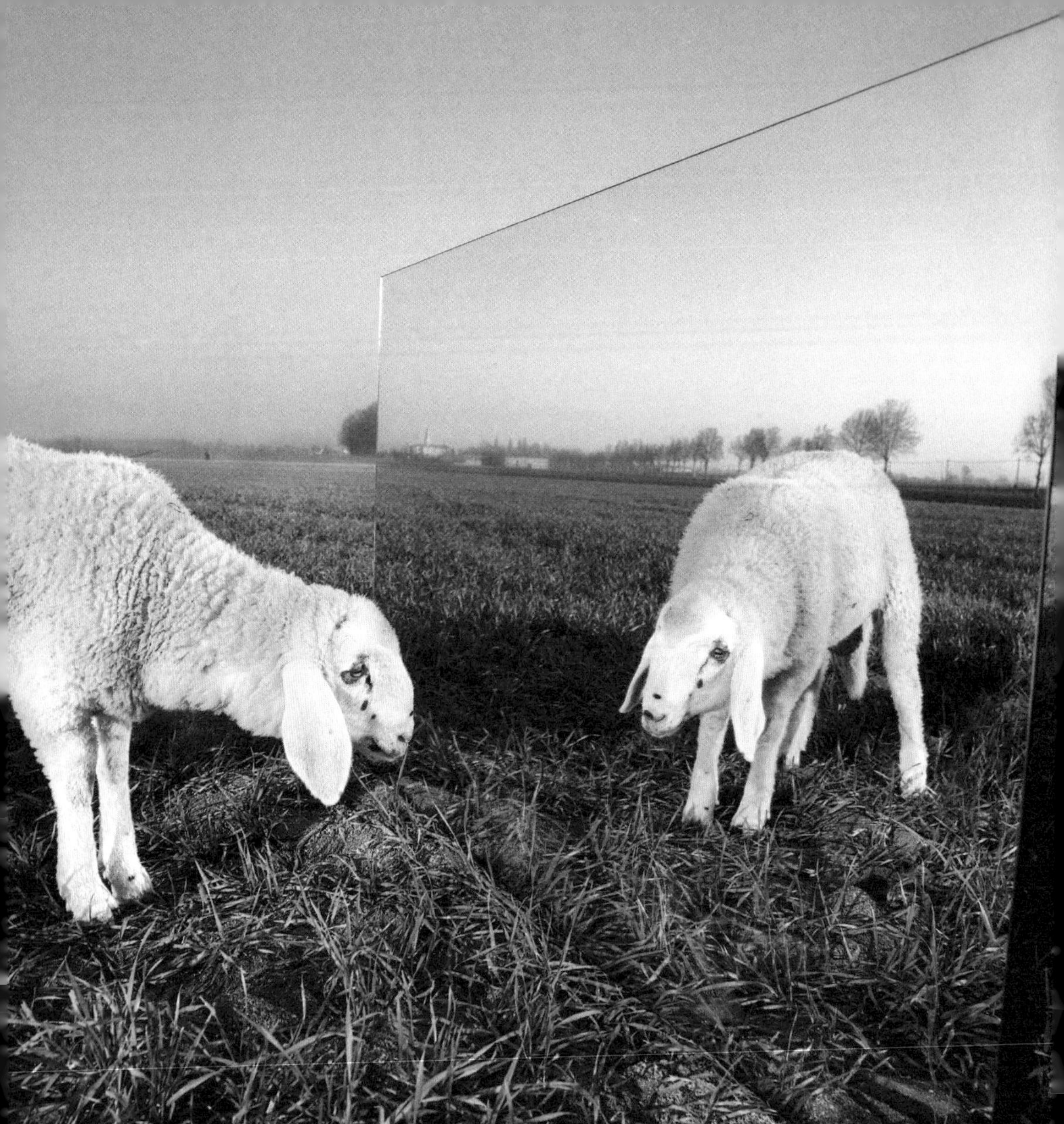

ANTONIO OLTAVARO
*WANTED CREATIVITY*_ 1998
DIMENSION VARIABLE / *VARIABLE DIMENSIONS*
PHOTOGRAPHIE/ *PHOTOGRAPHY*
COURTESY FABRICA / CENTRE DE RECHERCHE DE BENETTON
SUR LA COMMUNICATION / BENETTON,
RESEARCH CENTER IN COMMUNICATION

STÉPHANE SAUTOUR >
*FIGHT-CLUB, ED. 1/3*_ 2002
30 X 20 X 20 CM
2 ROBOTS AÏBOS, BATTERIES, PROGRAMME
SUR DISQUETTE/ *2 AÏBOS ROBOTS, BATTERIES*
PROGRAM ON DISK
COLLECTION PRIVÉE/PRIVATE COLLECTION, PARIS
COURTESY GALERIE LOEVENBRUCK, PARIS

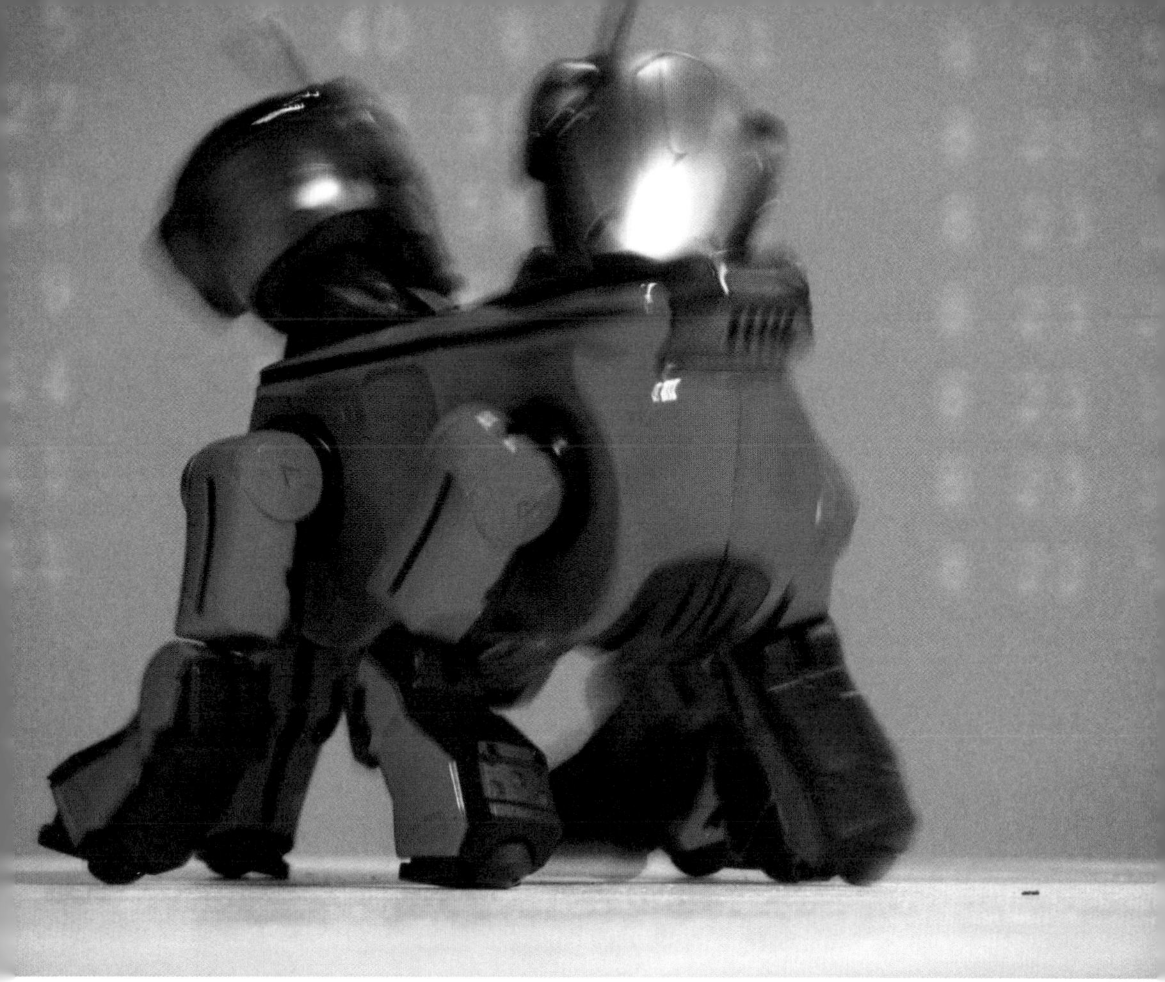

ÉPHANE SAUTOUR *Fight-Club*

ıht-Club est une performance de deux robots Aïbos (Sony) détournés pour le combat.
les Aïbos sont constitués d'une technologie complexe (aussi bien en terme mécanique qu'informatique), le détournement ne ɔcède pas d'une réécriture du code (même si il y a eu amélioration des librairies de comportements). Le principal facteur de dification du programme des deux robots est extérieur à celui-ci. Les Aïbos réagissent à la couleur rose. La faille informatique est ınée par un élément non informatique, la couleur. Dès que celle-ci entre dans leur champ de vision (grâce au capteur visuel), elle clenche une série de comportements. C'est donc par la couleur qu'ils se perçoivent et qu'ils se rapprochent l'un de l'autre.
's de la performance, le spectateur ne peut différencier visuellement les deux robots ; l'aspect visuel des Aïbos étant similaire même que leur « intelligence » (le programme).
lgré cela, le spectateur distingue, lors des assauts, les deux robots allant jusqu'à les différencier pour leurs caractères plus ou ins agressif (phénomène empathique).

ht-Club is a performance by two Sony "Aibo" robot dogs modified for fighting. Even if the Aibos are made up of complex techogies (in terms of both mechanics and computer circuitry), their modification does not proceed from any rewriting of codes hough their behavioural libraries have been enhanced). The principal factor in the modification of the robots' program is exter- : the Aibos react to the colour pink. The computing flaw is provided by a non-computer element, a colour. As soon as the lat- enters their field of vision (thanks to a visual sensor) it triggers a series of behaviours. It is therefore as a result of colour that y see and advance towards one another.
ring the performance, the viewer is unable to differentiate between the two robots in visual terms, the Aibos' appearance being ntical, as is their "intelligence" (the program). But despite this the viewer does distinguish the robots while they are fighting, ng so far as to differentiate them by their more or less aggressive character (empathic phenomenon).

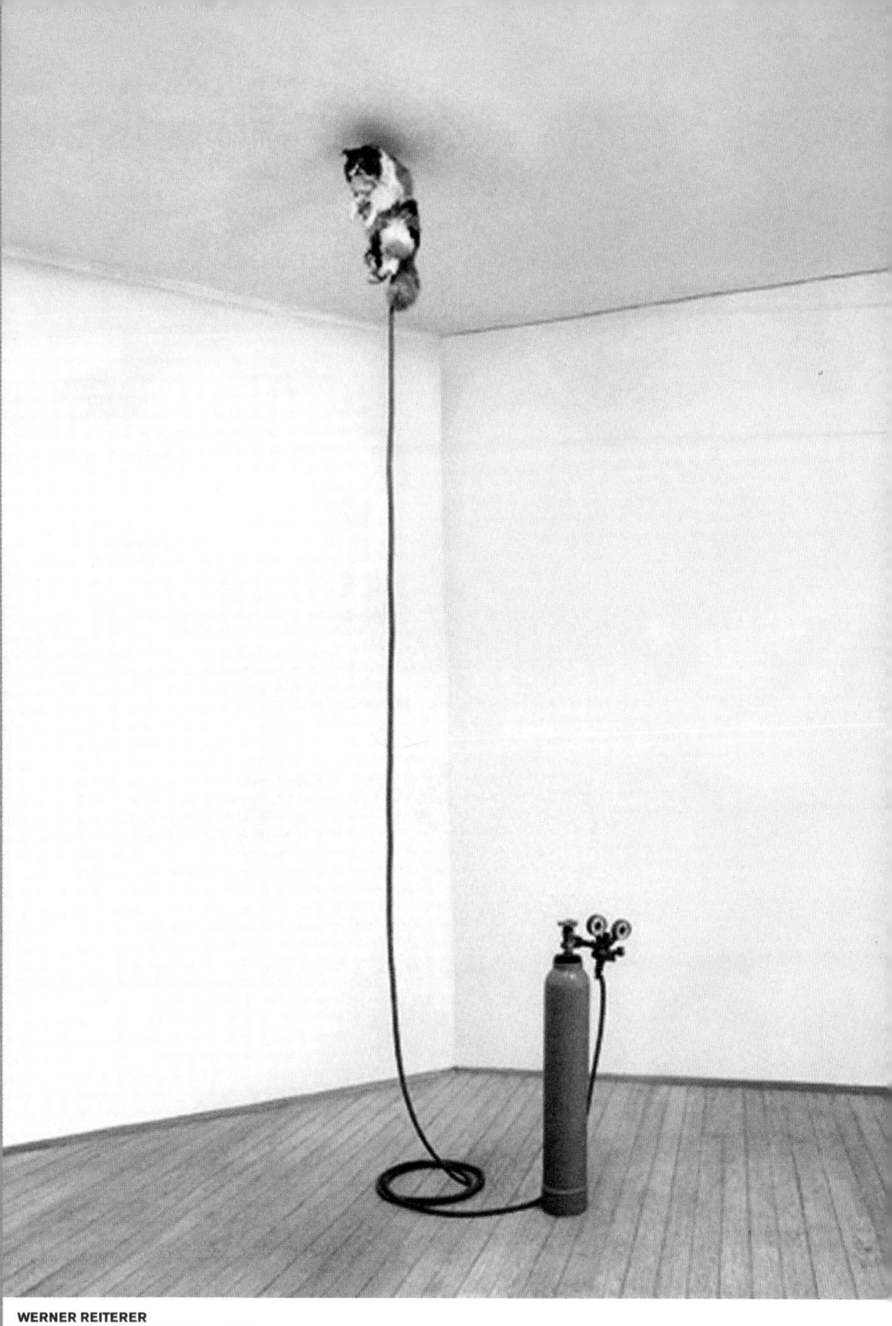

WERNER REITERER
BEGINNINGS OF SPACE TRAVEL_ 2002
APPROX. 350 X 100 X 100 CM
CHAT (TAXIDERMIE), BOUTEILLE D'HÉLIUM, MANOMÈTRE /
STUFFED CAT, HOSE, HELIUM TANK
COLLECTION PRIVÉE/ PRIVATE COLLECTION, PARIS
COURTESY GALERIE LOEVENBRUCK, PARIS

ACTE IV / ACT IV

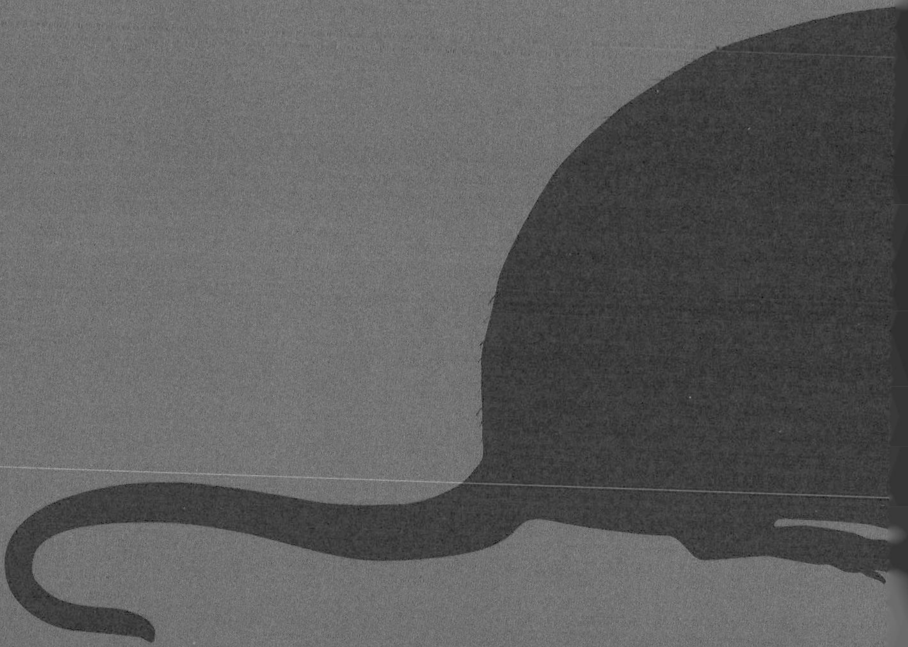

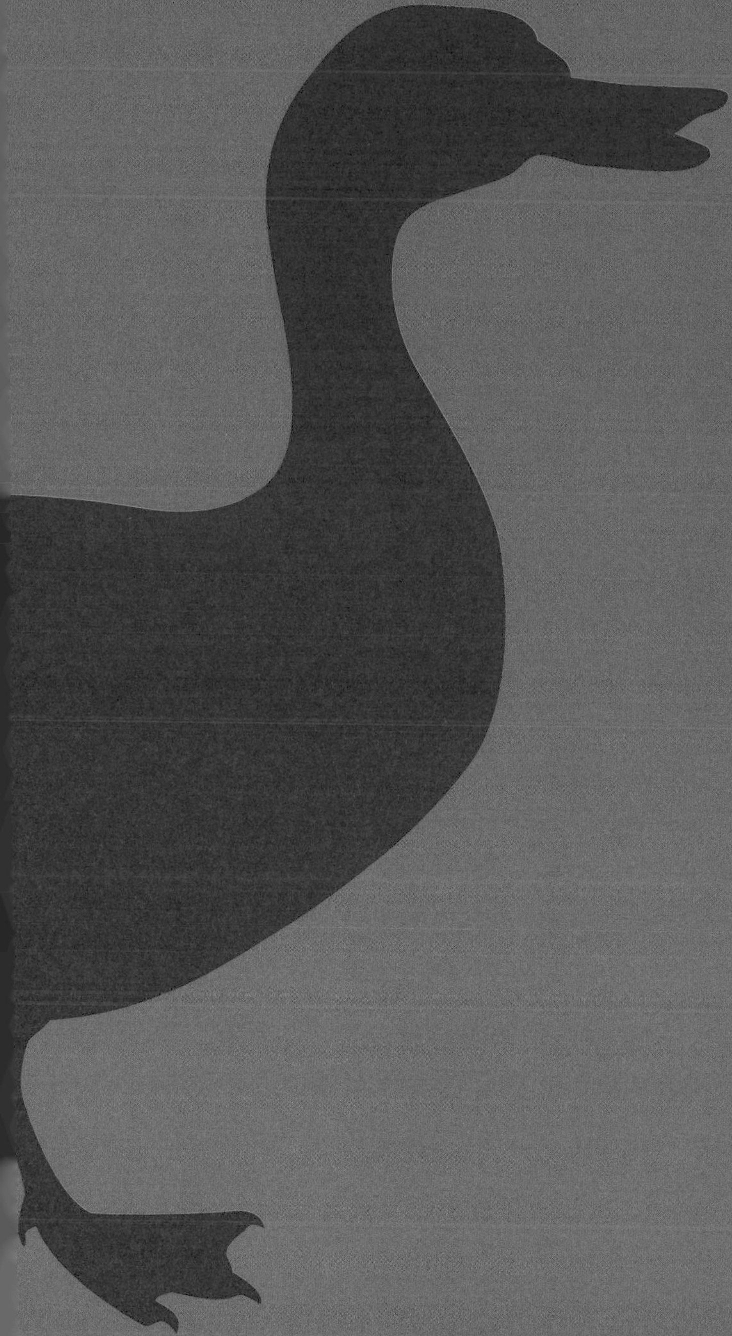

ZOOMORPHISME

Design, architecture, mobiliers, récipients, luminaires : cette section laisse parler l'inspiration animale que l'on rencontr dans une grande part de la production actuelle, où la représentation et la mise en scène de l'animal témoignent de so pouvoir de fascination dans l'imaginaire créatif de l'habitat.

Les œuvres et objets exposés composent, dans un riche répertoire de formes, une esthétique plurielle, tantôt interpréta tion stylistique, tantôt réaliste, voire analytique. Deux axes qu'illustrent bien la lampe *Heron* de **Isao Hosoe** et **Alessi Pozzoli** (1994), aux formes épurées et le *High Tea Pot*, théière en forme de crâne de buffle proche du *Memento mori*, d **Wieki Somers** (2003). La mimesis animale connaît, dans les formes que le design lui assigne, des développements paral lèles, mais dans un cas comme dans l'autre, c'est toujours l'animal qu'on y lit.

Les grands rendez-vous du design tel le Salon du meuble milanais nous offrent depuis trois ans de puissants indice d'un design sous influence animale. Il est vrai que l'animal se prête idéalement à l'exercice de l'imitation, grâce, égale ment, à la variété de ses caractéristiques anatomiques, inspirant plus d'un geste créatif ou fonction.

Certaines des pièces que nous avons choisi de présenter ici s'inscrivent dans la filiation historique d'un design zoomo phique où la fonction n'est jamais niée au profit de l'anecdote. Silvana Annicchiarico, Conservatrice de la Collection per manente de design italien de la Triennale de Milan, et auteur en 2002 d'« Animal House », surprenante exposition sur l zoomorphisme dans le design, témoigne du phénomène dans sa contribution à cet ouvrage. Nous renvoyons donc le lec teur à l'article de cette spécialiste. Mais d'emblée, l'amateur de design pourra découvrir à travers le mobilier contempo rain des archétypes du genre. Ainsi la *Rabbit Chair* de **Kazuyo Sejima et Ryue Nishizawa / SANAA** (2005), qui à partir d'u concept très simple – une feuille de compensé, la découpe stylisée d'oreilles de lapin – revisite non sans ironie la *Ar Chair* de 1952 d'**Arne Jacobsen**, qui plus est quand le styliste **Naoki Takizawa** affuble les « oreilles » d'un amusant dégu sement. De même, les créations de **Rachel et Benoît Convers** pour IBRIDE (2004-2006) se font clin d'œil à la faune colc rée de **Gino Marotta**, étonnantes « créatures » en méthacrylate de la fin des années 1960, aujourd'hui trop fragiles héla pour être transportées.

Ces icônes artificielles de l'animalité ne véhiculent aucune « vie », au-delà du rapport qui s'instaure entre les objets et leur possesseurs, cette « familiarité » que l'on entretient avec les choses, et c'est toujours de projection dont on parle ici dan l'univers de l'habitat. À ce titre, la production de la designer **Julia Lohmann** est des plus atypiques : partant du consta qu'il existe un fossé entre les animaux vivants et les matériaux et produits que nous en tirons, elle tente de recréer u lien, combler le vide, entre l'animal et l'objet. Exemplaire, son *Cow Bench* « Luzy » (2005), un « banc-vache » sculpté à main, dans la forme et la dimension d'un corps de vache, et pour lequel elle a utilisé la peau d'un animal d'abattage. Su les *Cow Benches*, dont chaque exemplaire est unique, le cuir est placé selon la même position que sur l'animal vivan façon de faire et produire de l'objet avec les traces de l'animal en vie.

1_ Propos inspirés d'une interview de l'artiste dans la présentation de l'exposition du *Design Mart* au Design Museum, Londres, 14 janvier 19 février 2006.

ZOOMORPHISM

Design, architecture, furniture, containers, lighting: this section permits the animal inspiration to speak that is found in a large proportion of present-day production, where the representation and staging of animals testify to their power of fascination in the creative imagination for the home.

The works and objects on display make up, in a rich repertoire of forms, a plural aesthetic, sometimes a stylistic, sometimes a realistic, even analytical, interpretation. These two axes are illustrated well by the lamp *Heron* by **Isao Hosoe** and **Alessio Pozzoli** (1994), with refined forms, and the *High Tea Pot*, a teapot in the shape of a buffalo head like a memento mori, by **Wieki Somers** (2003). Animal *mimesis*, in the forms that design assigns to it, undergoes parallel developments, but in one case as in the other it is still the animal that one sees.

The major design meetings like the Milan Furniture Fair have for three years offered powerful indications that design is influenced by animals. And it is true that animals lend themselves ideally to imitation, thanks also to their variety of anatomical characteristics, inspiring more than a creative act or function.

Some of the pieces that we have chosen fit into the historic filiation of zoomorphic design, where the function is never denied in favour of details. Silvana Annicchiarico, curator of the permanent collection of Italian design for the Milan Triennale and creator in 2002 of "Animal House", a surprising exhibition on zoomorphism in design, testifies to the phenomenon in her contribution in this book. We therefore refer the reader to this expert's article. But straight away, the design enthusiast will come across archetypes of the type in contemporary furniture. Thus *Rabbit Chair* by **Kazuyo Sejima and Ryue Nishizawa/SANAA** (2005), which, starting from a very simple concept —a sheet of plywood, a stylised cut-out of rabbit's ears— revisits, not without irony, Arne Jacobsen's *Ant Chair* of 1952, even more so when the stylist **Naoki Takizawa** decks the "ears" with an amusing disguise. Likewise, the creations of **Rachel and Benoît Convers** for IBRIDE (2004–2006) give a nod to the brightly coloured fauna of **Gino Marotta**, astonishing "creatures" made of methacrylate dating from the late 1960s, today sadly too fragile to be transported.

These artificial icons of animality do not convey any "life" beyond the relationship that becomes established between objects and their owners, that "familiarity" one has with things, and we are always talking about projection here in the world of the home. In this context, the designer **Julia Lohmann**'s production is among the most atypical: starting from the observation[1] that there is a gulf between living animals and the materials and products that we obtain from them, she tries to recreate a bond, to fill the gap between animal and object. As an example we can cite her *Cow Bench* "Luzy" (2005), sculpted by hand, in the form and size of a cow's body, for which she used the hide of a slaughtered animal. The hide is positioned on the *Cow Benches*, each of which is unique, in its exact same position as on the living animal, in order to make and produce objects with traces of the animal as it was when alive.

1_ A subject inspired by an interview given by the artist in the presentation for the exhibition *Design Mart* at the Design Museum, London, 14 January–19 February 2006.

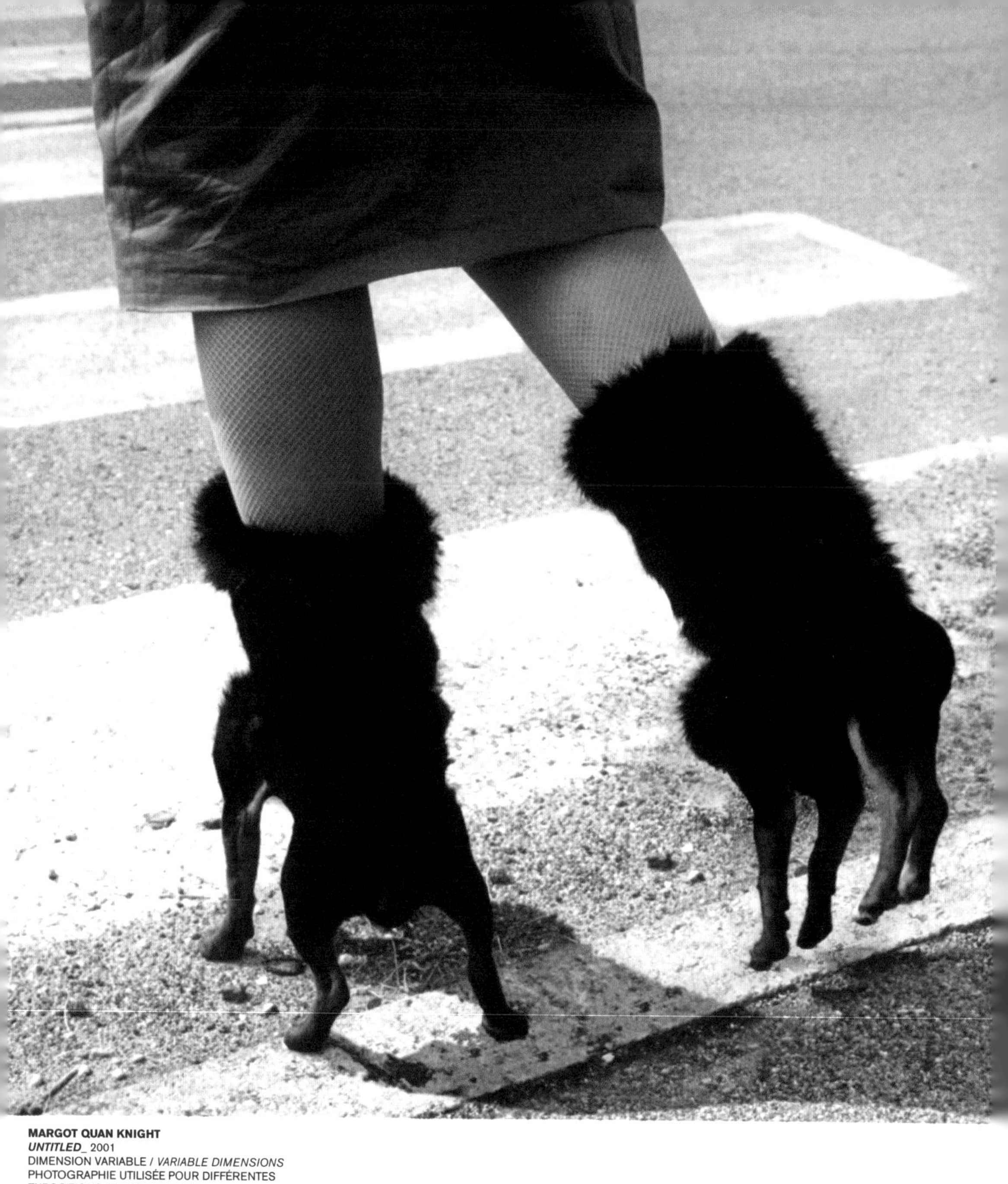

MARGOT QUAN KNIGHT
UNTITLED_ 2001
DIMENSION VARIABLE / *VARIABLE DIMENSIONS*
PHOTOGRAPHIE UTILISÉE POUR DIFFÉRENTES
EXPOSITIONS ET PUBLICATIONS
CONÇUES PAR FABRICA /
IMAGE USED IN VARIOUS EXHIBITIONS
AND PUBLICATIONS BY FABRICA
COURTESY FABRICA / CENTRE DE RECHERCHE
DE BENETTON SUR LA COMMUNICATION /
BENETTON, RESEARCH CENTER IN COMMUNICATION

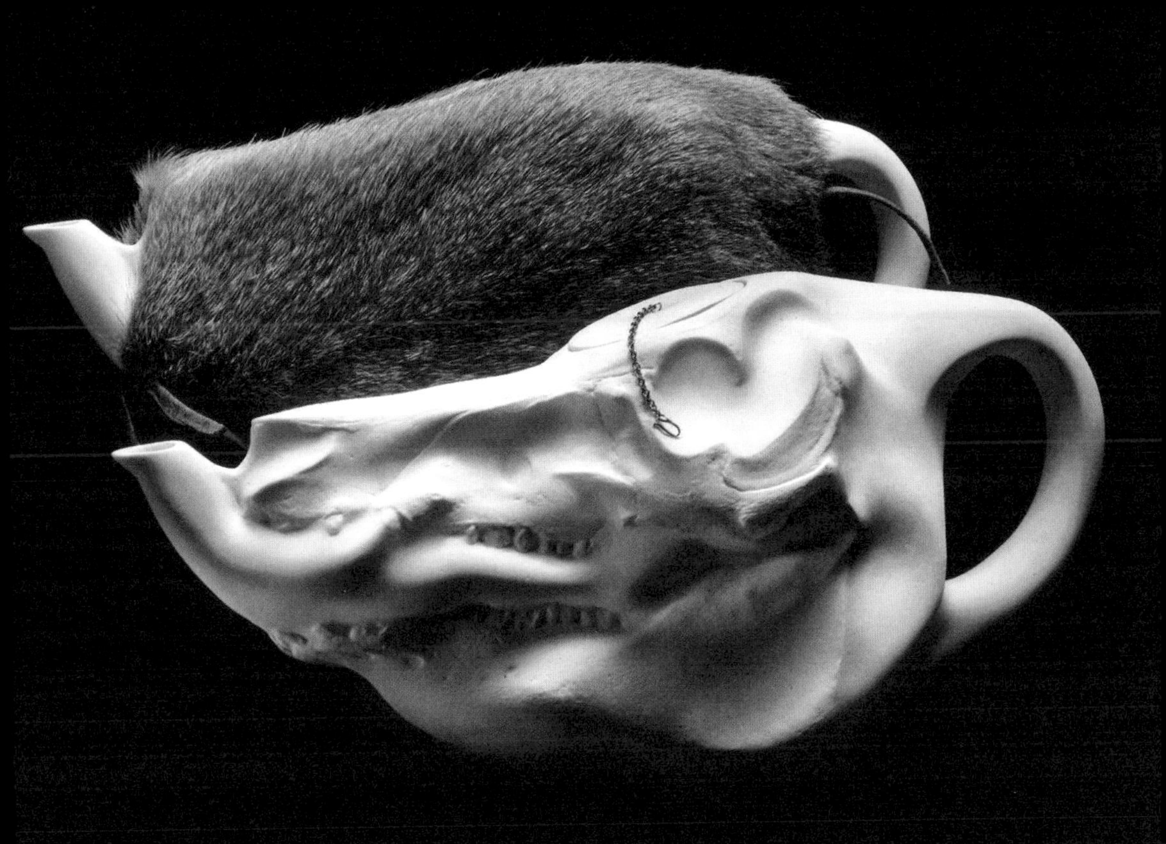

EKI SOMERS
GH TEA POT_ **2003**
X 47 X 20 X CM
RCELAINE, CÉRAMIQUE COULÉE, FOURRURE /
RCELAIN, POURING CERAMIC, FUR
T DE L'ARTISTE / COURTESY OF THE ARTIST

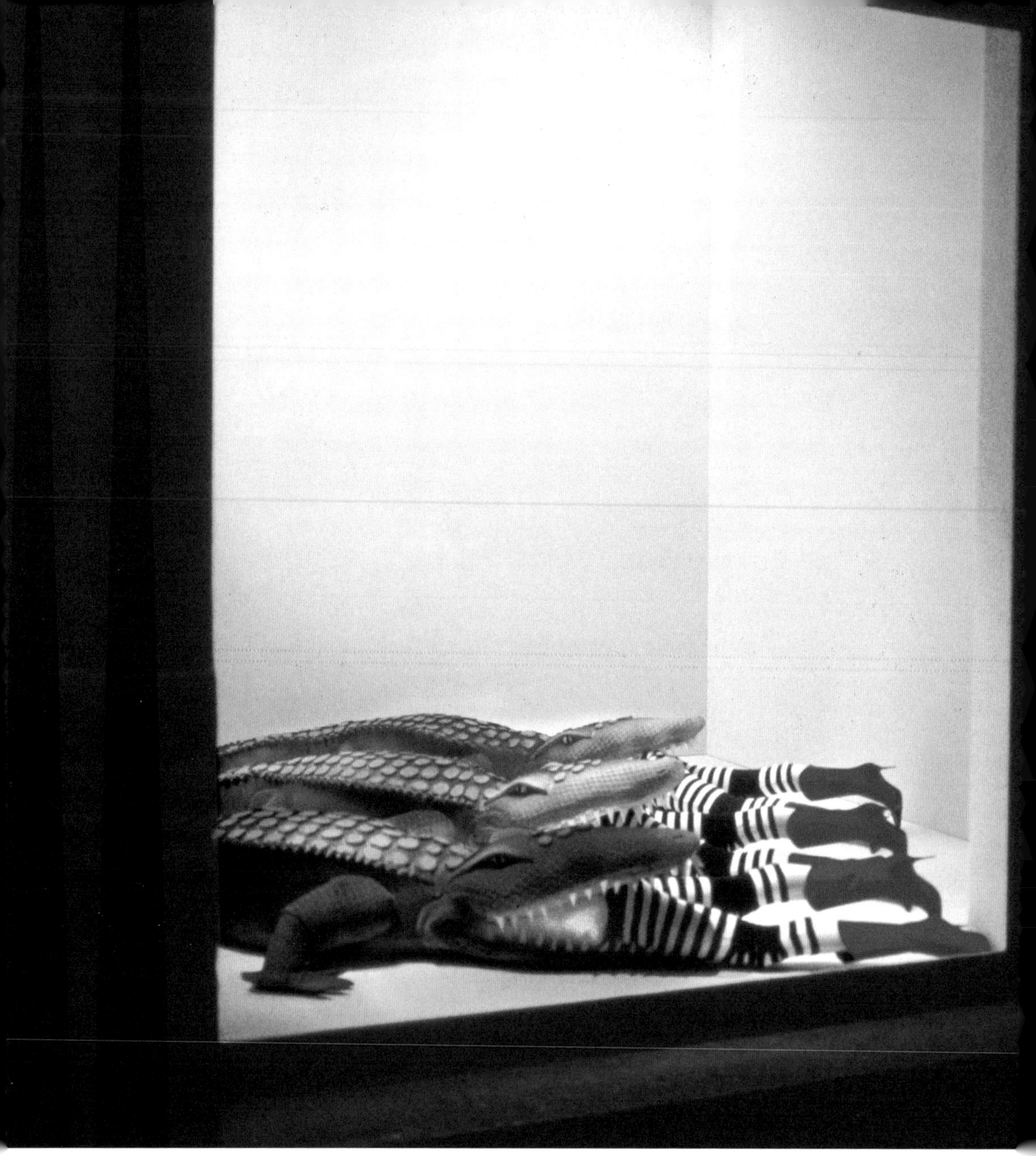

MOSCHINO
COCCODRILLI_ 2000
DIMENSIONS VARIABLES / *VARIABLE DIMENSIONS*
PHOTOGRAPHIE PAR STEFANO PANDINI DE LA BOUTIQUE MOSCHINO, MILANO / *PHOTOGRAPHY BY STEFANO PANDINI OF MOSCHINO SHOP*, MILAN, VIA S. ANDREA 12, MILAN, 11.02 - 29.03.2000
PRÊT DE MOSCHINO / COURTESY MOSCHINO

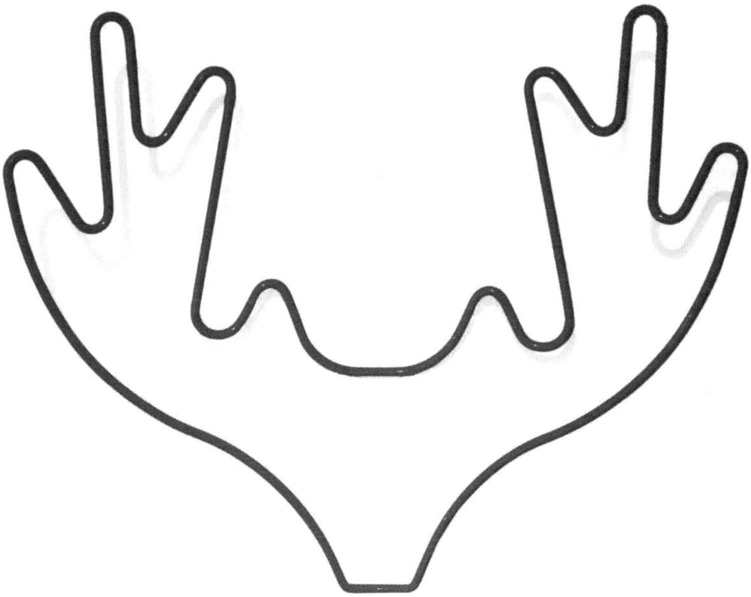

EXANDER TAYLOR FOR THORSTEN VAN ELTEN
TLERS_ 2003
X 57 X 15 CM
IER ENDUIT 8 MM /
WDER COATED 8MM STEEL
URTESY THORSTEN VAN ELTEN

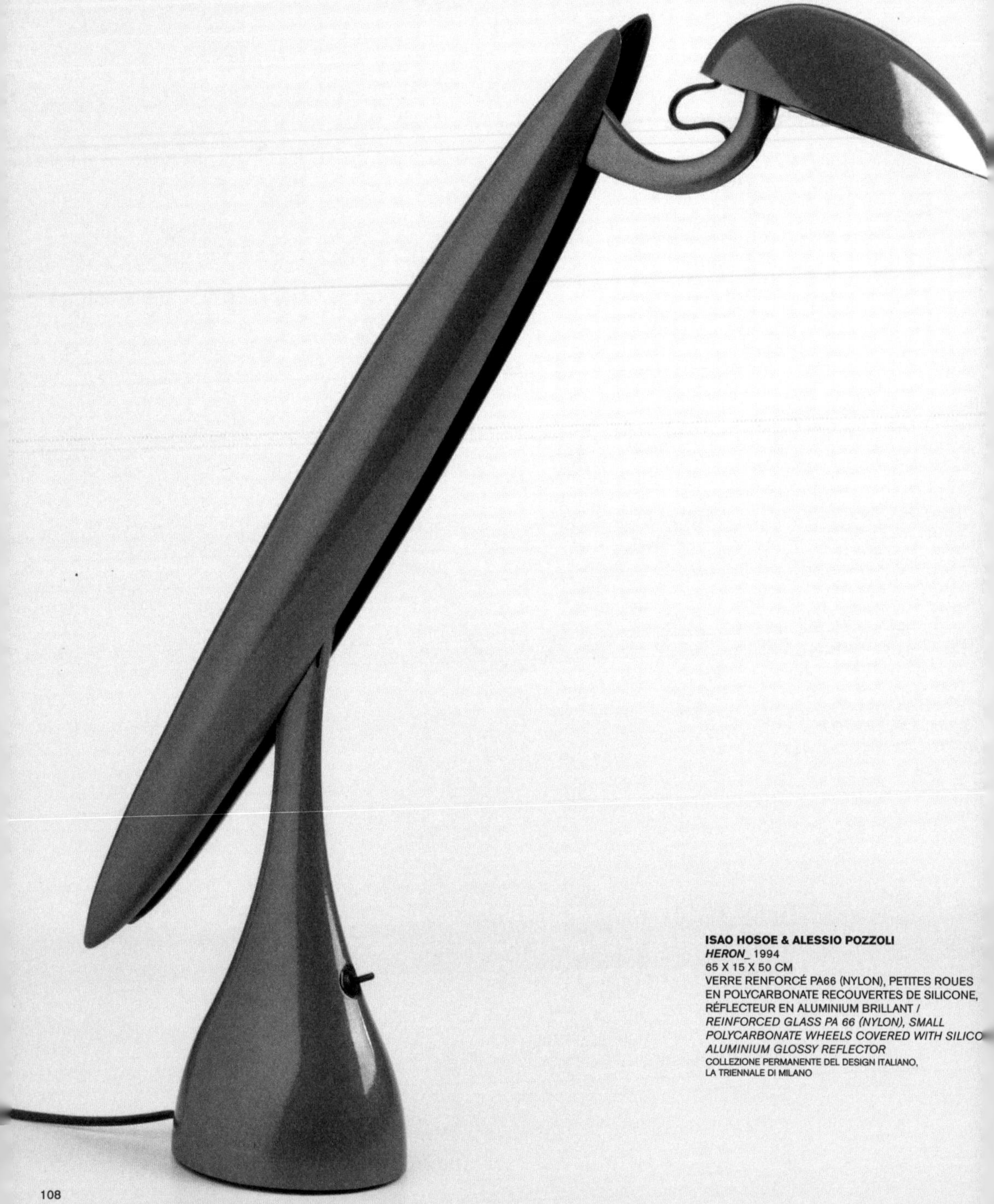

ISAO HOSOE & ALESSIO POZZOLI
***HERON*_ 1994**
65 X 15 X 50 CM
VERRE RENFORCÉ PA66 (NYLON), PETITES ROUES EN POLYCARBONATE RECOUVERTES DE SILICONE, RÉFLECTEUR EN ALUMINIUM BRILLANT /
REINFORCED GLASS PA 66 (NYLON), SMALL POLYCARBONATE WHEELS COVERED WITH SILICO ALUMINIUM GLOSSY REFLECTOR
COLLEZIONE PERMANENTE DEL DESIGN ITALIANO, LA TRIENNALE DI MILANO

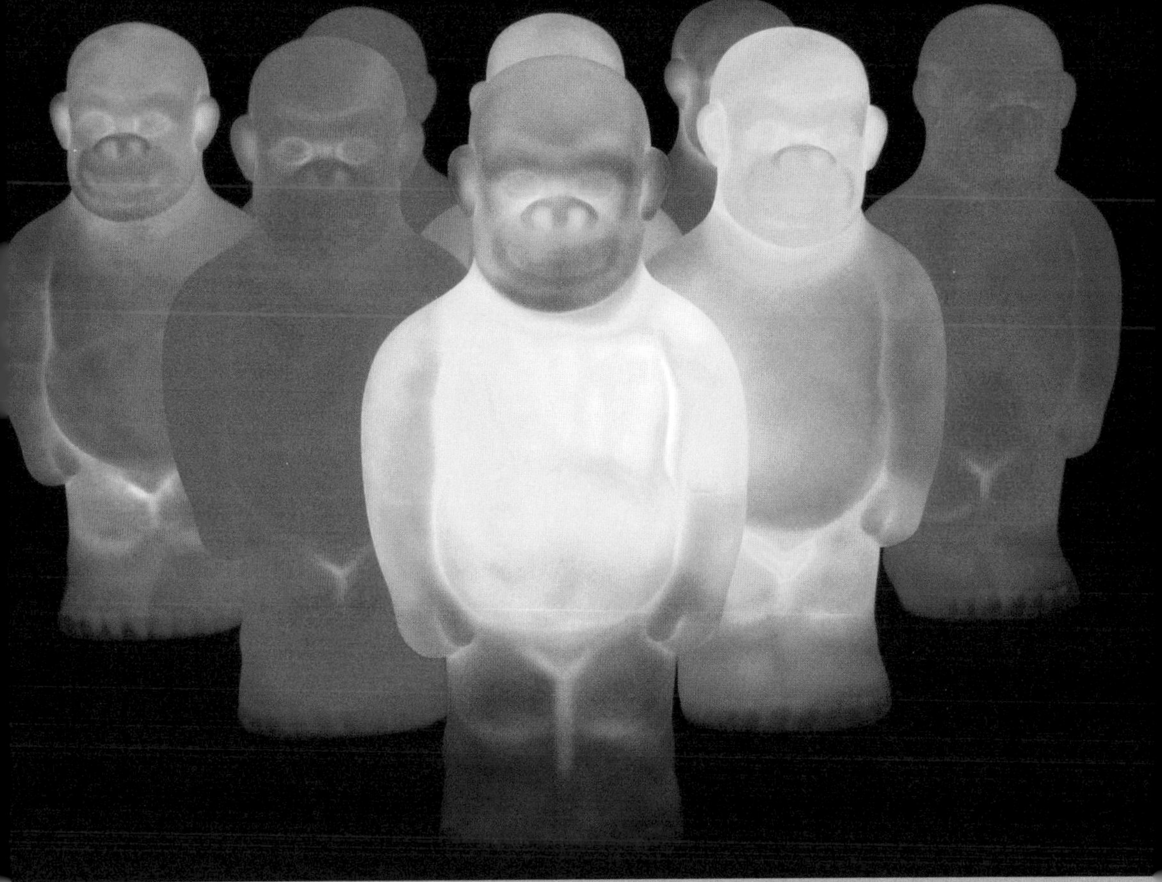

KK
ORILLA LUCE_ 2005
X 51 X 81 CM (CHAQUE / *EACH*)
ASTIQUE MOULÉ /
OULDED PLASTIC
ÊT DE / COURTESY GORILLA LUCE DESIGNED BY SHIU KAY
N OF SKK LTD, LONDON

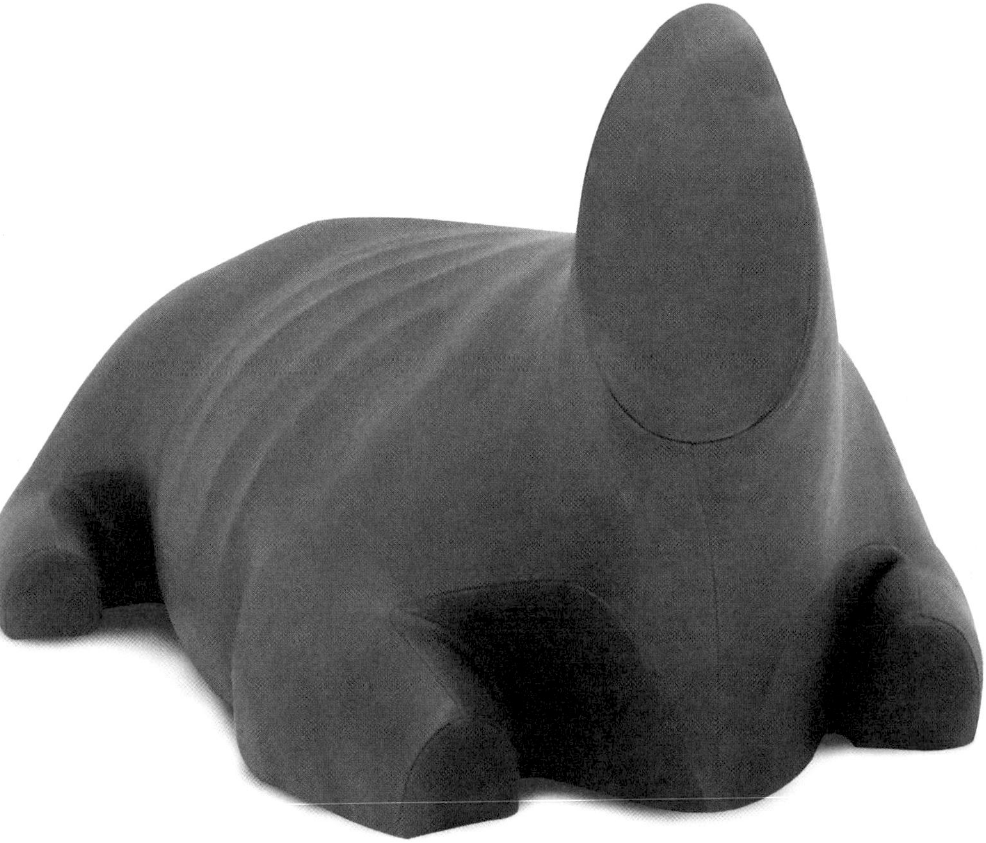

JULIA LOHMANN
*LUZY*_ 2005
BANC-VACHE / COWBENCH
50 X 70 X 150 CM
PIÈCE UNIQUE: MOUSSE SCULPTÉE À LA MAIN,
RECOUVERTE DE CUIR, BOIS /
UNIQUE PIECE: HANDSCULPTED FOAM
UPHOLSTERED WITH LEATHER, WOOD
COURTESY GALERIE KREO, PARIS

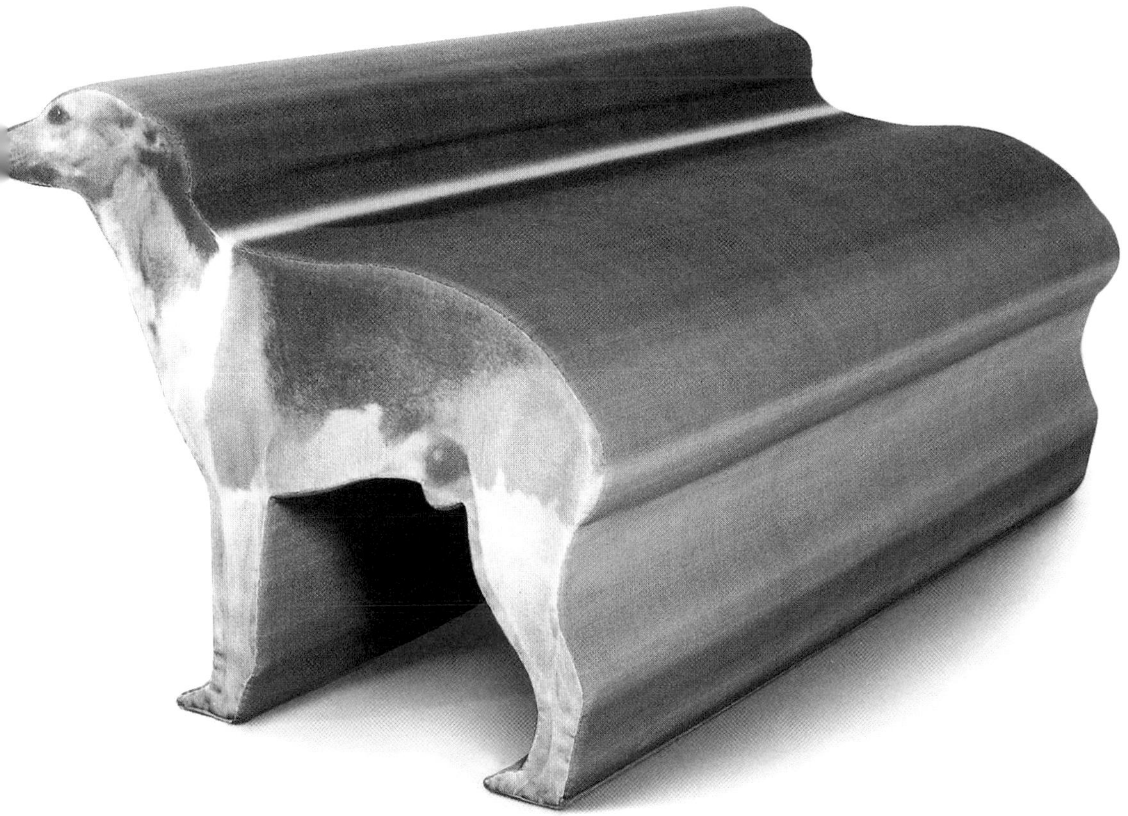

ADI DESIGNERS
*HIPPET BENCH_* 1998
X 140 X 73 CM
VÊTEMENT IMPRIMÉ PAR SUBLIMATION,
ARNISSAGE EN MOUSSE POLYURÉTHANE,
RUCTURE EN BOIS/
OATING BY SUBLIMATION PRINTING,
OLYURETHANE FOAM, WOOD STRUCTURE
ET DE / COURTESY BETC EURO RSCG/
LERIE EMMANUEL PERROTIN

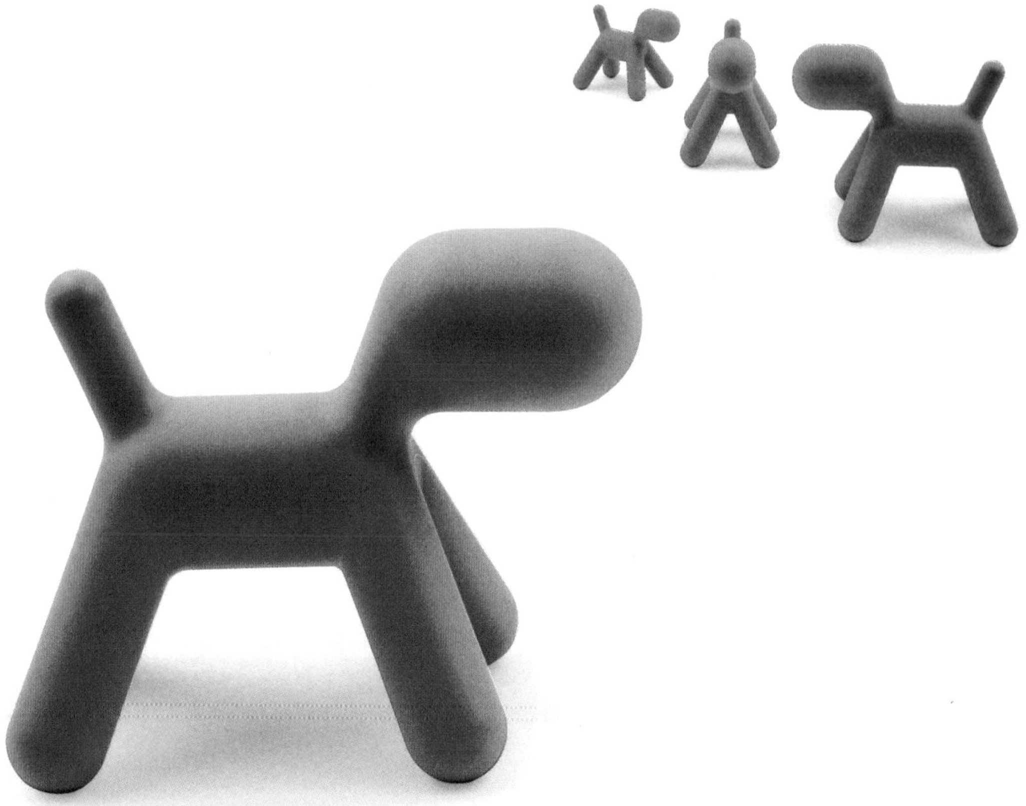

EERO AARNIO
*PUPPY*_ 2005
80,5 X 61,5 X 102,5 CM
POLYÉTHYLÈNE ROTOMOULÉ /
ROTATIONAL MOULDED POLYETHYLENE
PRÊT DE / COURTESY MAGIS

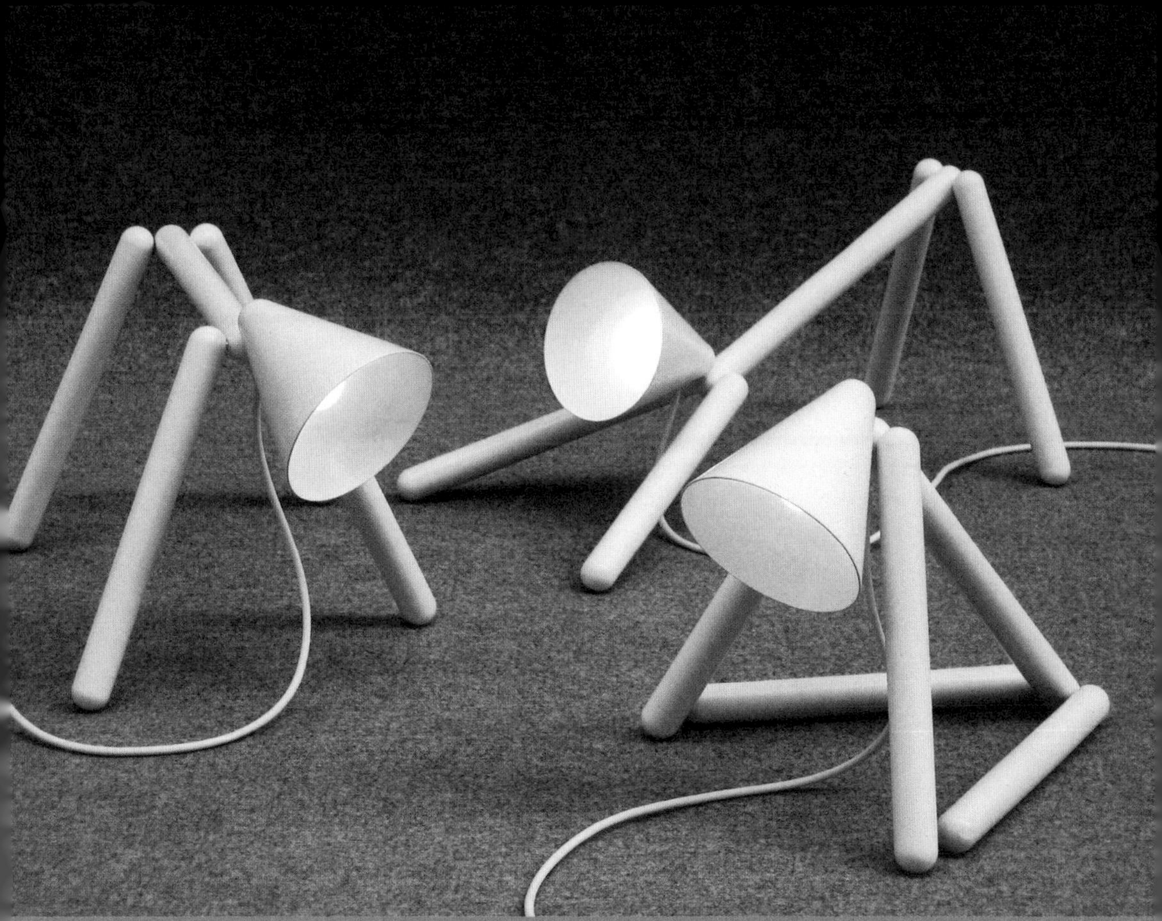

TS BROBERG & JOHAN RIDDERSTRÅLE
PY LAMP_ 2005
X 30 X 35 CM
MINIUM, PLASTIQUE / *ALUMINIUM, PLASTIC*
T DES ARTISTES / COURTESY OF THE ARTISTS

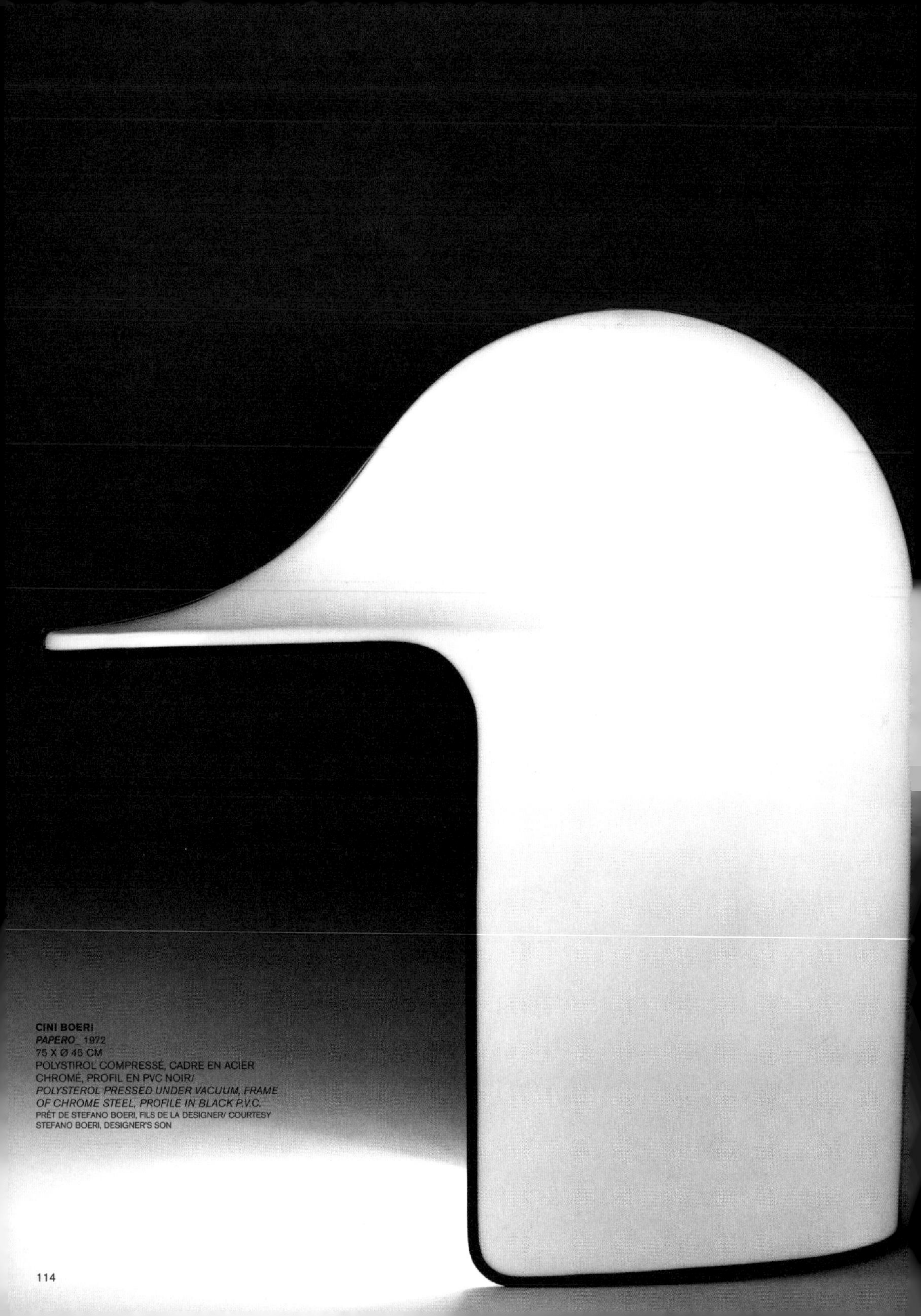

CINI BOERI
*PAPERO_* 1972
75 X Ø 45 CM
POLYSTIROL COMPRESSÉ, CADRE EN ACIER CHROMÉ, PROFIL EN PVC NOIR/
POLYSTEROL PRESSED UNDER VACUUM, FRAME OF CHROME STEEL, PROFILE IN BLACK P.V.C.
PRÊT DE STEFANO BOERI, FILS DE LA DESIGNER/ COURTESY STEFANO BOERI, DESIGNER'S SON

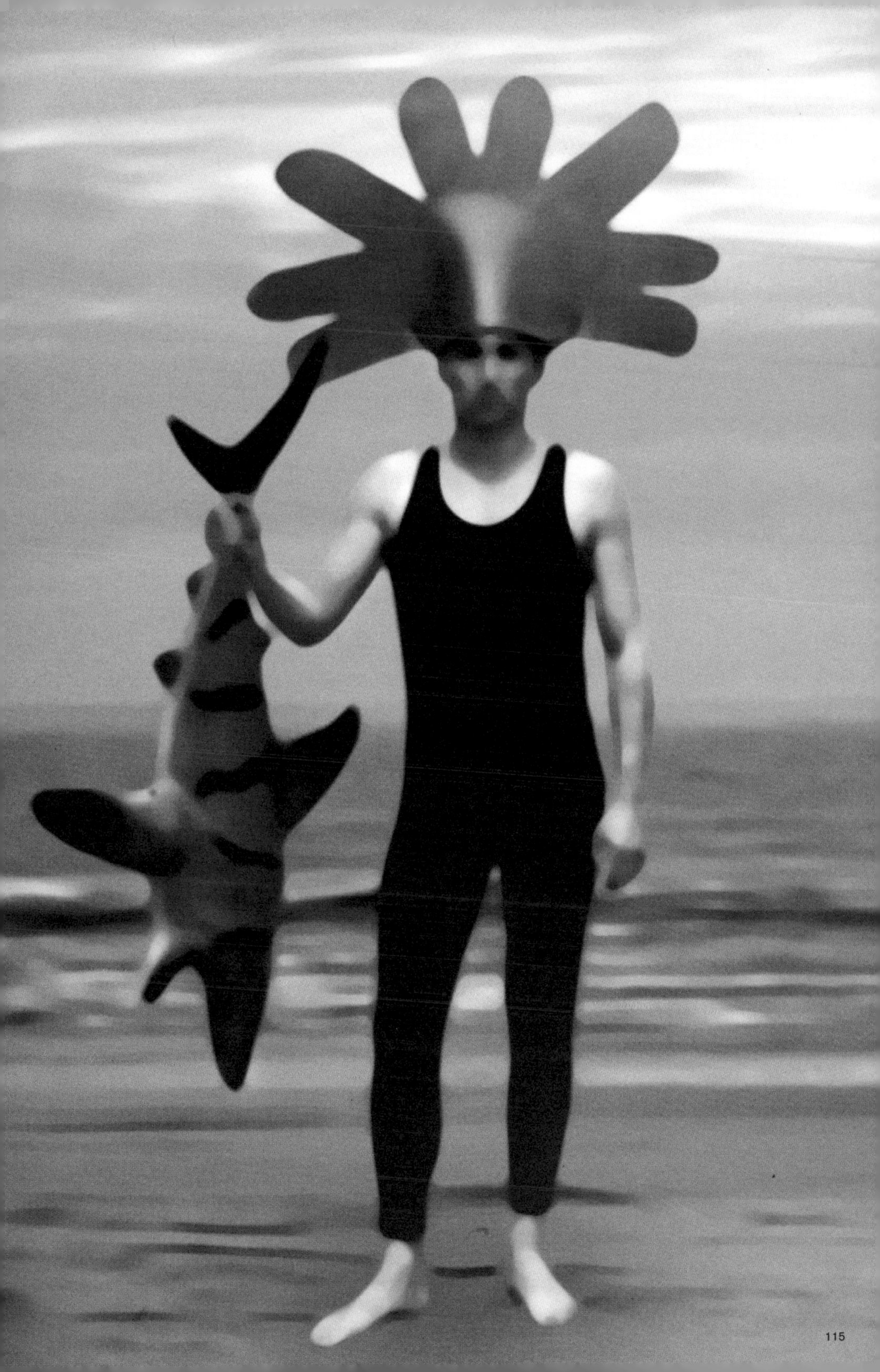

CÉLINE CLÉRON, *Travestis*

Cet ensemble de sculptures suggère le détournement de mannequins de couturière.
Objet de représentation strictement humain, le mannequin se substitue dans cette installation à l'évocation de formes animales dont la corpulence tranche de façon ironique avec le stéréotype d'une taille aux proportions idéales présentées d'ordinaire par le mannequin.
Par le biais de ce déplacement, l'animal est absurdement projeté dans la position d'un «modèle» auquel lui sont associées par l'homme des postures figurées caractéristiques de son comportement (animal à l'affût, qui se dresse, qui boit), et dans un souci d'apparence de vie.
On retrouve cette même volonté lorsque l'on observe des animaux empaillés, figés dans une pose artificielle de vie dans laquelle s'est projeté l'homme.

Travestis

This group of sculptures suggests the misappropriation of dressmakers' mannequins or dummies.
An object of strictly human representation, the mannequin acts as a substitute in this installation to evoke animal forms, the corpulence of which contrasts sharply and ironically with the stereotype of a figure presenting the ideal proportions that are normally displayed by a mannequin.
By means of this displacement, the animal is projected absurdly into the position of a "model", associated by man (an animal in waiting, which stands upright, which drinks) with figurative poses characteristic of its behaviour, and with a concern for an appearance of life.
This same intention is seen again in stuffed animals, fixed in an artificial pose of life into which man has projected himself.

< **XAVIER VEILHAN**
SANS TITRE, UNTITLED, N.D.
60 X 40 CM
IMPRESSION JET D'ENCRE / *INK PRINT*
COLLECTION PRIVÉE / PRIVATE COLLECTION

CÉLINE CLÉRON
***TRAVESTIS*_ 2003**
INSTALLATION DE 3 MANNEQUINS
140 X 80 X 30 CM (CHAQUE / *EACH*)
TISSU, BOIS, POLYSTYRÈNE, MÉTAL /
FABRIC, WOOD, POLYSTYRENE, METAL
VUE D'EXPOSITION / EXHIBITION VIEW
GALERIE BORTIER, BRUXELLES, 2006
PRÊT DE L'ARTISTE /COURTESY OF THE ARTIST

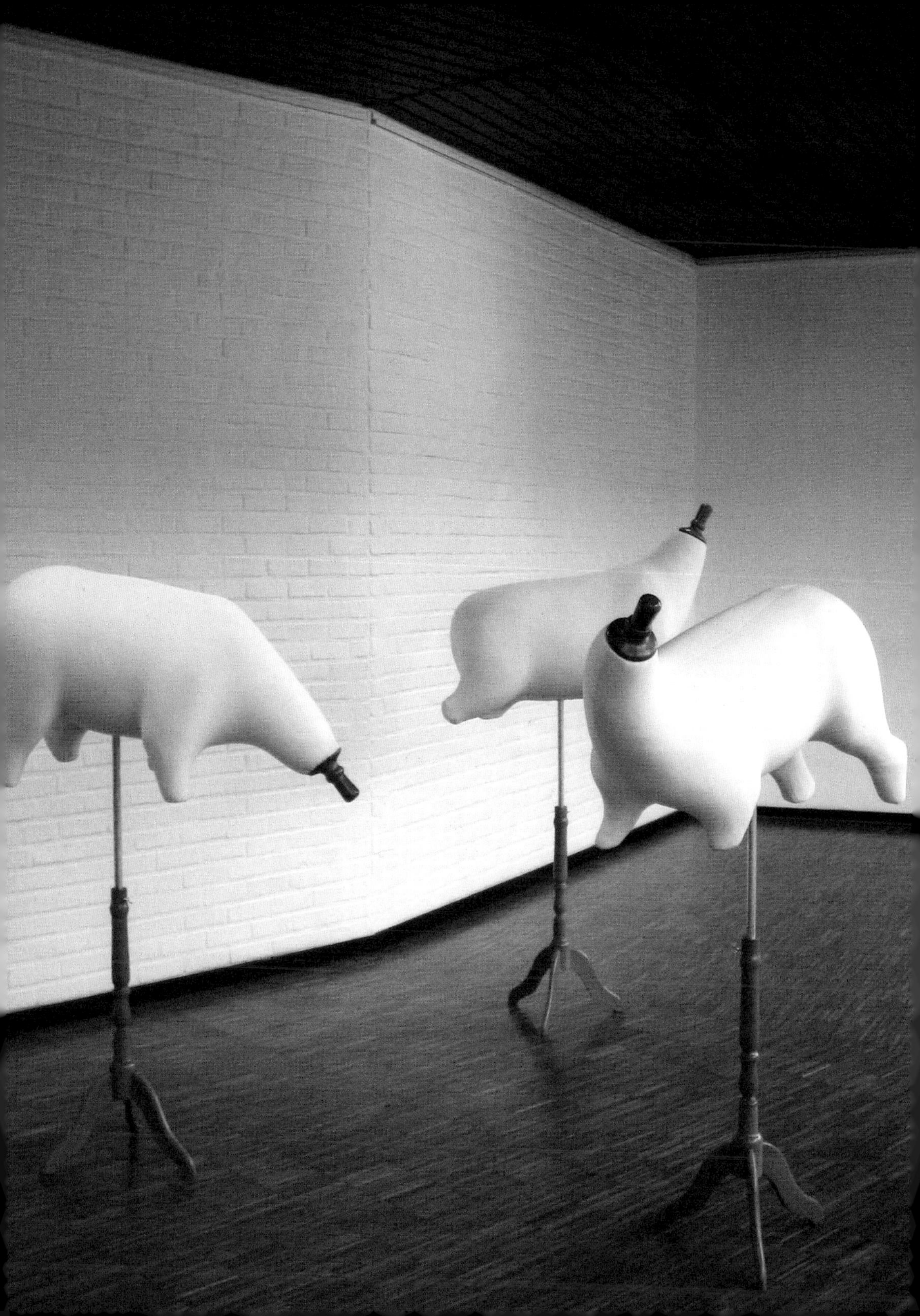

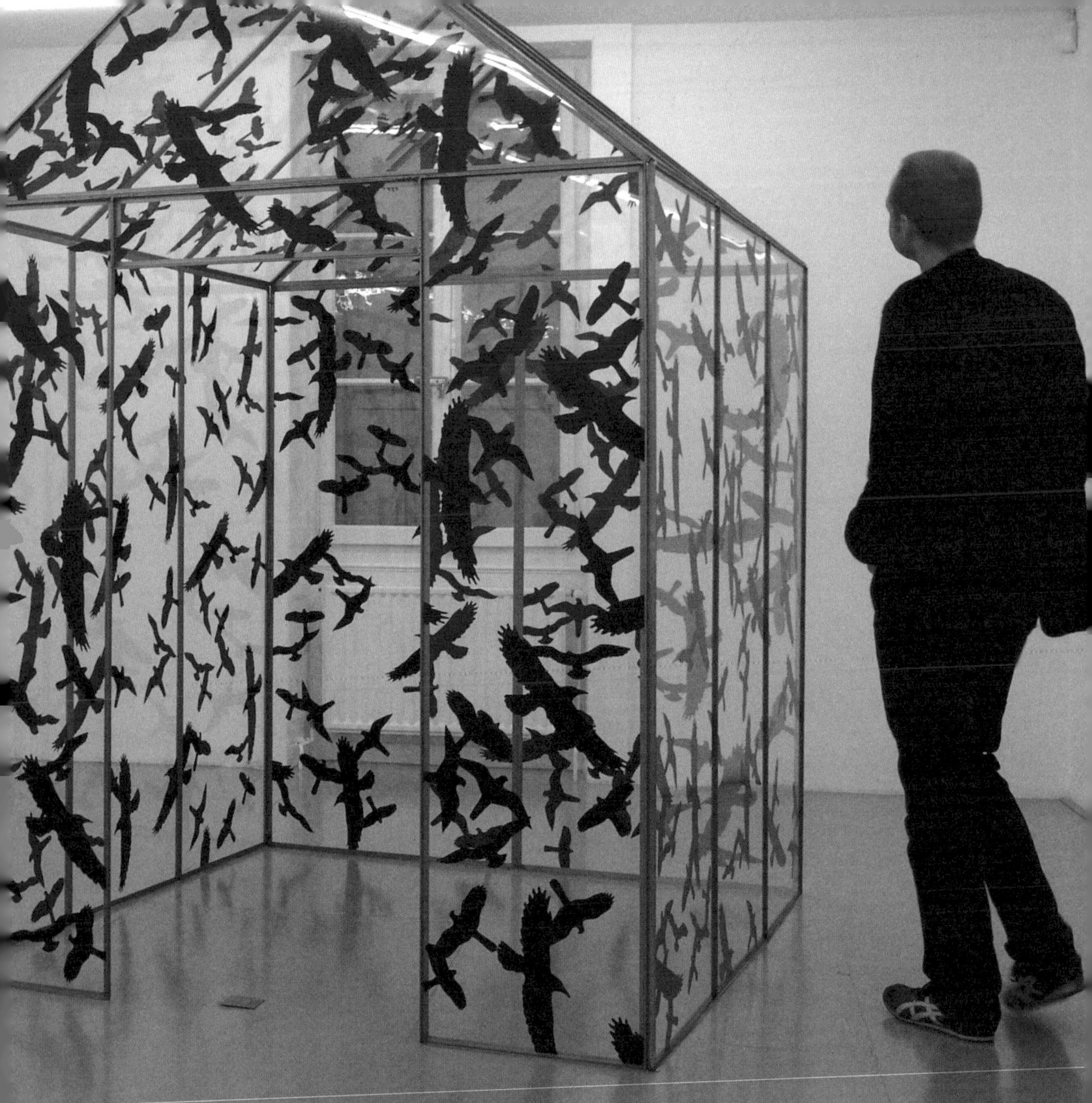

FLORENCE VUILLEUMIER
ET PIERRE-PHILIPPE FREYMOND
*BLACKOUT_* 2005
230 X 160 X 180 CM
INSTALLATION: STRUCTURE MÉTALLIQUE SOUDÉE,
PLEXIGLAS, AUTOCOLLANTS /
WELDED STRUCTURE, PLEXIGLAS, STICKERS
PRÊT DES ARTISTES / COURTESY OF THE ARTISTS

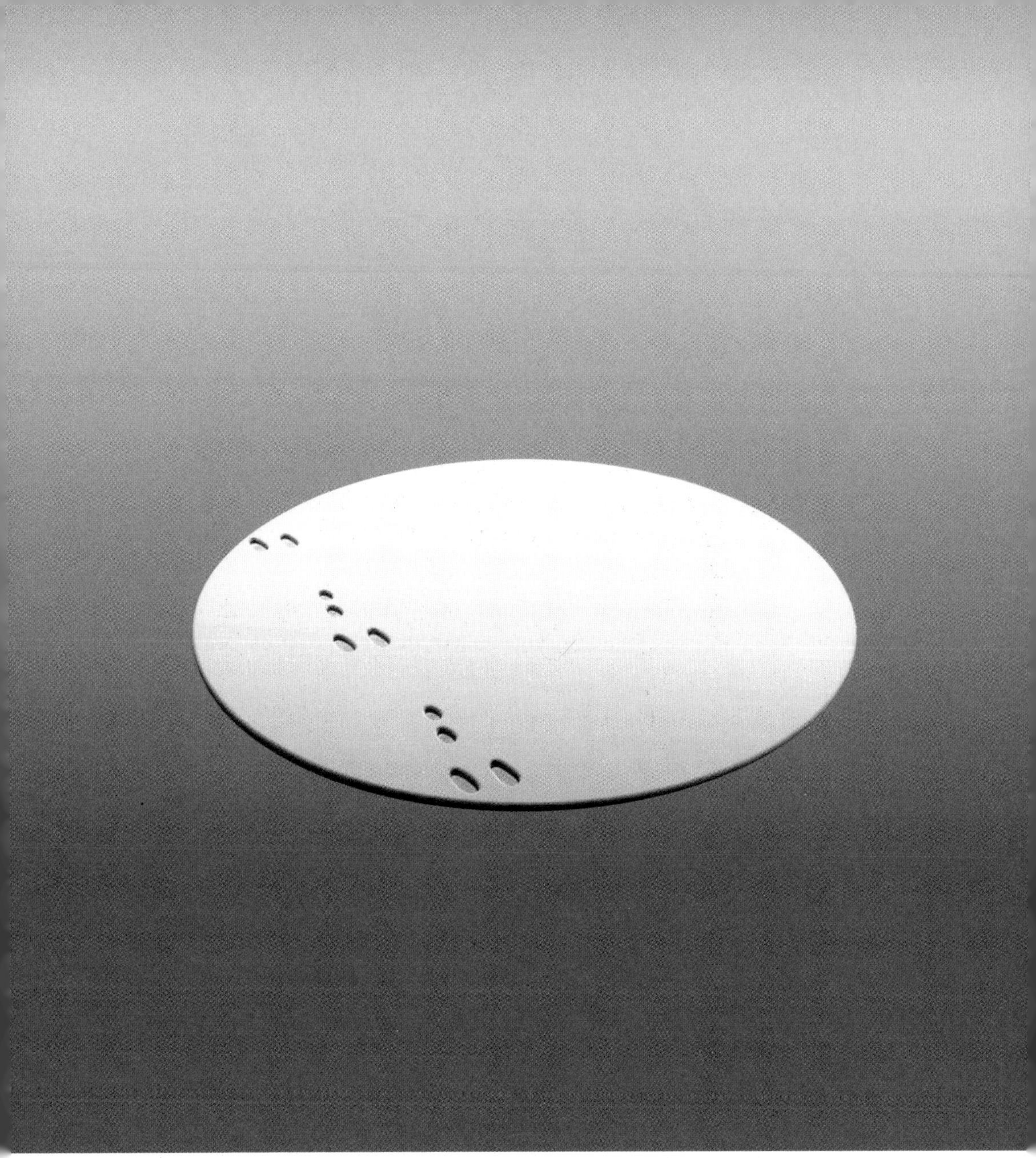

RMAFROST DESIGNSTUDIO
*ENCE CARPET_* 2004
Ø 160 CM
NE ET FEUILLE DE PLASTIQUE ARGENTÉE,
FFETÉE À LA MAIN /
OL AND SILVER COLOURED PLASTIC FOIL,
ND TUFTED
T DE L'ARTISTE / COURTESY OF THE ARTIST

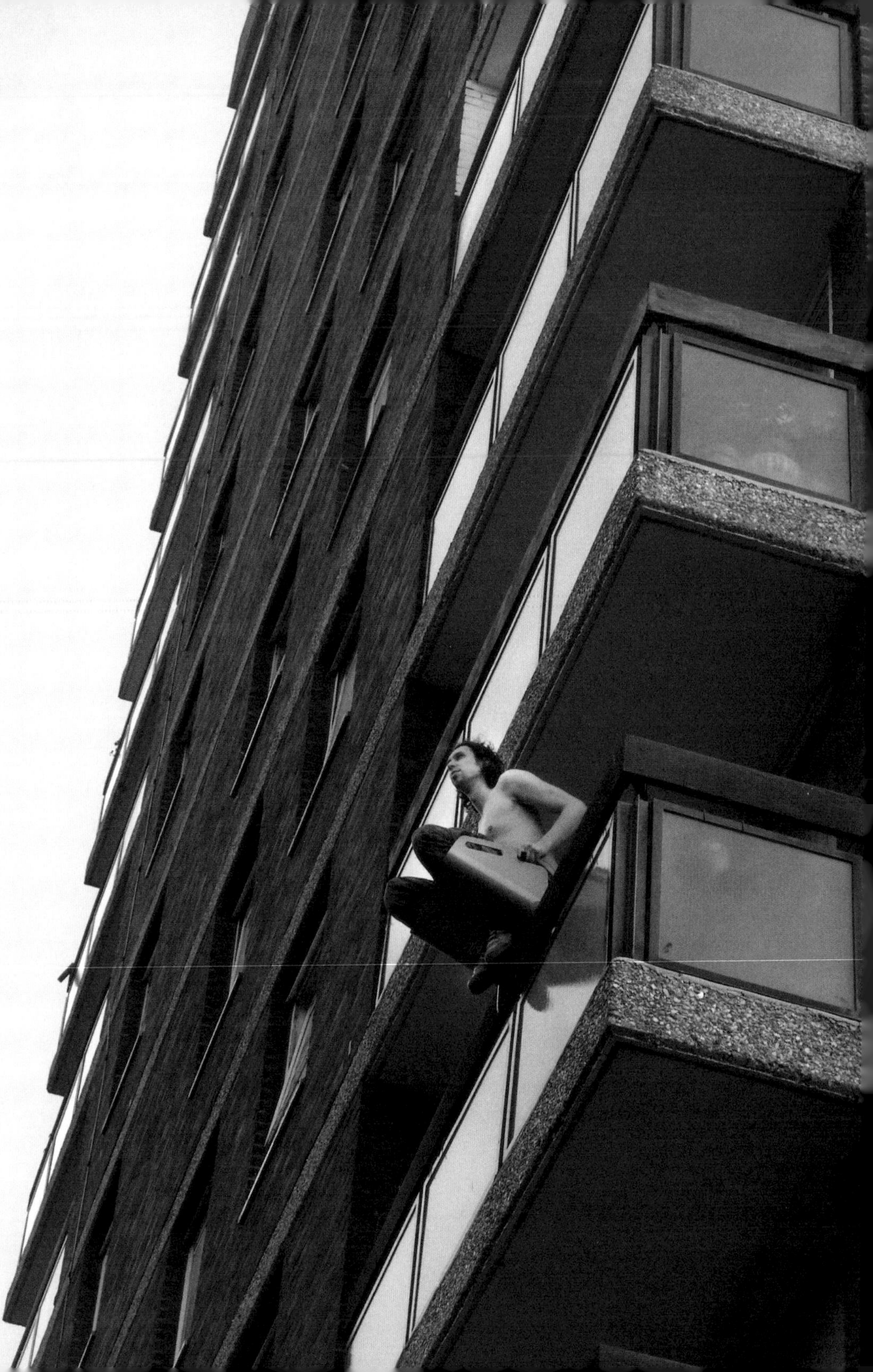

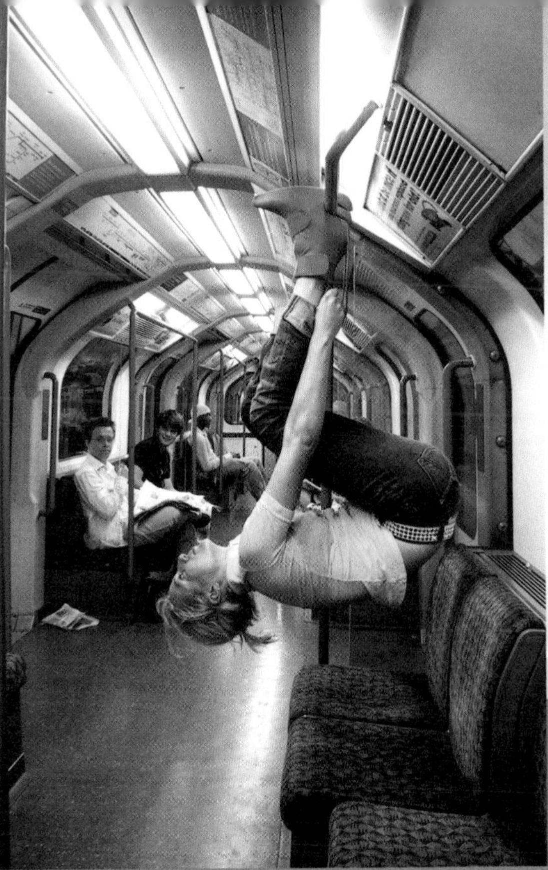

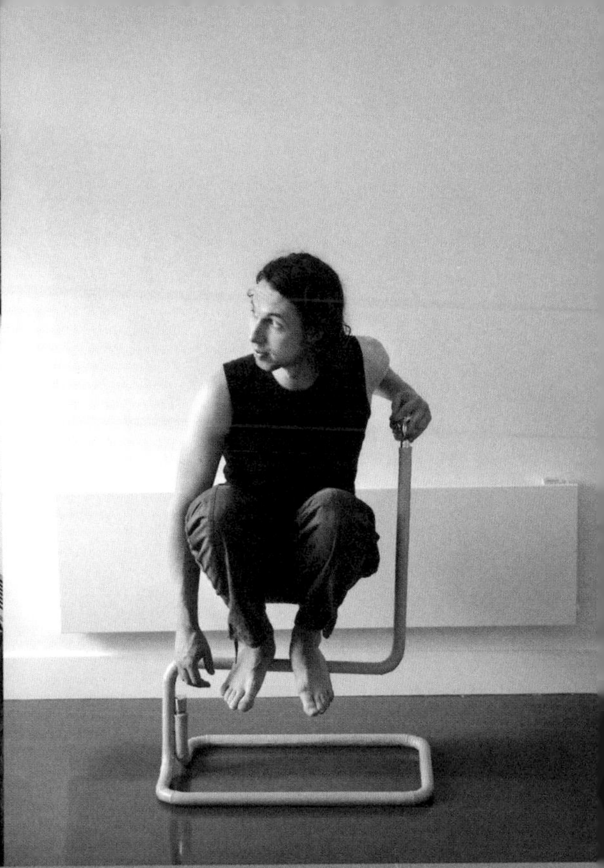

ELKO MOORER
*IRDPEOPLE_* 2005
IDÉO NUMÉRIQUE / *DIGITAL VIDEO*
RÊT DE L'ARTISTE / COURTESY OF THE ARTIST

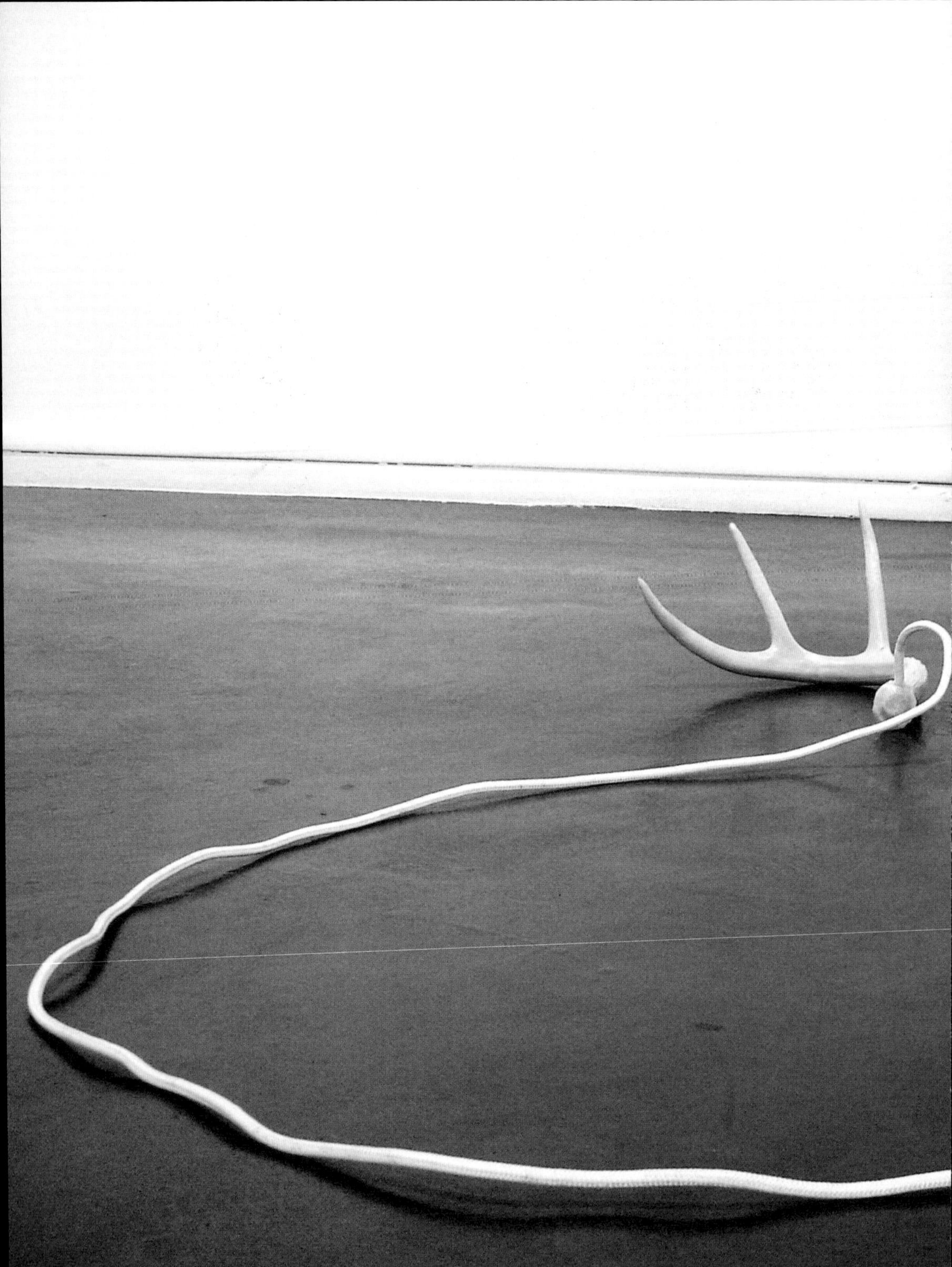

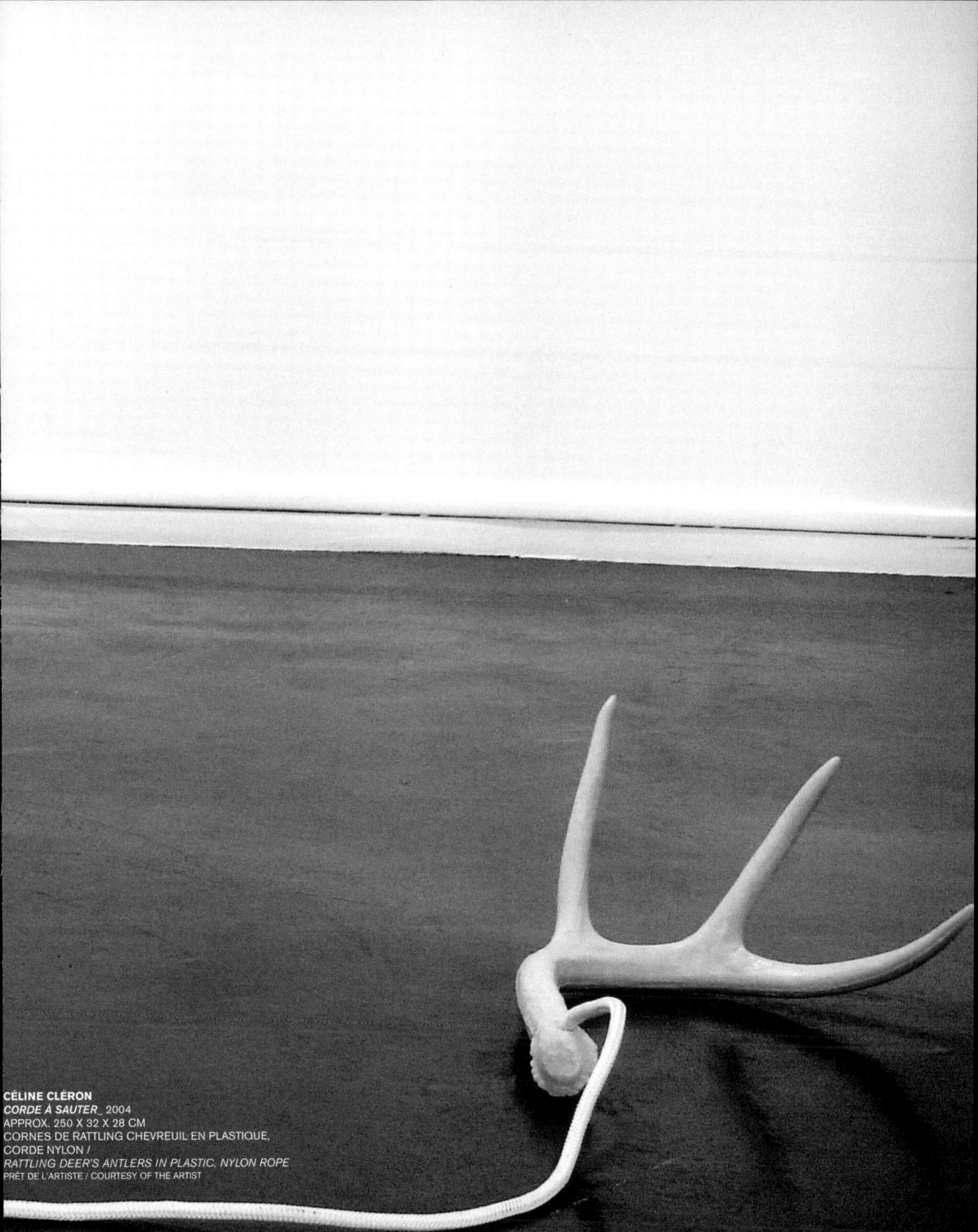

CÉLINE CLÉRON
CORDE À SAUTER_ 2004
APPROX. 250 X 32 X 28 CM
CORNES DE RATTLING CHEVREUIL EN PLASTIQUE, CORDE NYLON /
RATTLING DEER'S ANTLERS IN PLASTIC, NYLON ROPE
PRÊT DE L'ARTISTE / COURTESY OF THE ARTIST

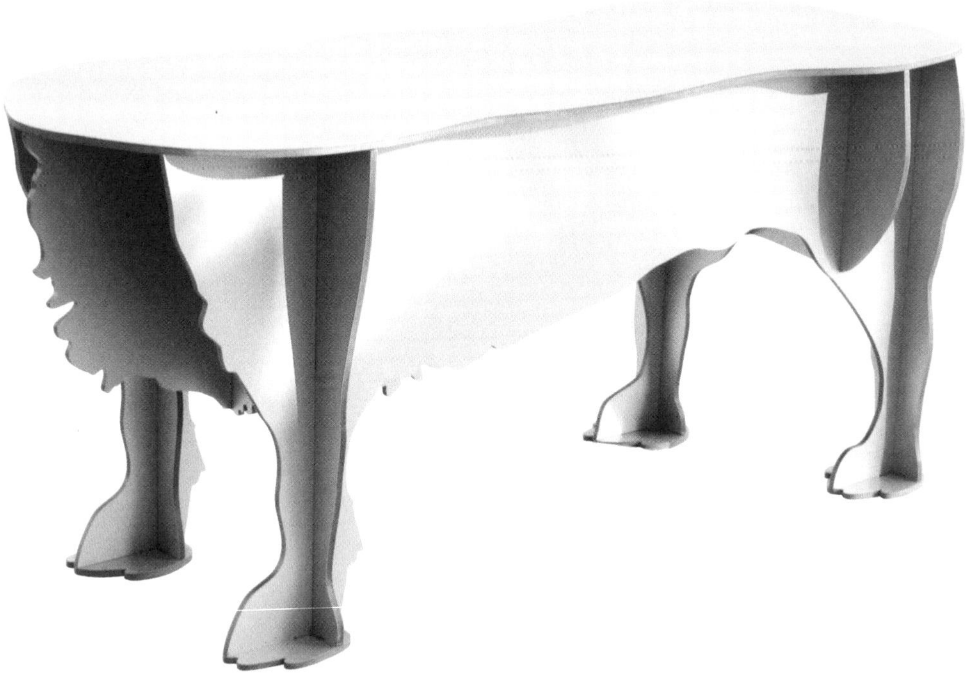

RACHEL & BENOÎT CONVERS / IBRIDE
***ZELDA*_** 2006
25 X 69 X 22 CM
STRATIFIÉ MASSIF/ *LAMINATED WOOD*
PRÊT DE / COURTESY RACHEL & BENOÎT CONVERS/IBRIDE

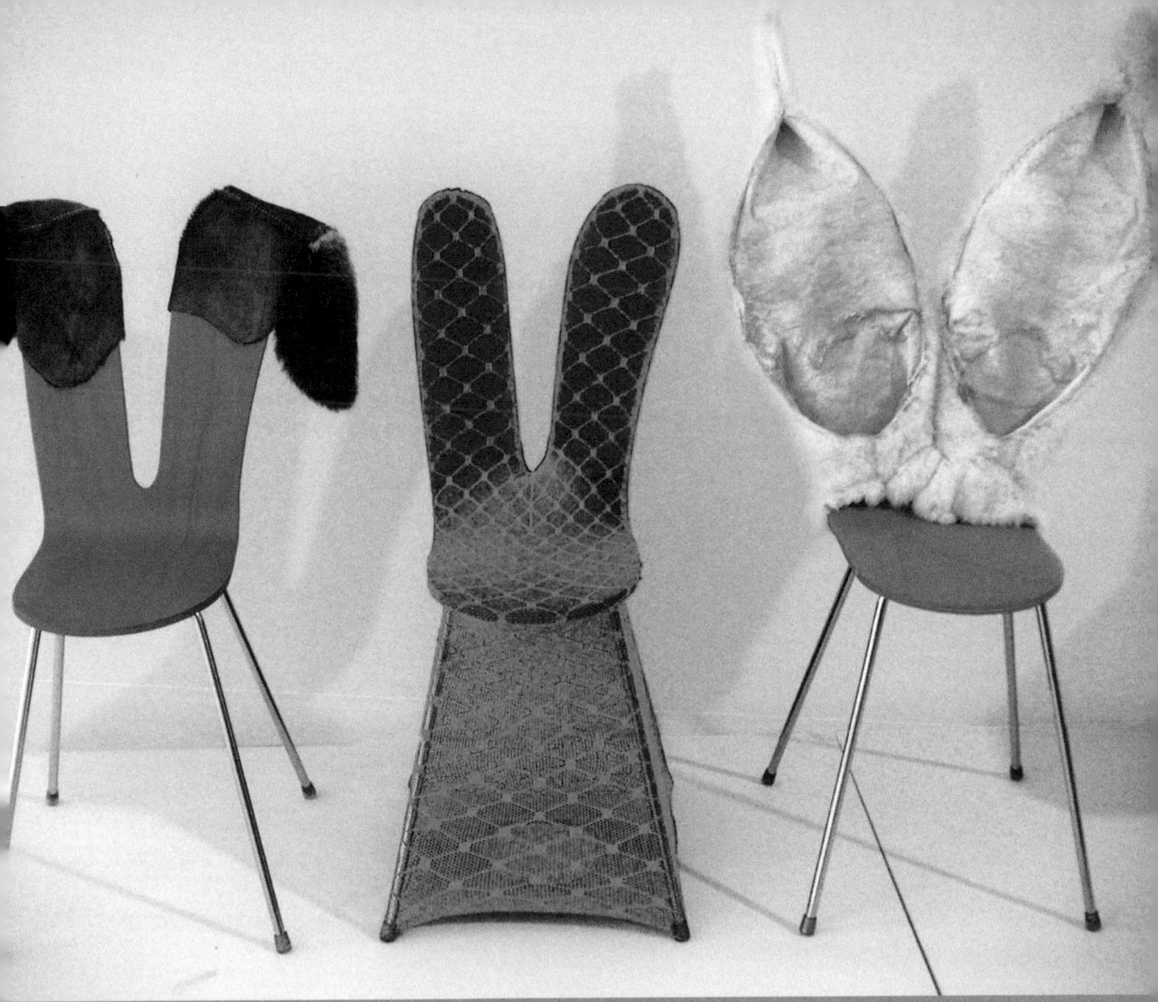

OKI TAKIZAWA
*ARS» ROBAMIMI_* 2005
R SANAA RABBIT CHAIR
X 40 CM
AU DE CHEVAL ET DE LAPIN /
RSE SKIN, RABBIT SKIN
ODUCTION: NEXTMARUNI
SIGNER: SANAA & NAOKI TAKIZAWA,
LLABORATION SPÉCIALE /
ECIAL COLLABORATION / POUR / *FOR* ISSEY
AKE PAR / *BY* NAOKI TAKIZAWA

NAOKI TAKIZAWA
*«EARS» USAMIMI_* 2005
FOR SANAA RABBIT CHAIR
30 X 65 CM
PEAU DE LAPIN, VINYLE /
RABBIT SKIN, VINYL CHLORIDE
PRODUCTION: NEXTMARUNI
DESIGNER: SANAA & NAOKI TAKIZAWA,
COLLABORATION SPÉCIALE /
SPECIAL COLLABORATION / POUR / *FOR* ISSEY
MYAKE PAR / BY NAOKI TAKIZAWA

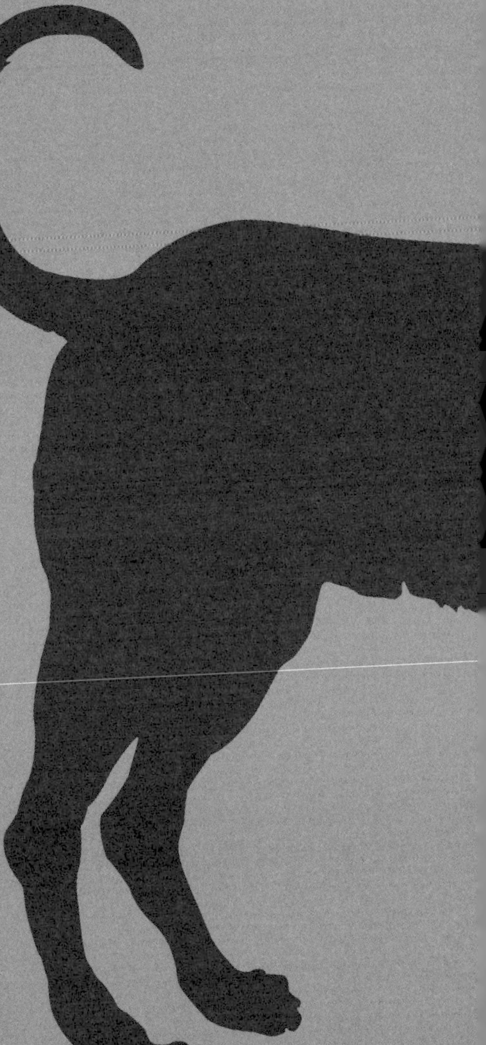

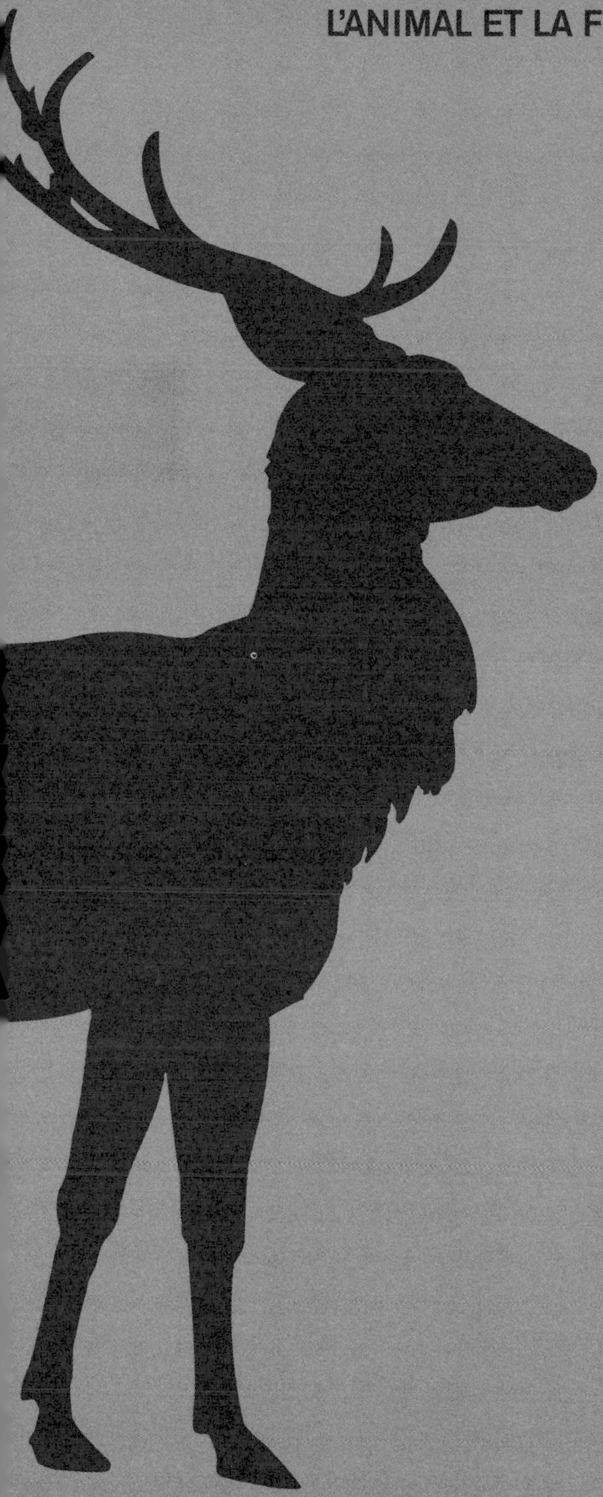

L'ANIMAL ET LA FIN

Urnes et trophées symbolisent ici différentes formes d'appropriation ultime, au moment où tous les jeux sont faits. Le tra tement réservé à l'animal domestique – symbolisé ici par le *Pet Sanctuary* en porcelaine de **Joe Scanlan** (1997) – se dis tingue nettement de celui réservé au milieu sauvage ou d'élevage, la chasse ou l'abattage portant en eux la mort comm une norme admise, excluant un possible au-delà animal. Le propos que nous abordons ici souhaite s'inscrire en regar des paradoxes de la société actuelle où l'homme est capable à la fois d'amour comme d'impensable «bestialité» enver l'animal, et lui inflige des brutalités qui ne sont pas sans mimer les rapports de violence qu'il entretient avec ses pairs.

L'artiste **Pascal Bernier** met en lumière avec ses *Accidents de chasse* la part d'ombre de la chasse et de l'abattage, le *dégâts collatéraux* que sont blessures et souffrance. À propos de cette série de 1994, la philosophe François Armengaud a écrit[1] : «Des animaux éclopés, entortillés en leur bandage, on en voit chez les vétérinaires des villes, et le vétérinaires des champs. Mais pas à la chasse. [...] Les blessures ou mort d'animal n'y sont jamais dénommées accident puisque ce sont là des événements prévus, voulus.» L'élevage industriel et les batteries ne procèdent pas autremen L'artiste intervient par des bandages sur des taxidermies de lions, biches, éléphants ou comme ici dans *Penguin* (2004) o *Chicks* (2000), étrange médication post-mortem, «réparation» des dommages de l'homme, restauration morale.

Cette section consacre également une large place aux trophées, où designers et artistes usent du détournement de matériaux pour mieux démonter l'attitude contradictoire de l'homme face à l'animal à travers l'inanité du trophée. Le designers de **Big-Game** formulent des propositions en bois subtilement dénommées *Heritage in progress* (2004), manièr d'en finir avec la pratique et les codes ostentatoires bourgeois. Le trophée *Daino* (2005) en fibre de verre de **Systemati** se fait présence fantomatique, sa blancheur et son reflet lisse ne renvoient qu'au vide du moule qui l'a formé. Le trophé *Panda* (1997) en tricot de laine d'**Art Orienté objet**, duo qui aime à se définir «artistes éthologues» offre l'image puissar te d'un simulacre de l'emblème même de la protection animale.

Décapant, dérangeant, le *Tableau de chasse* (2006) de **Pascal Bernier**, trophée « déguisé » en femme à l'aide de pe ruque et maquillage, est, selon l'artiste, «une tentative de poétisation visuelle de machisme littéral[2]». L'artiste parvie ainsi à déplacer, par le truchement de l'animal «épinglé», le propos vers d'autres types de rapport, mépris et méprise entre le sexe fort et le sexe faible. L'animal, même «figé» dans la mort, se fait toujours puissant catalyseur de réalité bien humaines.

1_ Françoise Armengaud, «Pascal Bernier : "un art du doute éthique"», *Animalités, Revue d'esthétique*, 40, 2001, p. 169.

2_ Pascal Bernier, «Trophées de chasse», *Not Quite Dead, the art of Pascal Bernier 1992-2002*, Galerie Alain Le Gaillard, Galerie Vedovi, Bruxell p. 104-105.

HE ANIMAL AND THE END

this section, urns and trophies symbolise different forms of ultimate appropriation at the moment when all the game-laying is over. The treatment reserved for the domestic animal —symbolised here by **Joe Scanlan**'s *Pet Sanctuary* in orcelain (1997)— is plainly differentiated from that reserved for animals in the wild or in an agricultural environment, hunt-g or slaughtering incorporating death as an admitted norm, thereby excluding any possible animal afterlife. The theme at we are addressing here wishes to match the paradoxes of present-day society, where man is capable at one and the ame time of love and of unbelievable "bestiality" towards animals, and inflicts upon them brutalities that to a certain xtent can be said to mimic the violence he displays towards his peers.

ith his *Accidents de chasse*, the artist **Pascal Bernier** throws light on the shadowy side of hunting and slaughtering, the ollateral damage" of wounds and suffering. With regard to this 1994 series the philosopher Françoise Armengaud has ritten[1]: "One sees lame animals, wrapped up in their bandages, at veterinaries in towns and veterinaries in the fields. ut not out hunting. [...] The animal's injuries or death are never called accidents in these instances, since these are antic-ated, deliberate occurrences". It is no different in industrial-scale rearing and in battery animals. The artist applies band-ges to stuffed lions, deer, elephants or, as here, *Penguin* (2004) or *Chicks* (2000), a strange post-mortem medication, epairing" the damage caused by man, a moral restoration.

is section likewise devotes ample room to hunting trophies, whereby designers and artists "misappropriate" the mate-als to better deconstruct the contradictory attitude of man vis-à-vis the animal through the inanity of the trophy. The esigners of **Big-Game** formulate suggestions in wood, subtly called *Heritage in Progress* (2004), in such a way as to put end to ostentatiously middle-class practices and codes. The glass-fibre trophy *Daino* (2005) by **Systematic** is a ghostly esence, its whiteness and smooth reflection reflecting only the empty space left by the mould that formed it. The tro-y *Panda* (1997), knitted in wool by **Art Orienté objet**, a duo who like to define themselves as "ethological artists", pres-ts the powerful image of a simulacrum of the very symbol of animal protection.

orasive, upsetting, *Tableau de chasse* (2006) by **Pascal Bernier**, a hunting trophy "disguised" as a woman by means of wig and make-up, is, according to the artist, "an attempt at visual poetisation of literal machismo"[2]. With the aid of the inned" animal, therefore, the artist manages to switch the subject to other types of relationship, misunderstandings and istakes, between the stronger sex and the weaker sex. The animal, even "frozen" in death, still acts as a powerful cat-yst of definitely human realities.

Françoise Armengaud, "Pascal Bernier: 'un art du doute éthique' ", *Animalités, Revue d'esthétique*, 40, 2001, p. 169.

Pascal Bernier: "Trophées de chasse", *Not Quite Dead, the Art of Pascal Bernier 1992–2002*, Galerie Alain Le Gaillard, Galerie Vedovi, Brussels, pp. 4–105.

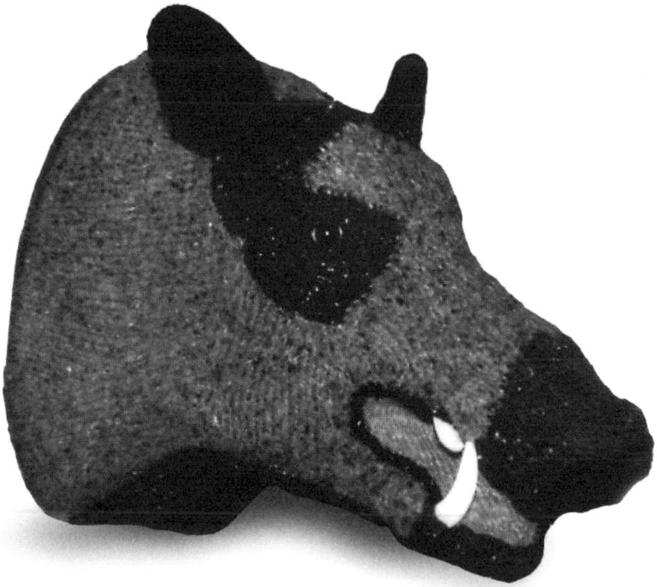

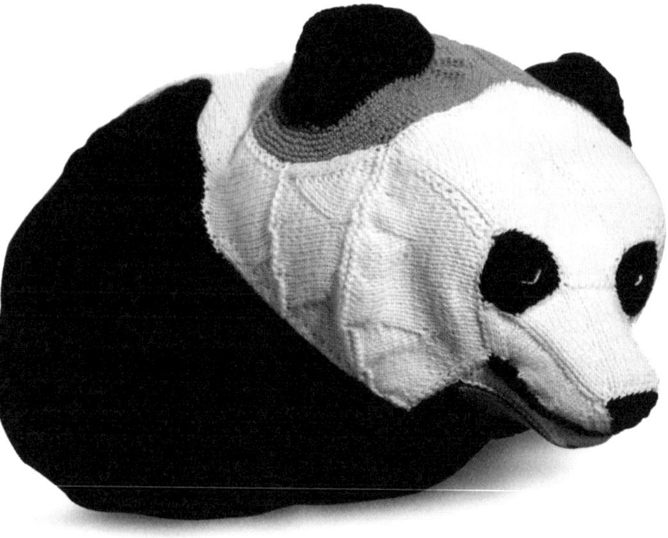

ART ORIENTÉ OBJET
LE SANGLIER_ 1997
DE LA SÉRIE «THE YEAR I BROKE MY VOICE»
40 X 35 X 60 CM
SCULPTURE EN RÉSINE POLYURÉTHANE, YEUX VERRE SOUFFLÉ, PEAU TRICOTÉE QUATRE COULEURS /
SCULPTURE IN POLYURETHANE, BLOWN GLASS EYES, KNITTED LEATHER IN FOUR COLOURS
COLLECTION CHÂTEAU DU RIVAU, LÉMERÉ, FRANCE

ART ORIENTÉ OBJET
PANDA_ 1997
70 X 60 X 40 CM
SCULPTURE EN BOIS ET TRICOT /
WOOD SCULPTURE AND KNITTED FABRIC
COLLECTION PRIVÉE / PRIVATE COLLECTION, PARIS

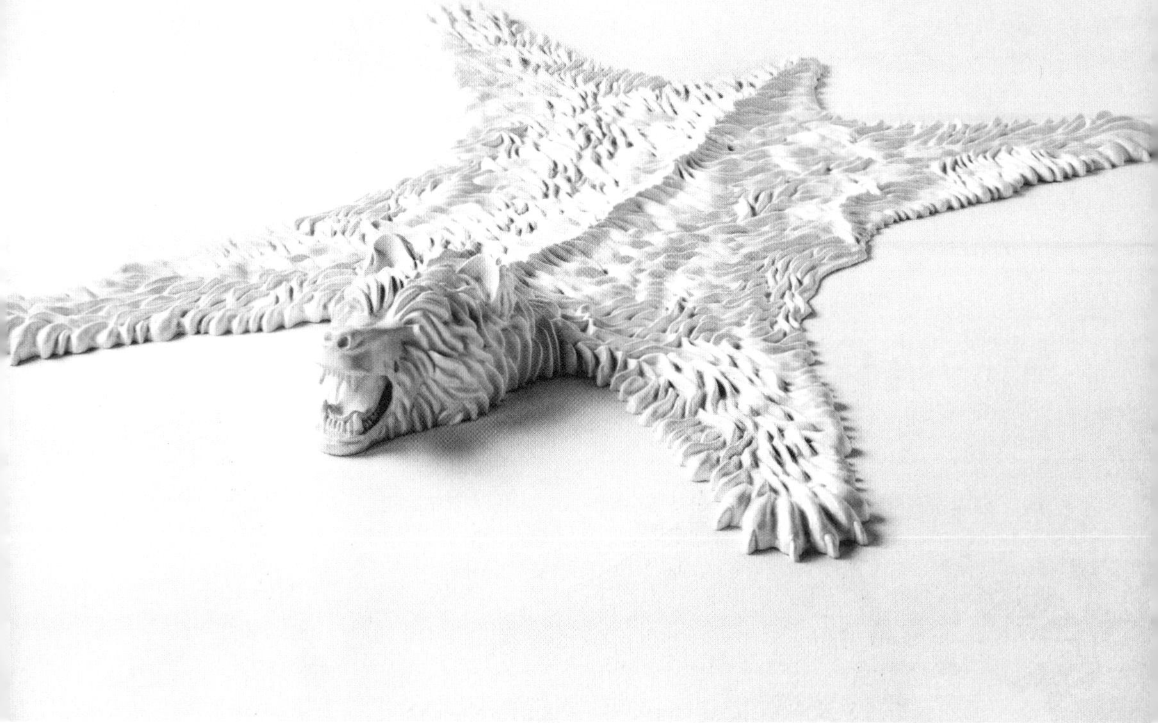

.KO MOORER
ARSKIN_ 2000-2003
• X 160 CM
ÉTHANE PRESSÉ DANS UN MOULE SILICONE /
ETHANE RUBBER CASTED IN SILICONE MOULD
T DE L'ARTISTE / COURTESY OF THE ARTIST

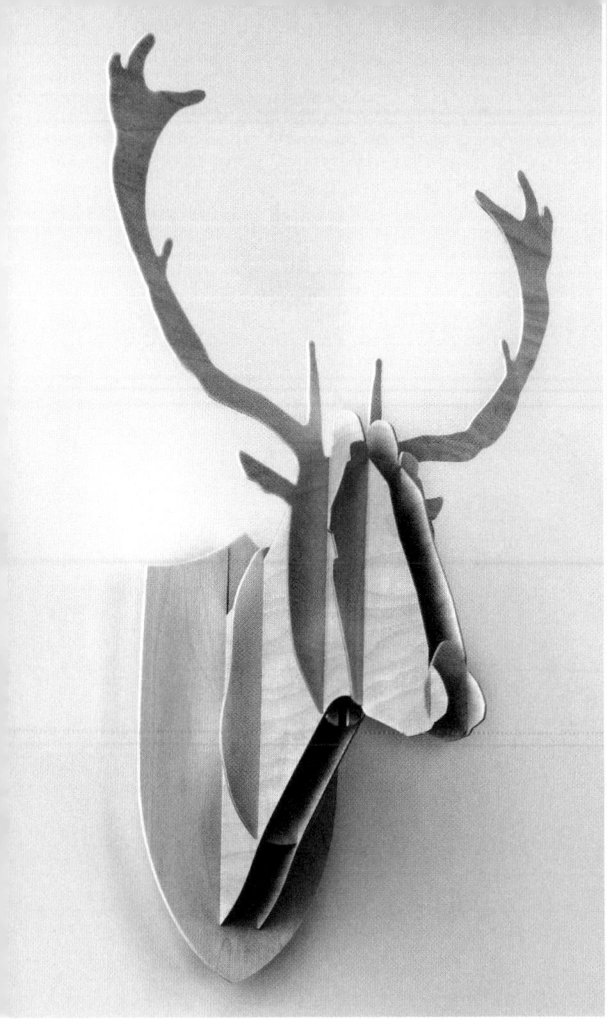

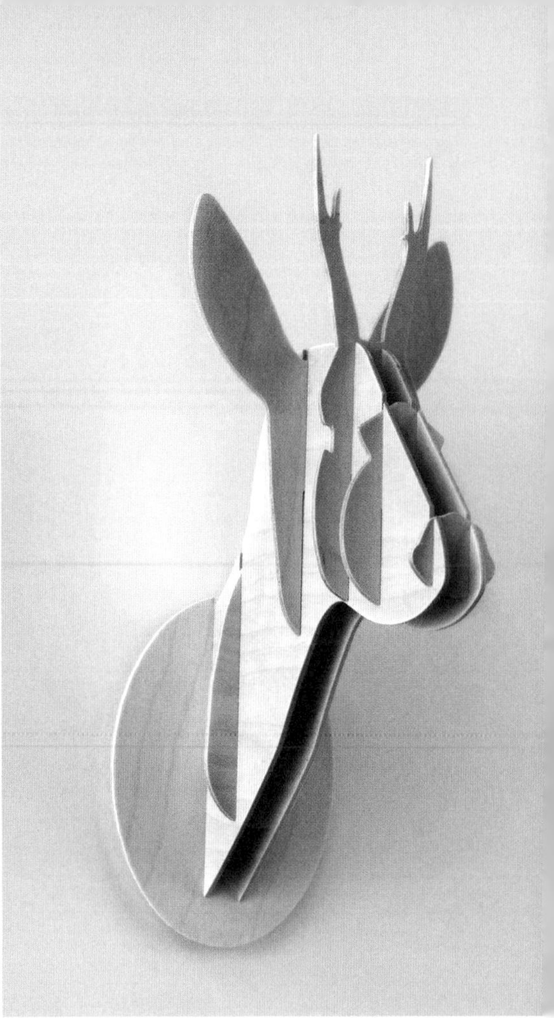

BIG-GAME, ***Animaux***

L'héritage peut-il être acheté ? Les trophées de chasse évoquent ces chalets dans les Ardennes ou dans les Alpes où l'on part en wee end pour se déconnecter de la vie urbaine. Ici, l'on dépoussière une icône de la tradition. En plaques de multiplis emboîtées, ces têt d'élan, de cerf et de biche sont livrées dans des emballages plats, comme des jeux de construction.

Animals

Can heritage be bought? Hunting trophies call to mind those chalets in the Alps that we head for during the weekend to get aw from urban life. Here, the idea was to brush away the cobwebs from a symbol of tradition. The moose, stag and roe heads are ma of plywood plates that fit into each other and are delivered in flat packages, just like building sets.

BIG-GAME
*MOOSE*_ 2004
96 X 62 X 86 CM
MULTIPLIS DÉCOUPE CNC /
BEECHTRIPLEX
BIG-GAME / ECAL

BIG-GAME
*ROEDEER*_ 2004
10 X 17 X 30 CM
TROPHÉE: MULTIPLIS DÉCOUPE CNC /
BEECHTRIPLEX
BIG-GAME / ECAL

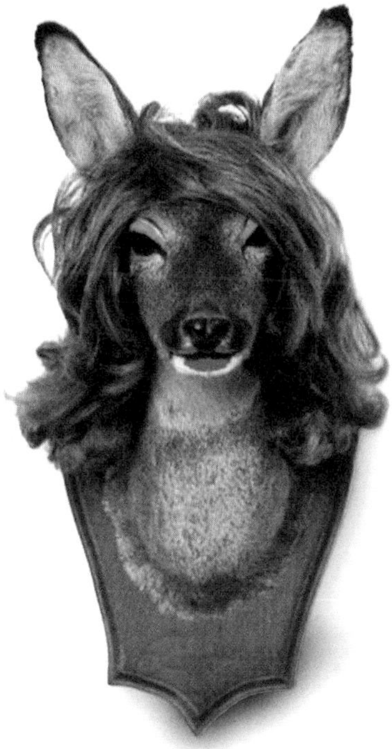

Depuis toujours, une des principales questions que se pose l'humanité est: "que faire du cadavre?" Les trophées de chasse, con-
airement aux momies, ne préparent à aucun voyage vers l'au-delà. Au mieux, ils cristallisent la gloire du chasseur qui impose
mmobilité, réduisant le vivant à son image. Au pire, ils deviennent des objets décoratifs vides de sens. Seul l'art permettra (à titre
osthume) à l'animal de vendre chèrement sa peau.»

Since time immemorial, one of the leading questions that humanity has asked itself is: "What is to be done with the body?"
unting-trophies, unlike mummies, are in no way a preparation for a journey into the afterlife.
t best they crystallise the glory of the hunter, who imposes immobility on the living creature, reducing it to a mere image of itself.
t worst they become decorative objects devoid of meaning.
nly art will enable the animal (posthumously) to sell its skin for a high price."

ascal Bernier, «Accidents de chasse, 1994-2000», *Not Quite Dead, the Art of Pascal Bernier 1992-2002*, galerie Alain Le Gaillard, alerie Vedovi, Bruxelles, p. 42-43.

SCAL BERNIER
***BLEAU DE CHASSE*_ 2001**
OPHÉE, PERRUQUE, MAQUILLAGE/
OPHY, WIG, MAKE-UP
X 30 X 95 CM
ET DE L'ARTISTE / COURTESY OF THE ARTIST

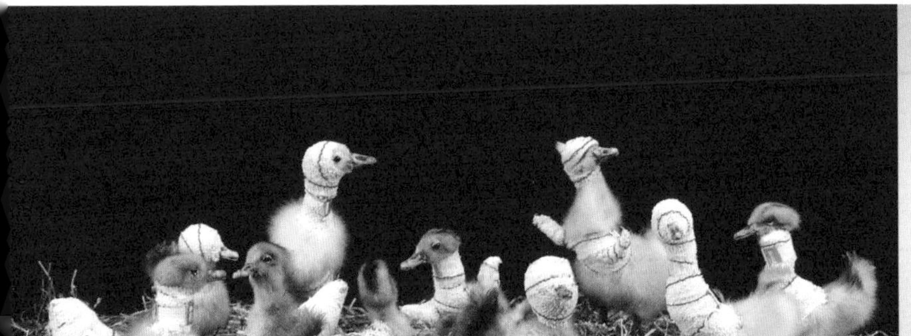

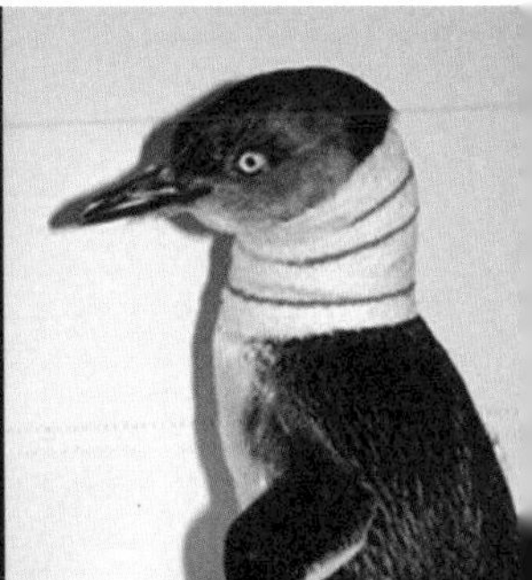

PASCAL BERNIER
ACCIDENT DE CHASSE (CHICKS), ED. 3_ 2000
60 X 30 CM
CIBACHROME PLEXIPRINT
PRÊT DE L'ARTISTE / COURTESY OF THE ARTIST

PASCAL BERNIER
ACCIDENT DE CHASSE (PINGOUIN)_ 2004
20 X 12 X 10 CM
PINGOUIN NATURALISÉ, BANDAGES,
VERNIS ACRYLIQUE /
STUFFED PENGUIN, BANDAGE, ACRYLIC, VARN
COLLECTION LGR, FRANCE
COURTESY GALERIE JOSÉ MARTINEZ, LYON

ASCAL BERNIER

ontrairement aux apparences, je ne suis pas un «artiste animalier» et mon travail parle plus de la nature humaine que de la ature en soi.

ette dernière est vécue de plus en plus comme un fantasme, une virtualité, un décor idéologique. Plus elle disparaît par l'exploita-on qui en est faite, plus nous la «rêvons».

ous la rêvons comme parfaite copie d'elle-même avec les clones, ultimes jouets biotechnologiques aux relents d'eugénisme et de gression, nous la rêvons exploitable et domesticable jusqu'à l'absurde, confisquant l'idée de «sauvagerie» pour notre propre usage.

our traiter de sujets ayant trait à la morbidité et à la violence de manière libératoire, j'ai développé un vocabulaire formel qui emprunte u pop, à l'art minimal et au baroque dans une synthèse qui mêle le tragique et le comique en une perception paradoxale.

e travail induit ainsi chez le spectateur un «doute éthique».

Art devient ainsi un vecteur de «rédemption» dans un monde tragi-comique en phase d'implosion.

ascal Bernier, Bruxelles_ 1998

espite appearances, I am not an animal painter, and my work speaks more of human nature than of nature itself. The latter is more nd more experienced as a fantasy, a virtuality, an ideological setting. The more it disappears behind the exploitation that is made of the more we "dream" it. We dream it as the perfect copy of itself with clones —those ultimate biotech toys with their hint of eugen-s and regression— we dream it as an exploitable and domestic commodity, as we bridle its wild nature for our private use.

alking of subjects related to morbid impulses and violence in a liberating way, I develop a formal vocabulary that borrows from Pop, inimal art and Baroque art in a synthesis that effectively merges tragic and comical aspects into a paradoxical state of perception. ne works thus induce an ethical quandary within the spectator. Art becomes a possible means of redemption for a tragi-comic world a phase of implosion.

ascal Bernier, Brussels_ 1998

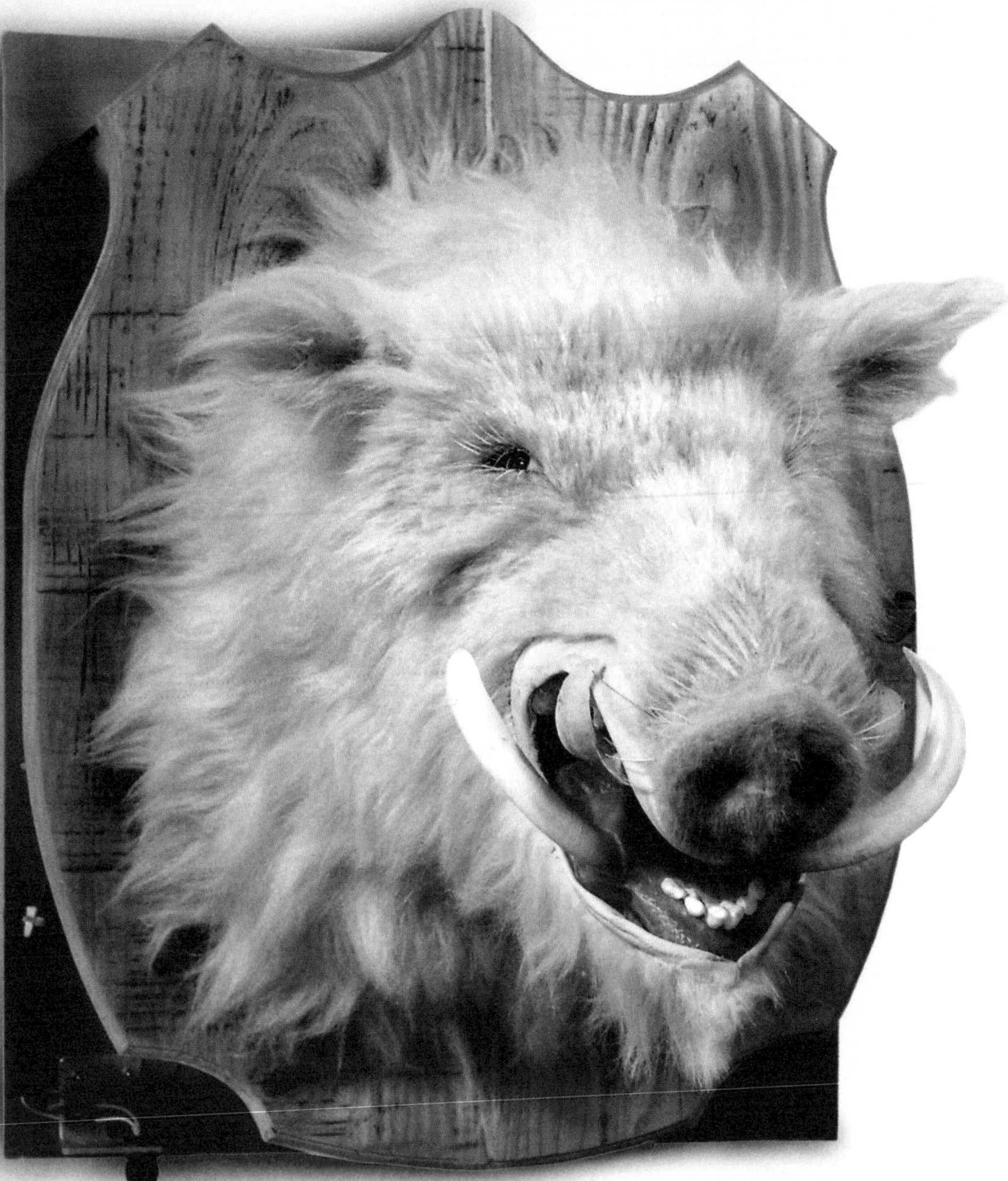

NICOLAS DARROT
*LE SOUILLOT*_ 2005
75 X 80 X 80 CM
MATÉRIAUX DIVERS, MOTEURS, DISPOSITIF SONORE /
MIXED MEDIA, MOTORS, SOUND EQUIPMENT
COURTESY GALERIE EVAHOBER

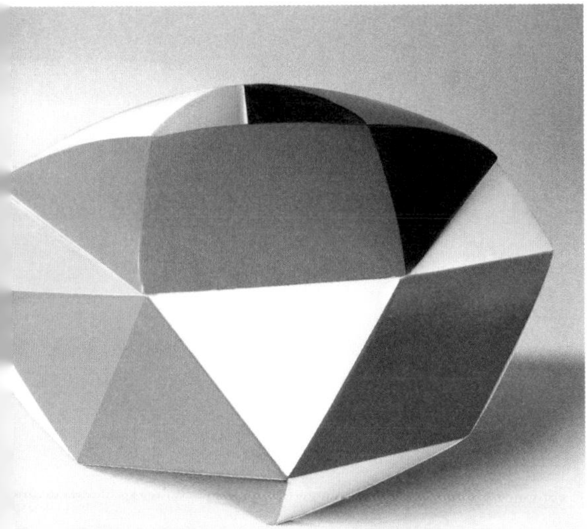

OE SCANLAN
ET SANCTUARY_ 1997
8 X 44 CM
ORCELAINE RÉALISÉE AU CENTRE DE
ECHERCHE SUR LES ARTS DU FEU ET DE LA TERRE,
RAFT, LIMOGES, 1997 /
ORCELAINE REALISED BY CRAFT
ENTRE DE RECHERCHE SUR LES ARTS DU FEU
T DE LA TERRE, LIMOGES

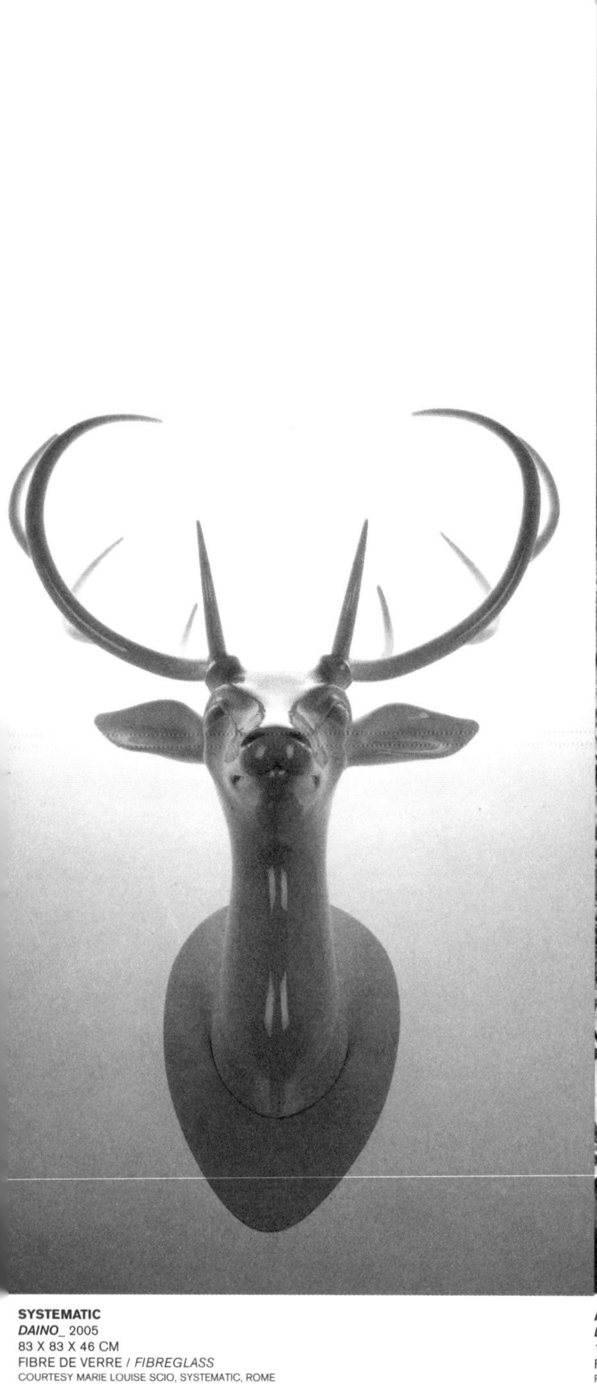

SYSTEMATIC
DAINO_ 2005
83 X 83 X 46 CM
FIBRE DE VERRE / *FIBREGLASS*
COURTESY MARIE LOUISE SCIO, SYSTEMATIC, ROME

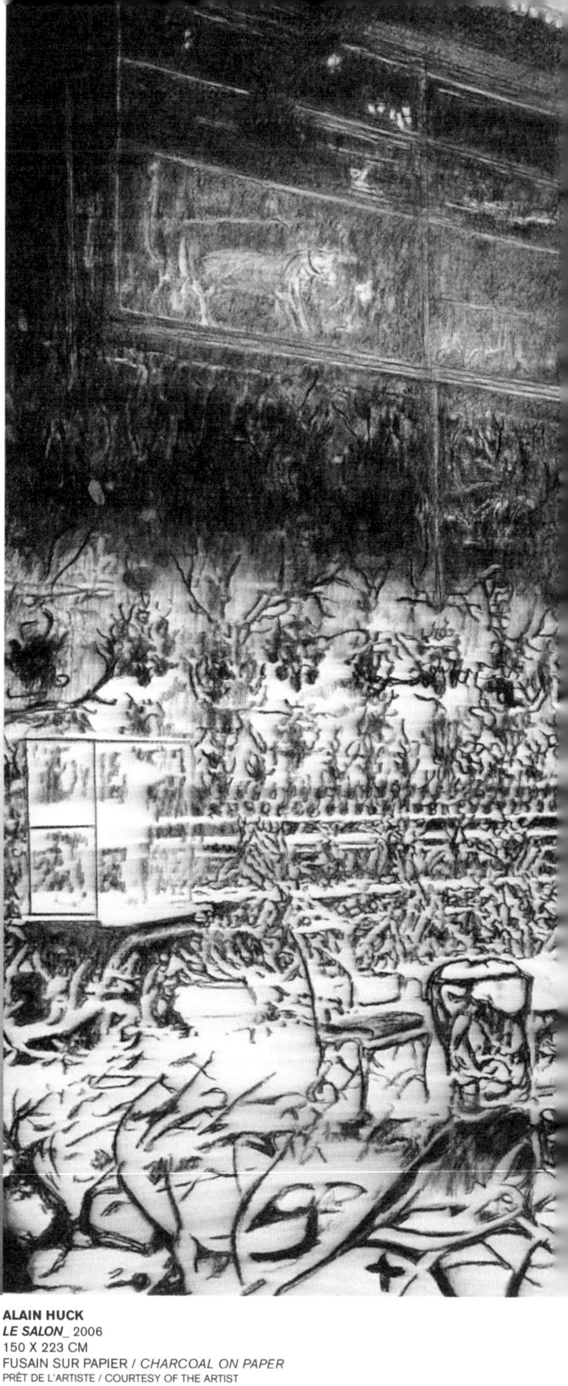

ALAIN HUCK
LE SALON_ 2006
150 X 223 CM
FUSAIN SUR PAPIER / *CHARCOAL ON PAPER*
PRÊT DE L'ARTISTE / COURTESY OF THE ARTIST

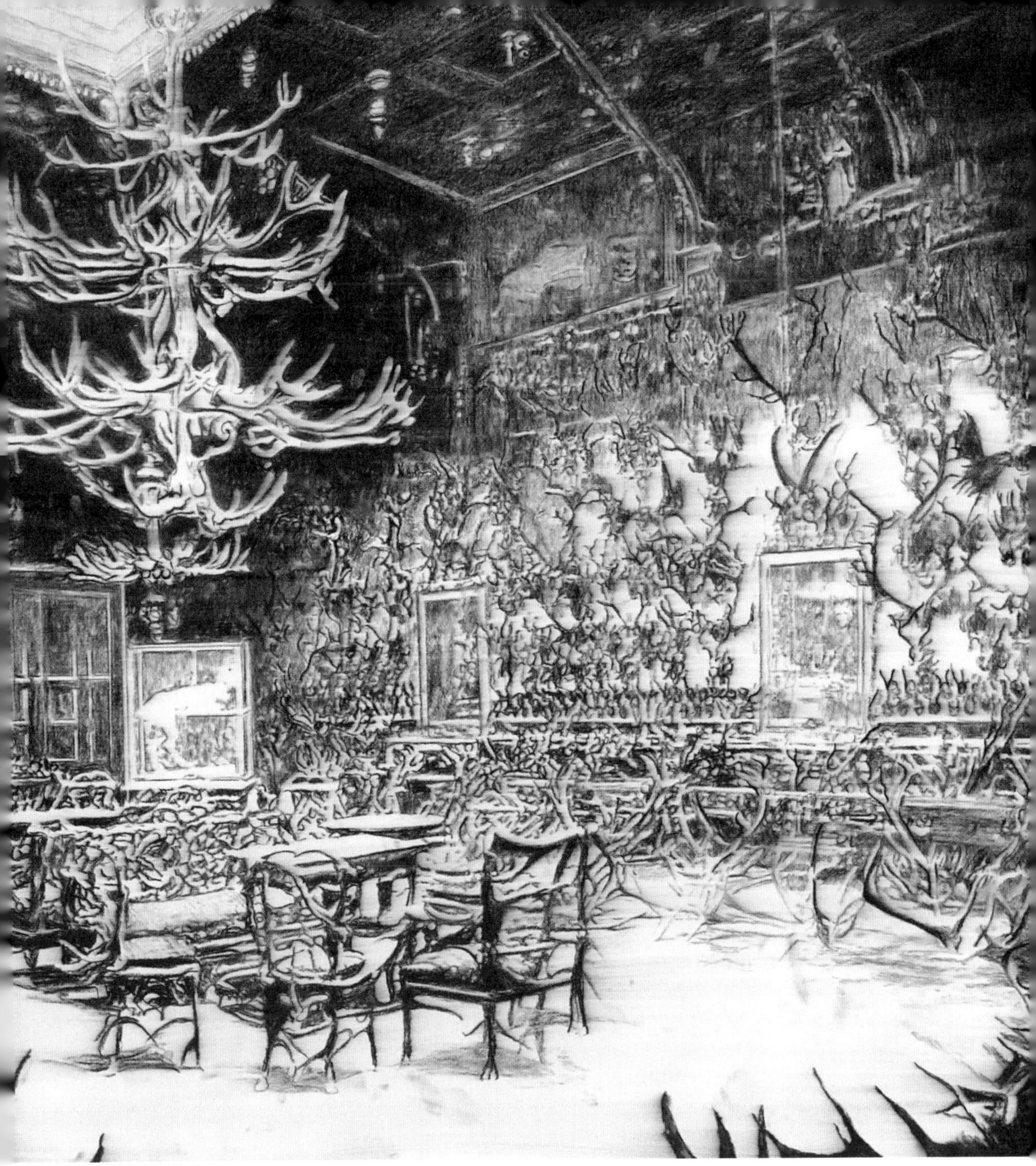

ACTE VI / ACT VI

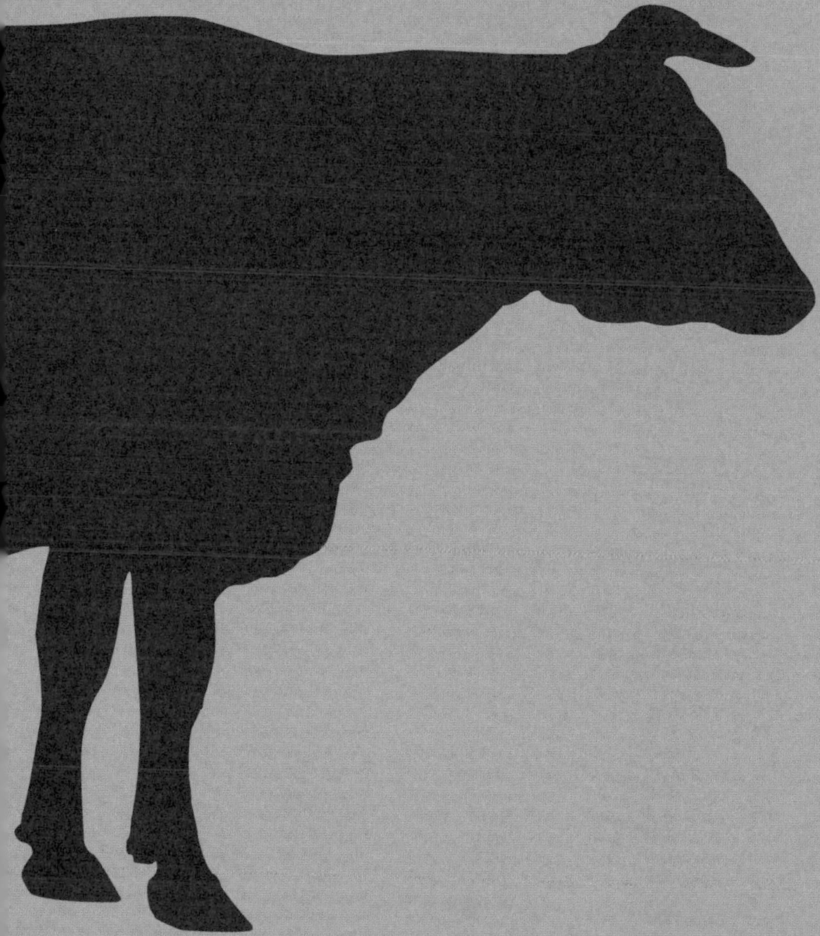

LA BOUTIQUE

Cette section souhaite présenter, par un regard critique, l'abondante production de l'humain «pour» l'animal domestique une panoplie d'objets (vêtements, accessoires, jeux, habitacles) créés pour eux afin qu'ils nous ressemblent. Elle propose une vaste sélection d'objets conçus par des designers, des stylistes ou directement réalisés, de façon interne, par des marques de produits. La panoplie donne le vertige tant l'offre est riche et résonne de mille envies, fantasmes et prolon gements de désirs... tous humains.

Un engouement, un phénomène de mode ouvrant toutes les fantaisies et dérives quant à ses hypothétiques besoins projections anthropomorphiques calquées sur les nôtres.

Utile? Futile? Au-delà du jugement moral, cette section souhaite faire état, étayée par d'autres sources tels publicité documentaires, articles, de la façon dont l'animal est devenu lui-même un produit de consommation de masse permet tant de rendre compte de désirs, de nécessités, de projections ou de fantasmes de créateurs utilisant là un univers proche, cousin du sien, et pourtant si différent.

Une définition consumériste du rapport homme/animal joue ici en filigrane, mais aujourd'hui «parler du superflu dans notre société 'd'hyperconsommation' est presque un pléonasme[1]»: la société de consommation nous enseigne chaque jour que tout est remplaçable, l'obsolescence fonctionnelle et expressive systématique de l'objet étant garante d'une éco nomie florissante.

Au-delà de ce constat, on voit que ces «joujoux pour toutous et minous» nourrissent aussi les valeurs de l'enfance, péren nisée à l'envi, manière de ne pas grandir ou de ne plus nous reproduire, puisque le simulacre qu'est l'animal domestique remplit pour un temps notre perspective d'existence. Tous ces objets sont en réalité à mesure et portée non de l'adulte mais de l'enfant, souvent simple miniaturisation d'un monde décidément trop grand. Surenchère ou régression: ce sont de toutes façons des attitudes extrêmes que l'on rencontre ici.

L'animal domestique se définit toujours plus précisément comme animal domestique urbain, et au-delà des catégorie admises comme le chat et le chien largement protagonistes ici, la mode des «NAC» (nouveaux animaux de compagnie laisse supposer là aussi une mutation de la condition et de la définition de l'animal domestique. Mais le rapprochemen homme/animal, dépourvu des sirènes consuméristes, amène aussi d'autres tentatives beaucoup plus intéressantes, l'image de certaines thérapies actuelles faisant appel à l'animal de compagnie comme le chien pour soulager de lourde pathologies ou les problèmes cognitifs.

1_ Commentaire qu'on emprunte à Dominique Wagner, «Le designer pris entre l'essentiel et le superflu», *[dizajn]*, juin 2006, ENSCI – Les Ateliers, Paris

THE SHOP

This section wishes to present a critical look at the copious output of products by humans “for” domestic animals, a panoply of objects (garments, accessories, toys, housing) created for them in order that they resemble us. It offers a vast selection of objects dreamed up by designers or stylists, or produced directly in-house by product brands. This panoply makes one dizzy, it is so rich and resonant with a thousand cravings, fantasies and extensions of desires… all human. A passion, a fashion phenomenon addressing every whim and shift regarding their hypothetical needs, anthropomorphic projections modelled exactly on our own.

Useful? Futile? Beyond moral judgement, this section, supported by other sources such as advertising, documentaries, and articles wishes to bear witness as to how the animal itself has become a product of mass consumption, allowing creators to take into account their desires, needs, projections, or fantasies using a world that is close, directly related to his/her own world, and yet so different.

A consumerist definition of the man/animal relationship lingers just below the surface here, but today “To speak of the superfluous in our society of ‘hyperconsumption’ is almost a pleonasm”.[1] The consumer society teaches us every day that everything is replaceable, the systematic expressive and functional obsolescence of the object being the guarantee of a flourishing economy.

Over and above this observation, one sees that these “toys for good little doggies and pussy-cats” likewise nurture childhood values, perpetuating them so as not to grow up or to stop reproducing ourselves, since the simulacrum that is the domestic animal fills our perspective of existence for a while. All these objects are in reality on the scale and scope not of the adult but of the child, often a simple miniaturisation of a decidedly over-large world. Exaggeration or regression: at all events, these are extreme attitudes that one encounters here.

The domestic animal is still defined more precisely as an urban domestic animal, and beyond accepted categories such as the cats and dogs that are largely the protagonists here, the fashion for “new animals for company” leads one to suppose here too a transformation in the condition and definition of the domestic animal. But the drawing closer of man and animal, free from consumerist sirens, also brings with it other, much more interesting initiatives, in the image of certain contemporary therapies that resort to companion animals, such as dogs, to ease serious pathological conditions or cognitive problems.

1 Comment borrowed from Dominique Wagner, in “Le designer pris entre l’essentiel et le superflu”, *[dizajn]*, June 2006, Ensci–Les Ateliers, Paris.

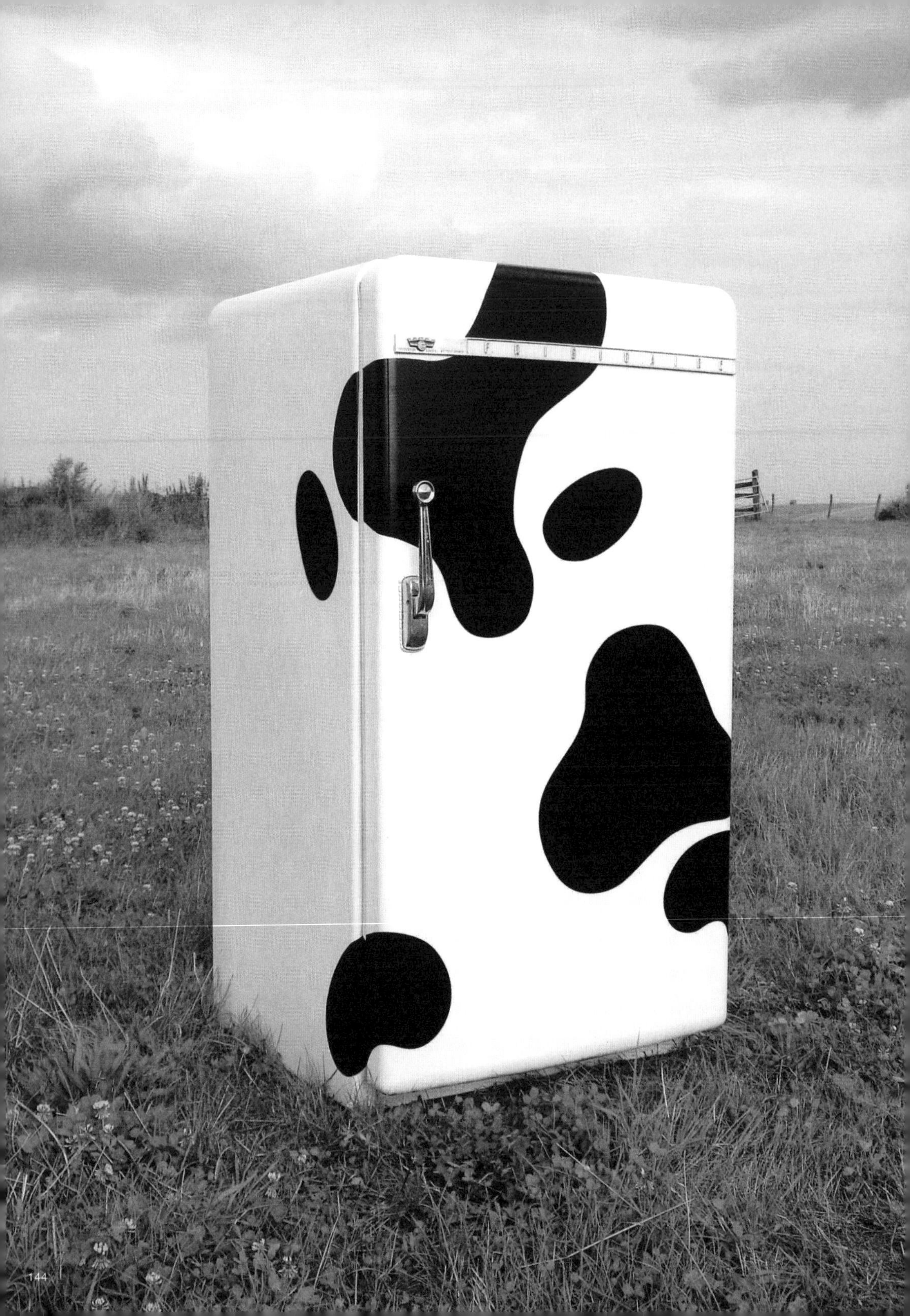

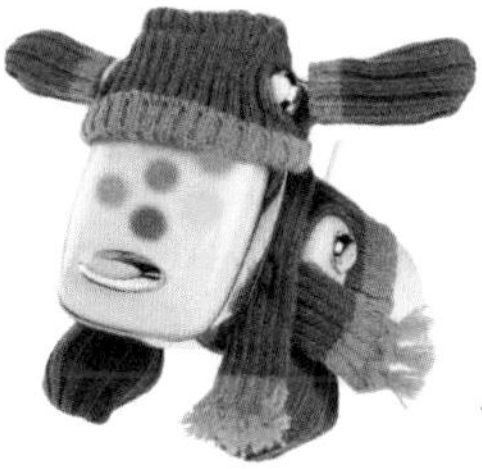

4

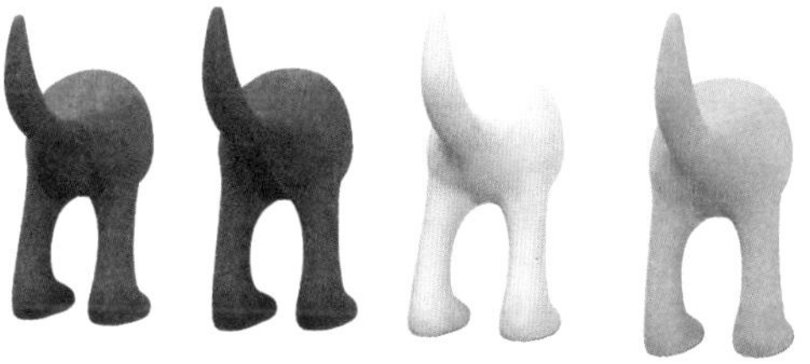

3

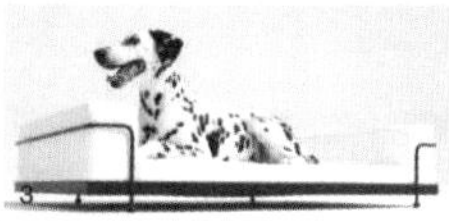

5

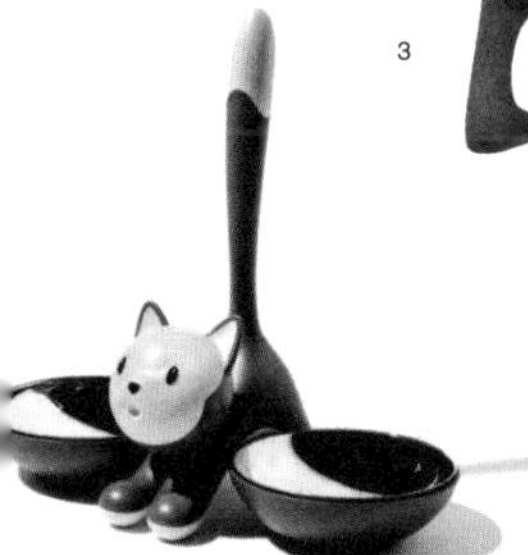

2

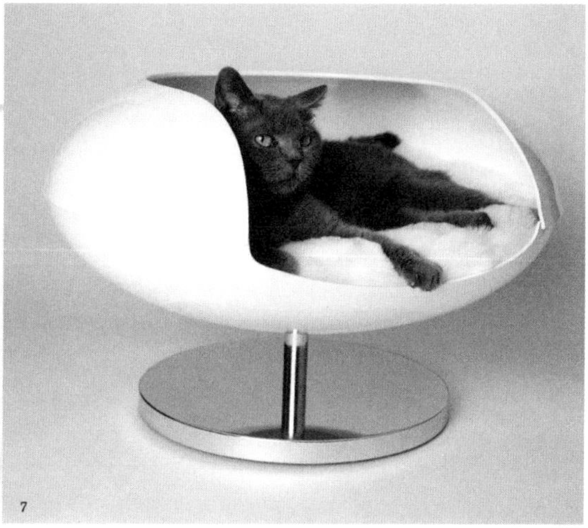

7

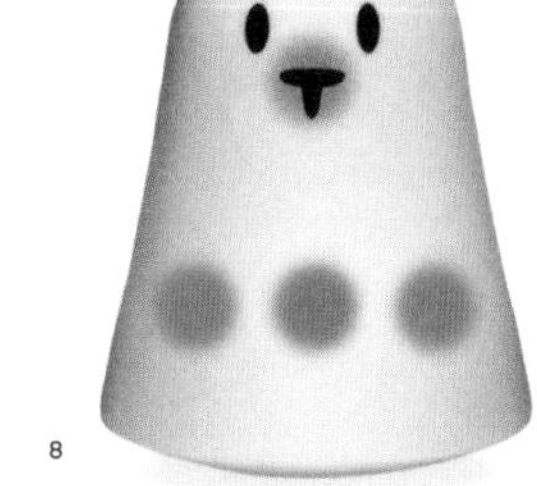

8

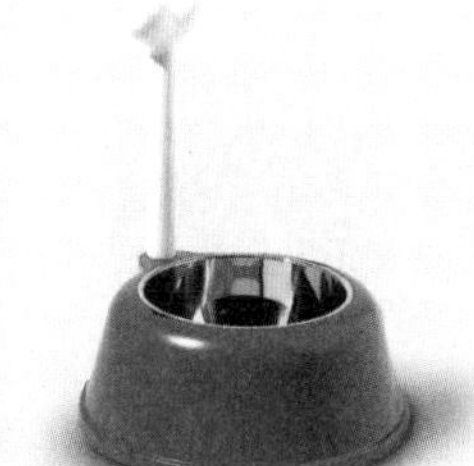

6

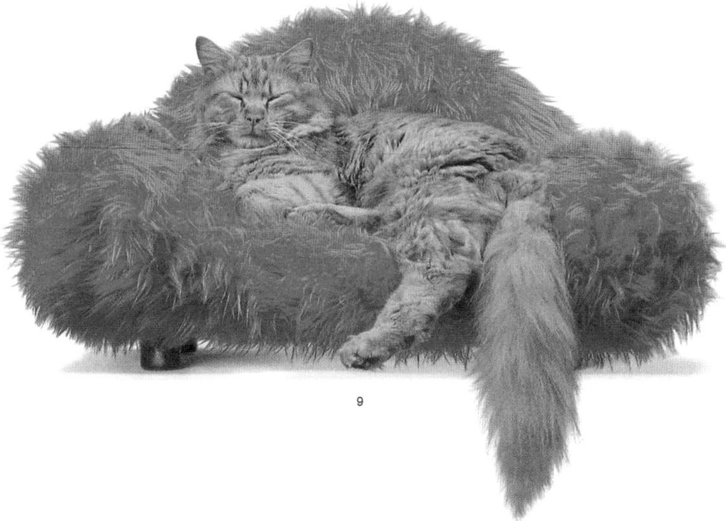

9

***Gino the Dog* de GAIA & GINO**

Ces produits canins ont été conçus par les étudiants du California College of the Arts (CCA) dans le cadre d'un projet dirigé pa Yves Béhar. À propos de *Gino the Dog* (Gino le chien), Yves déclare :

Les étudiants se sont longuement interrogés sur la conception d'objets pour nos amis les chiens : sur la liberté, la leur et la nôtr sur l'amour et la présence, sur ce dont rêvent les chiens, sur ce dont les chiens ont besoin et ce qu'ils veulent. De cette réflexio sont nées de nouvelles typologies qui, nous l'espérons, font honneur aux intelligences canine et humaine. Ces typologies abo dent des aspects qui vont du pratique à la mémoire, en passant par la controverse et l'humour. Certains projets offrent un réflexion sur la notion de pouvoir, tandis que d'autres encouragent une indépendance qui pourrait être perçue comme de l'indisciplin Ce projet a commencé par des questions humaines et s'est terminé avec de bonnes réponses canines.

Dog products designed by the students at the California College of the Arts (CCA) and directed by Yves Béhar. Yves says about *Gin the Dog*: The CCA students asked themselves many questions about designing for our dog companions: about freedom, them fro us and us from them, about love and proximity, about what dogs dream about, what dogs need and what they want. The results ar new typologies that we hope serve our dogs intelligence, and our own too. They range from practical to evocative, from humorous controversial. Some of the projects question the notion of power, while others encourage independence that could be construed a bad behaviour. This project started with some human questions, and resulted in a few good dog answers.

10

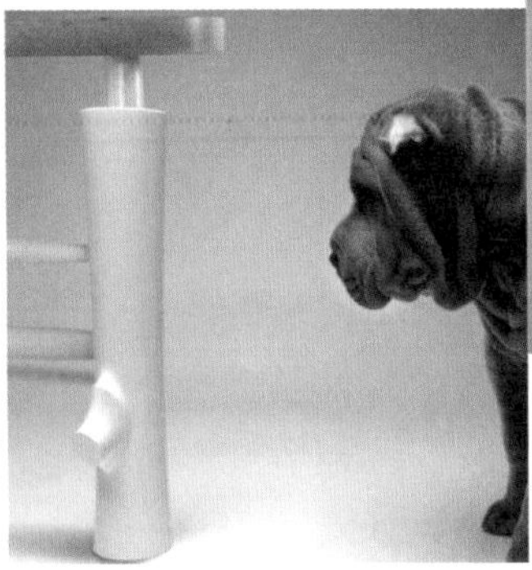

11

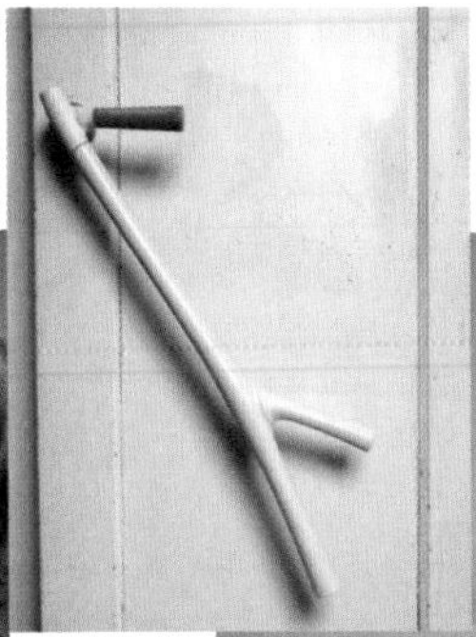

12

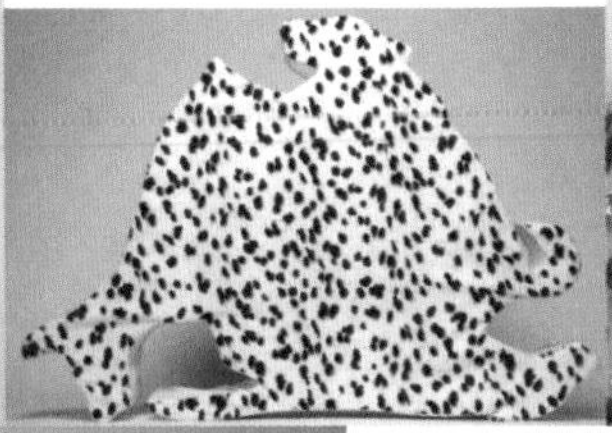

13

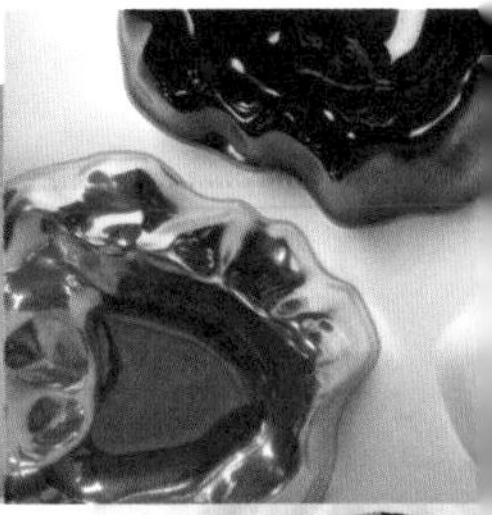

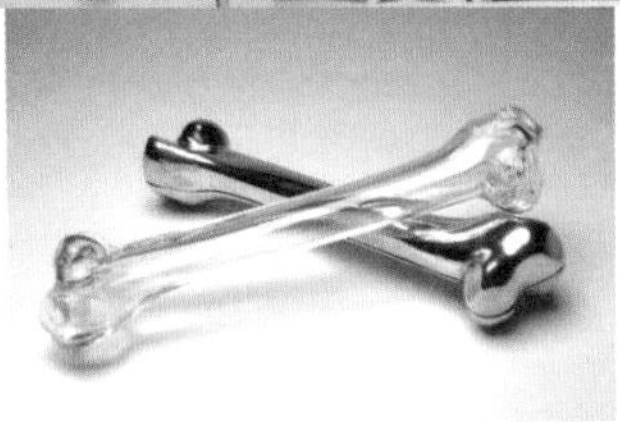

14

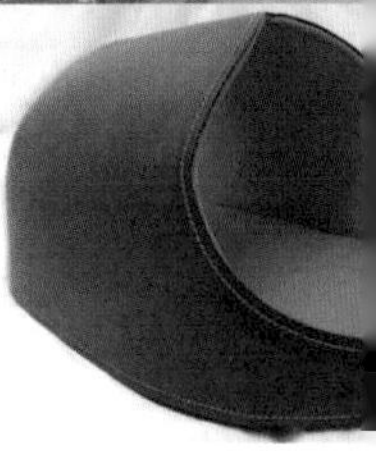

15

16

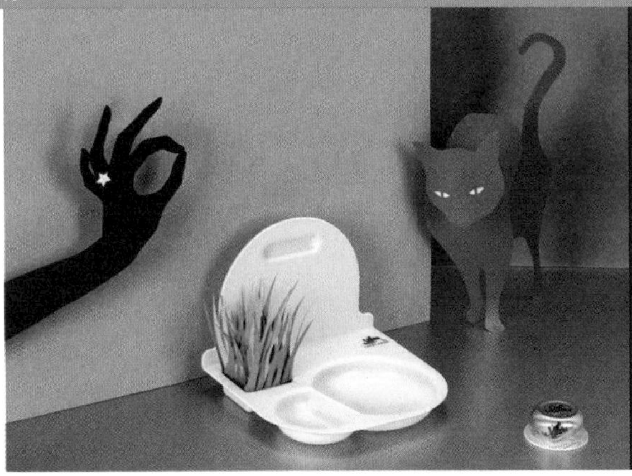

17

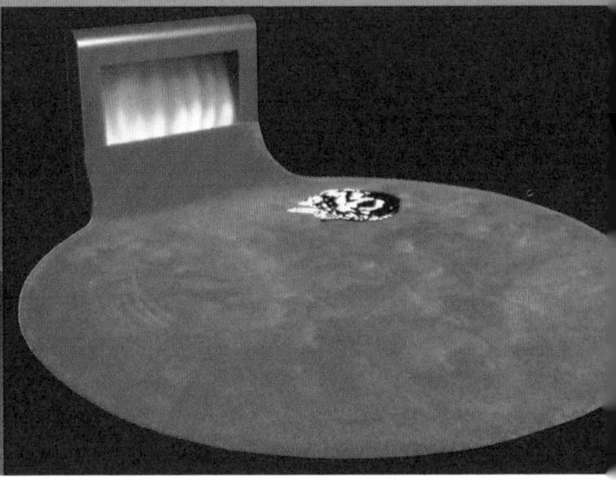

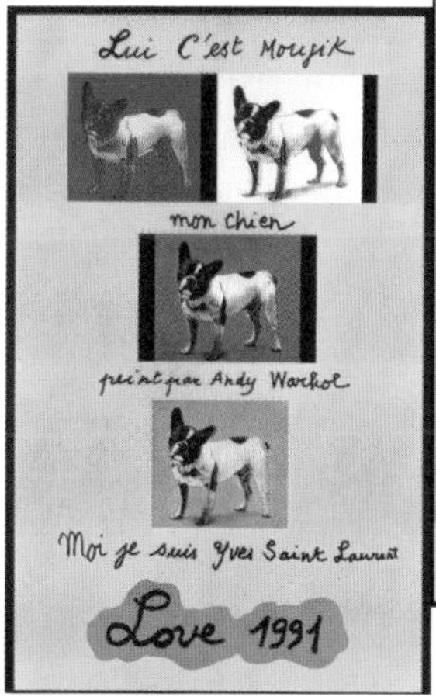

18

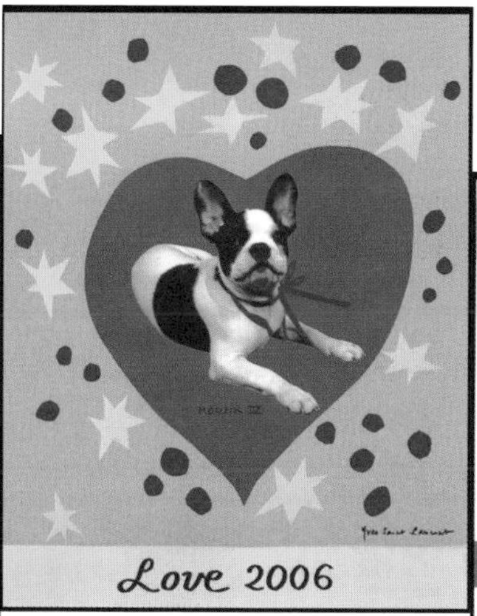

19

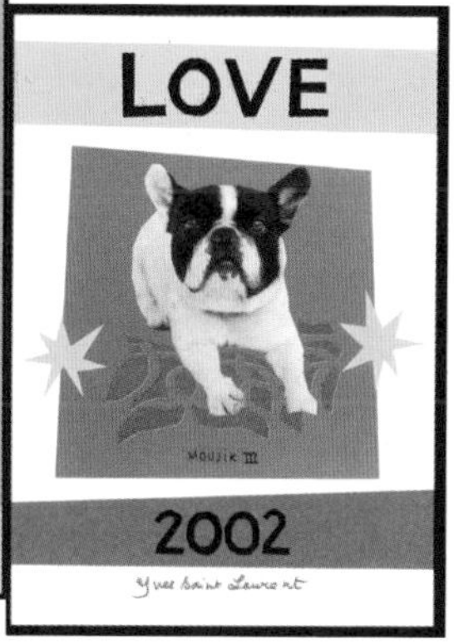

20

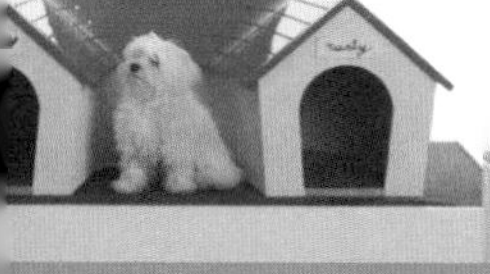

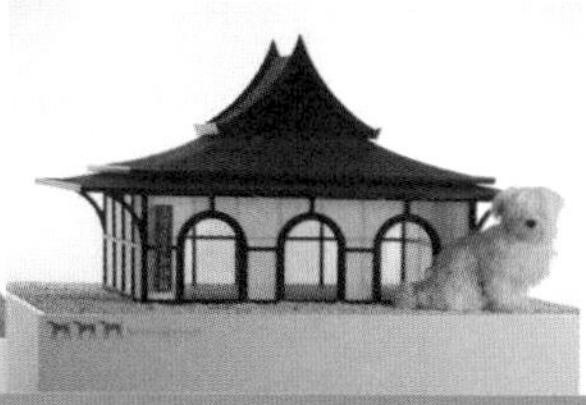
22

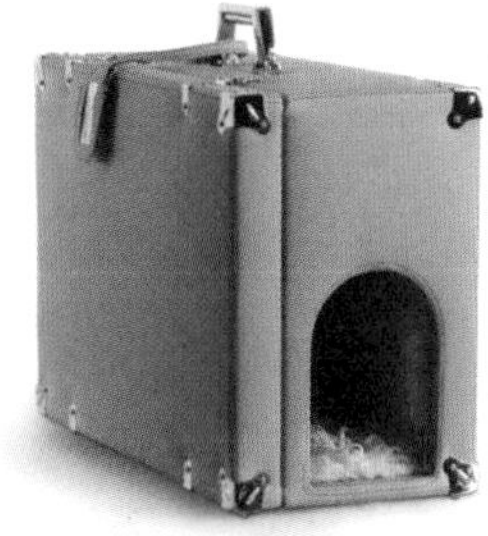
23

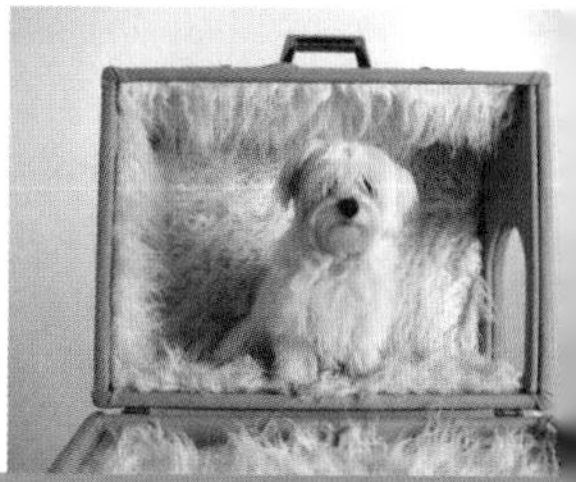
24

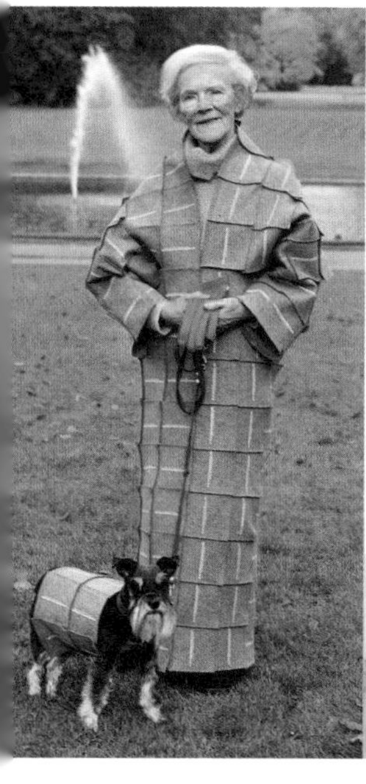

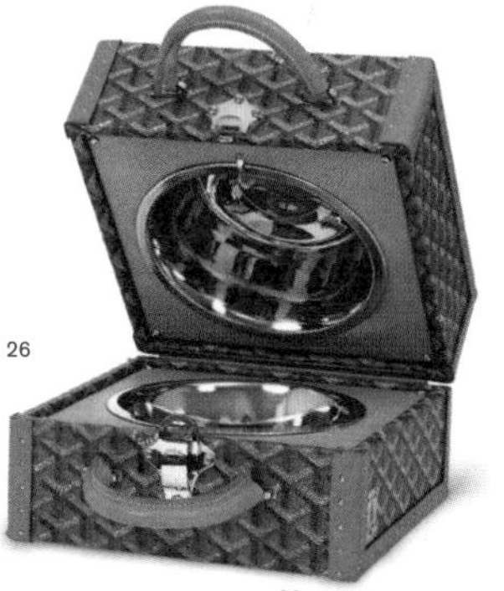
26

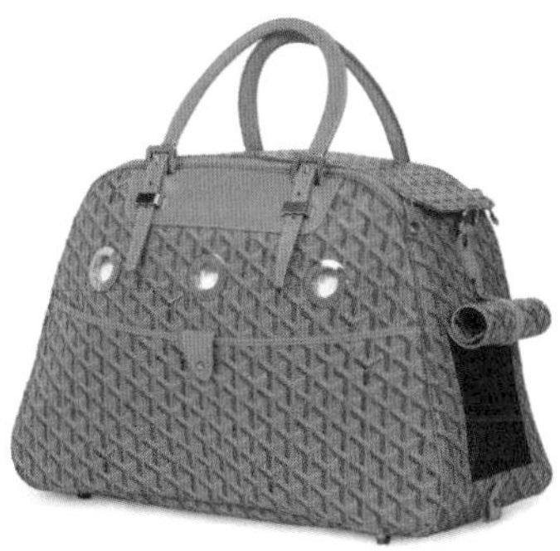
27

28
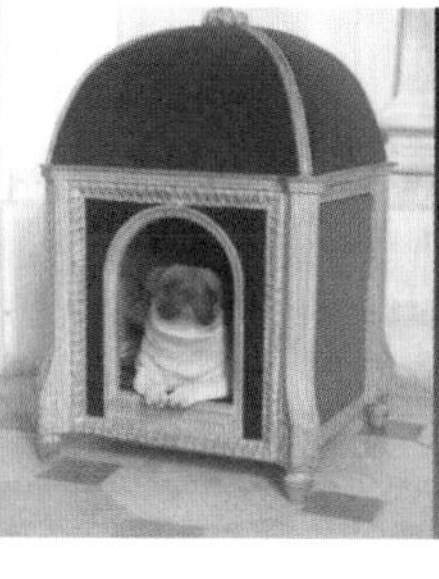

29
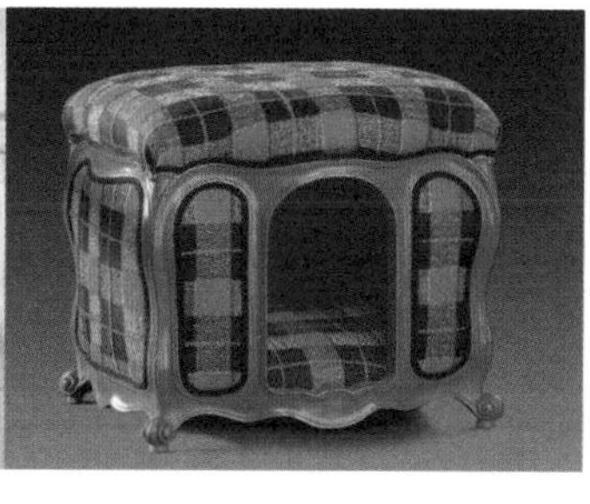

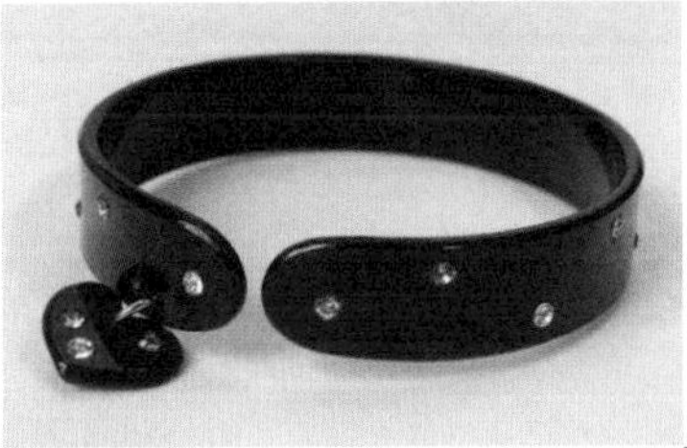

30

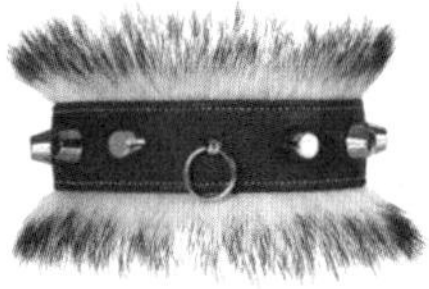

31

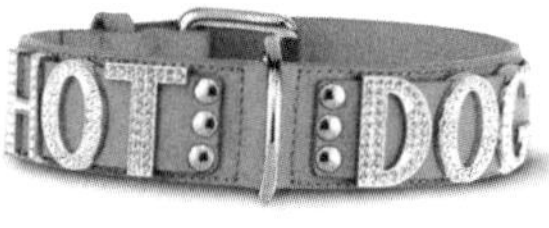

32

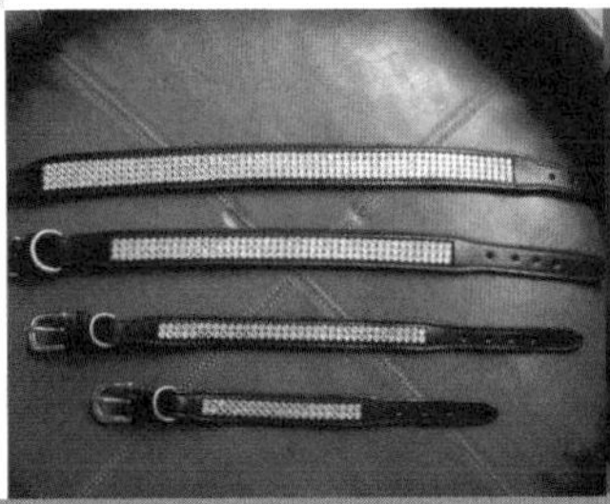

33

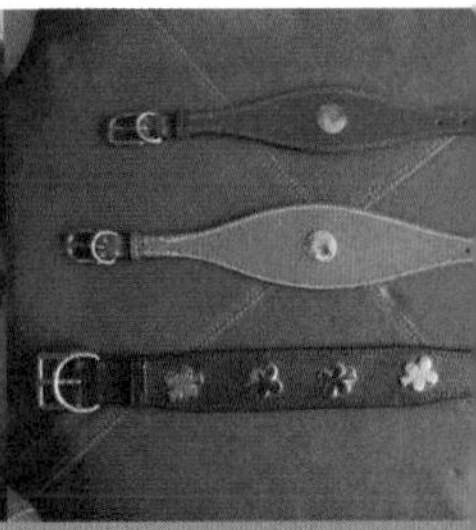

34

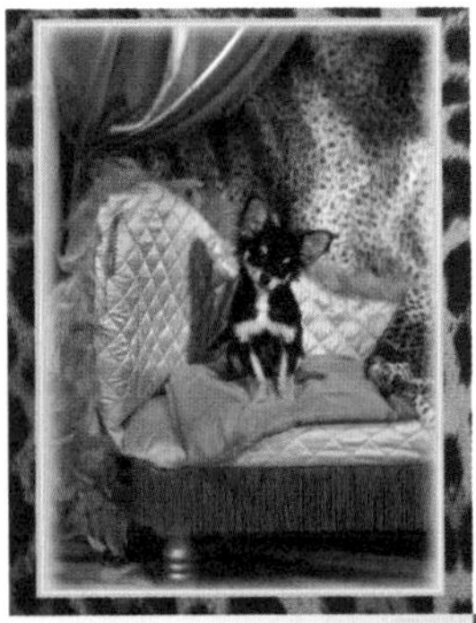

35

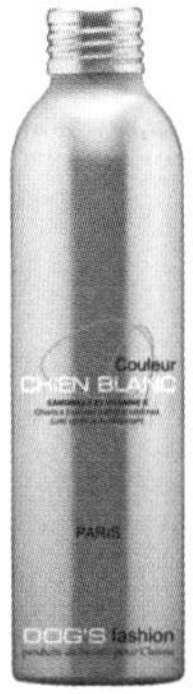

36

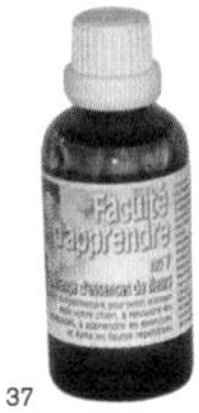

37

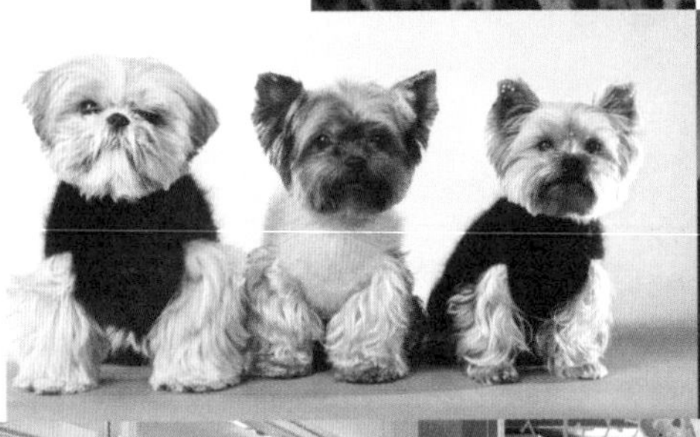

38

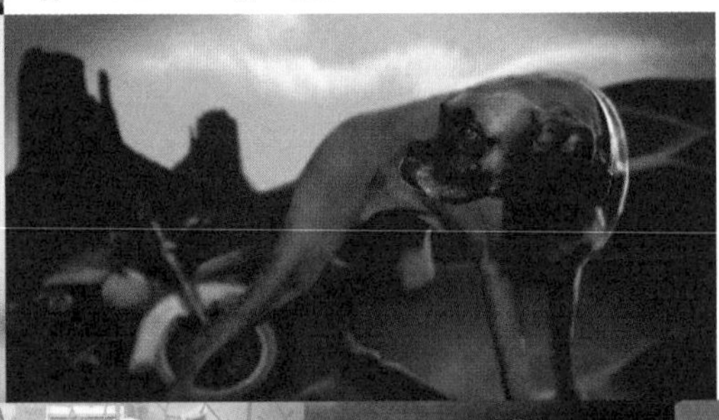

39

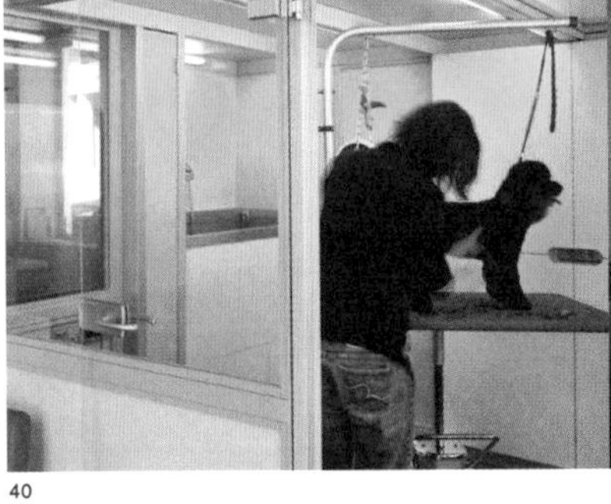

40

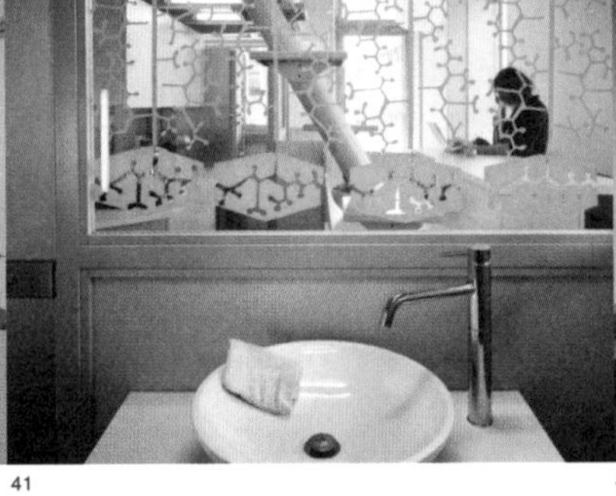

41

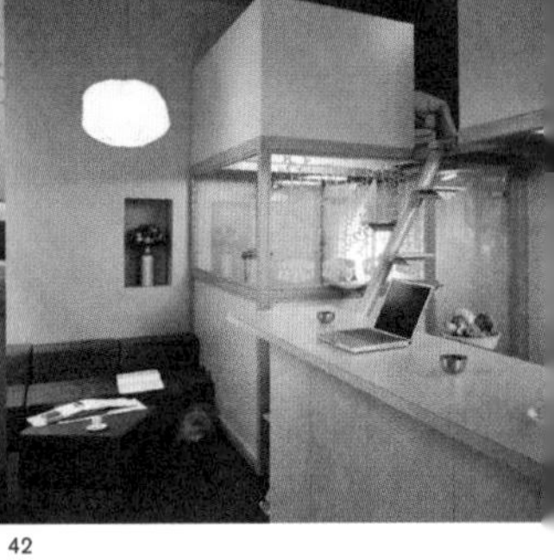

42

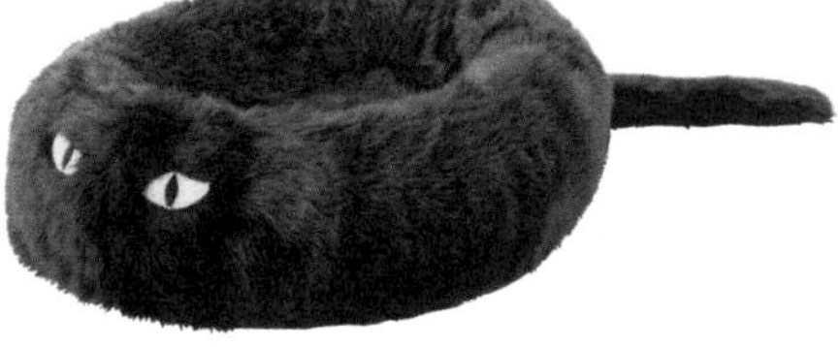

43

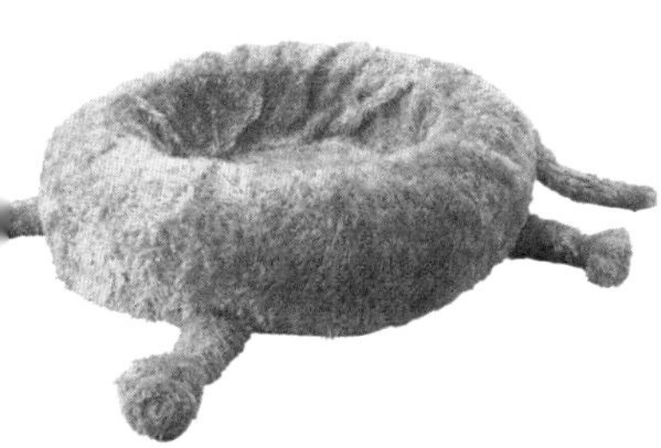

4

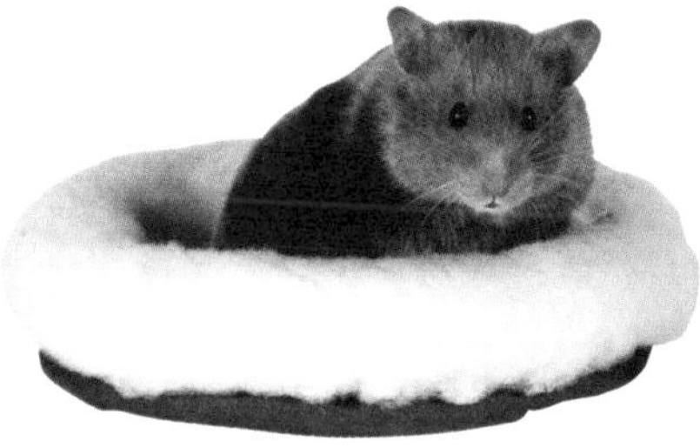

45

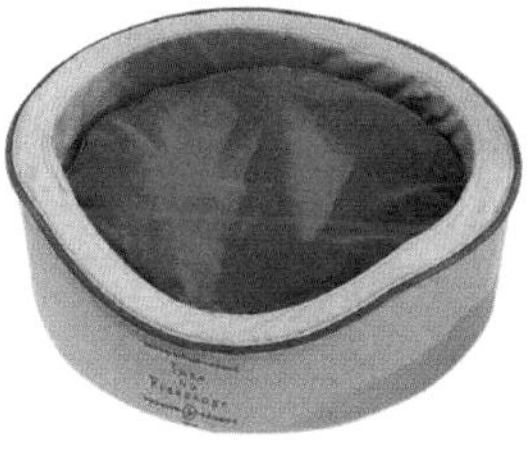

46

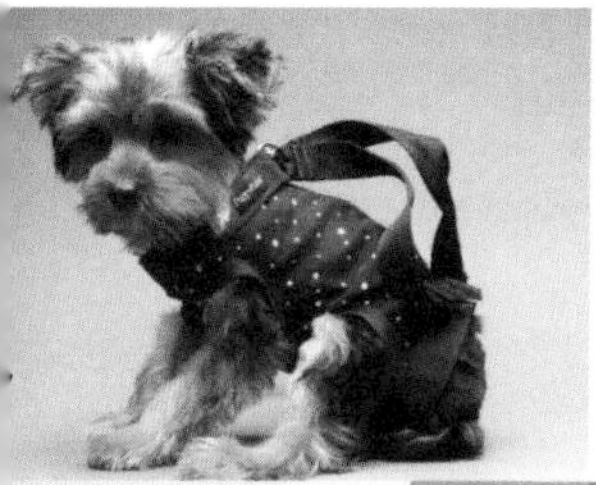

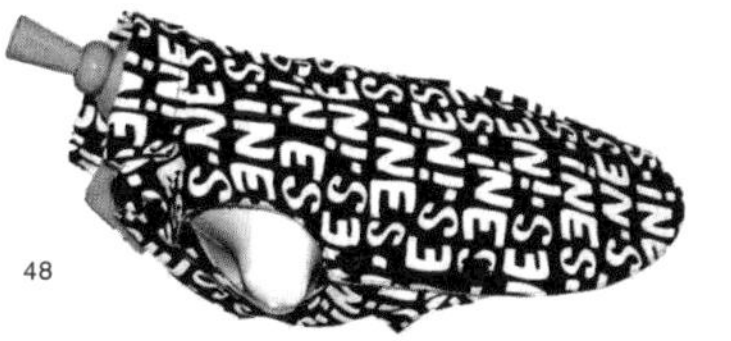

48

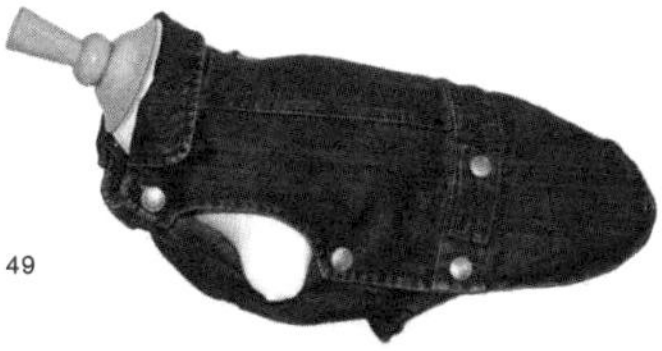

49

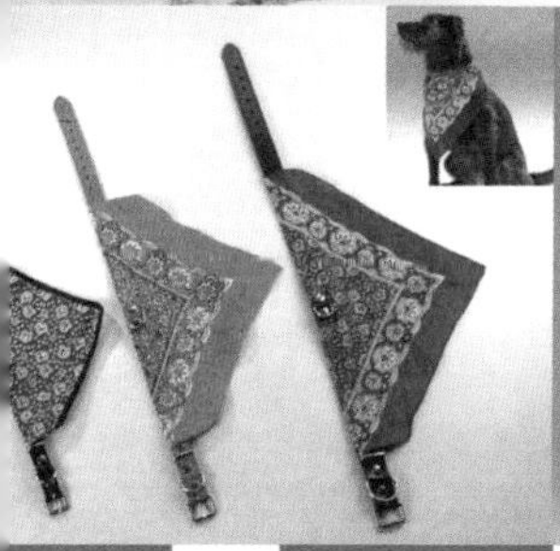

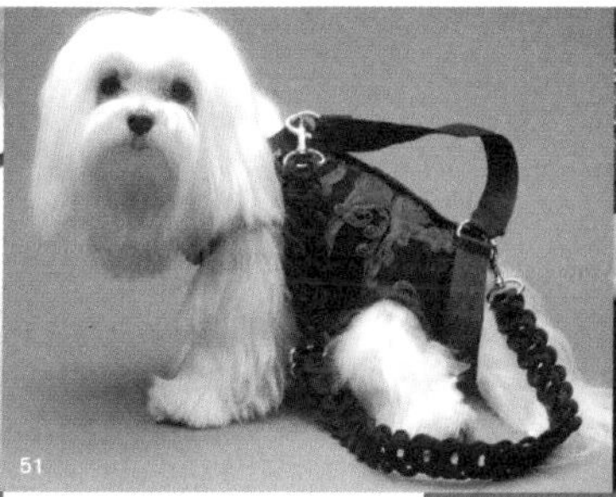

51

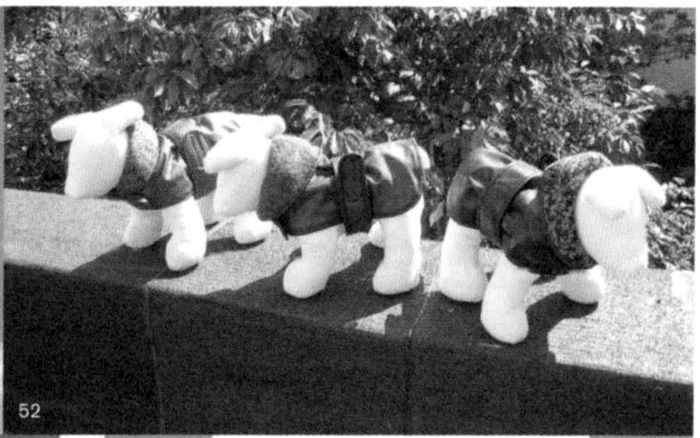

52

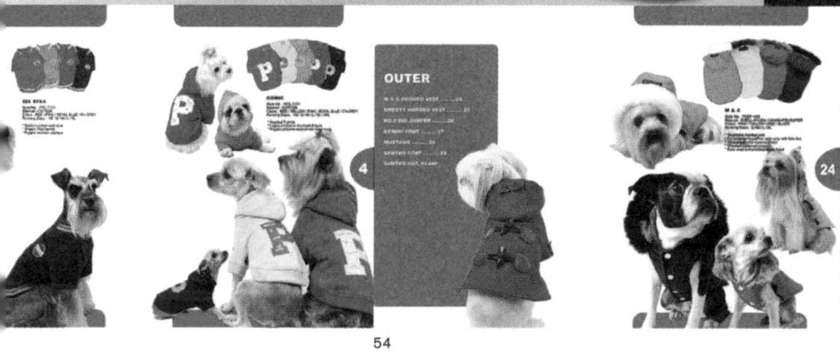

54

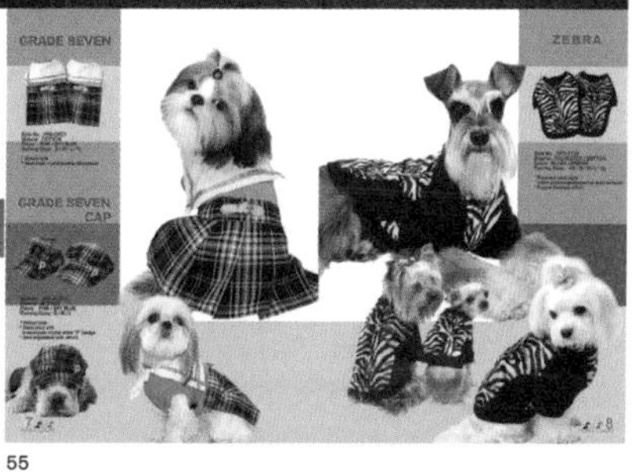

55

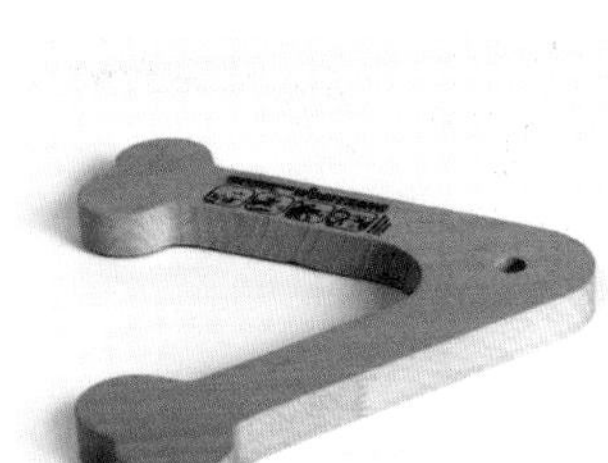

56

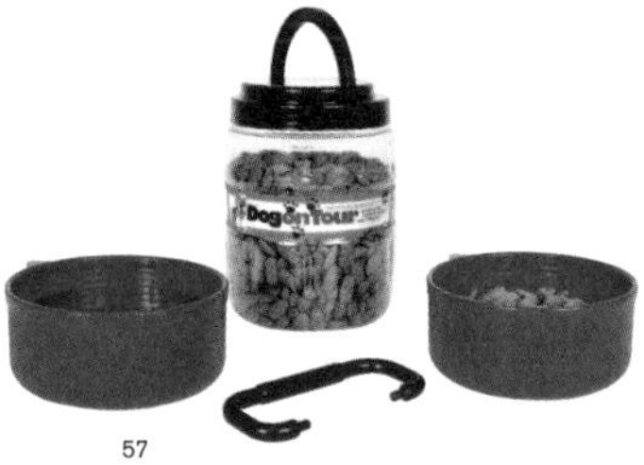

57

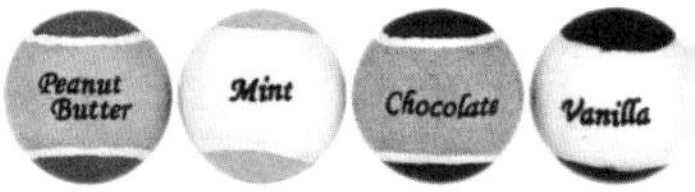

58

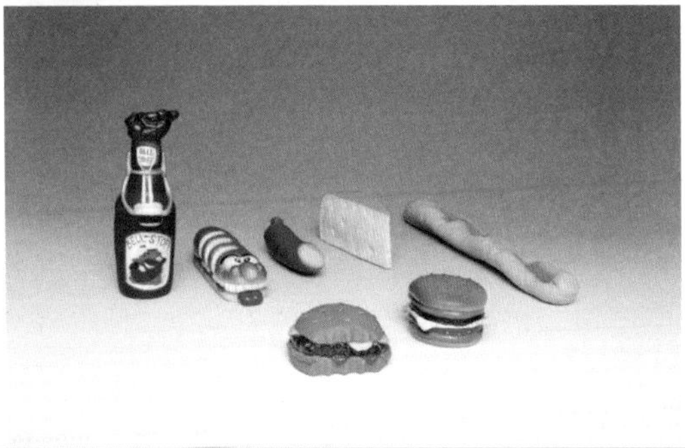

59

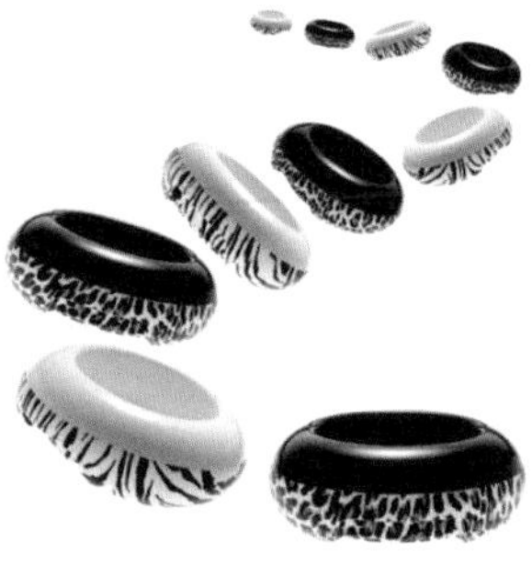

60

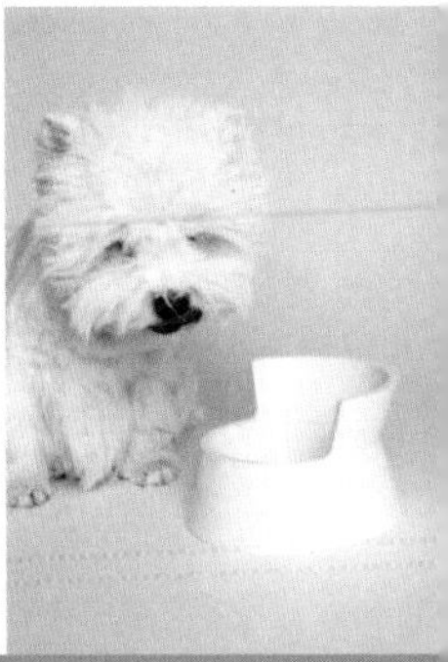

61

1. ATYPYK, Cowstick,1997, déco frigo/decorative patches for fridge 40 x 50 cm, vinyl adhésif/adhesive vinyl, prêt de/Courtes ATYPYK **2. Miriam Mirri pour ALESSI,** Tigrito, 2005, gamelle pour chat/cat bowl, 28 x 32 x 16 cm, polypropylène et acier ino polypropylene and stainless steel, prêt de/Courtesy Agent Alessi pour la Suisse/Alessi's agent for Switzerland **3. Monika Muld pour IKEA®,** BÄSTIS, 2005, crochets/hooks, 12 cm, caoutchouc synthétique, polystyrène/synthetic rubber, polystyrene, pr de/Courtesy IKEA® Suisse **4. Sega Toys Japan,** E-Dog, 2006, robot jouet/toy robot, 11,6 x 10,7 x 10 cm, extérieur plastiqu intérieur divers composants électroniques/outside: plastic; inside: various electronic components, prêt de/Courtesy Probotics S **5. Fabrizio Meolli,** Dogsofa, 2005, 48 x 34 x 13 cm, structure métallique, recouvrement en polyuréthane/metallic structure wi polyurethane cover, prêt de/Courtesy Genesi International SRL **6. Miriam Mirri pour ALESSI,** Lupita, 2002, gamelle pour chien/do bowl, Ø 32 x 37 cm, polypropylène et acier inox/polypropylene and stainless steel, prêt de/Courtesy Agent Alessi pour Suisse/Alessi's agent for Switzerland **7. Christian Ghion pour Sheba®,** Lit capsule pour chat Sheba®/Sheba® capsule Bed f cat, 2002, résine avec piètement chromé, tissu/resin with chromium-plated base, fabric, Ø 50 x 30 cm, prêt de/Courtesy Sheba **8. Nabaztag,** juin 2005, lapin communiquant Wifi/connected Wifi rabbit, 25 x 11,5 x 11,5 cm, ABS translucide/translucent ABS, pr de/Courtesy Violet **9. CATNAP,** Hot Pink Beetle, 2003, 66 x 30.5 x 35.5 cm, bois, mousse, textile, fausse fourrure/wood, foam, fa ric, artificial fur, prêt de/Courtesy Catnap (Wild thing for pets) **10 & 11. Jennifer Yoko Olson,** Open and Chew, 2006, Open: Ø 3,2 87 x 14 cm, Chew: Ø 7 x 36 cm, poignée de porte et protection de pied de meuble: caoutchouc, plastique/door handle and fu niture leg cover: rubber, plastic, prêt de/Courtesy Gino the Dog collection by GAIA&GINO **12. Isamu Yoda,** Imaginary friend, 200 96 x 98 x 16 cm, lit pour chien: fourrure synthétique motif Dalmatien, mousse/dog bed: synthetic fur fabric with Dalmatian pa tern, foam, prêt de/Courtesy Gino the Dog collection by GAIA&GINO **13. Brandon Warren,** Wild, 2006, small: Ø 27 x 8 cm, large: 33,5 x 10 cm, gamelles pour eau et nourriture: porcelaine/food and water bowls: porcelain, prêt de/Courtesy Gino the Dog co lection by GAIA&GINO **14. Matthew Gale,** Treats, 2006, 6,5 x 32,5 x 7,5 cm, boîte à friandise en forme d'os: cristal, étain/bone tre box: crystal, pewter, prêt de/Courtesy Gino the Dog collection by GAIA&GINO **15. Brian McIntyre,** Collar, 2006, 37 x 46 x 80 cr niche: textile, cuir/kennel: fabric, leather, prêt de/Courtesy Gino the Dog collection by GAIA&GINO **16. Matali Crasset po Sheba®,** gamelle pour chat Sheba®/sheba® Cat bowl, 31 x 25 x 10.5 cm, plastique/plastic, prêt de/Courtesy Sheba® **17. Ra designers,** Sleeping Cat, 1999, tapis/carpet, Ø 180 x 60 cm, pure laine de Nouvelle-Zélande, tufté main/wool from New Zealan hand tufted, prêt de/Courtesy Galerie Kreo, Paris **18. Yves Saint Laurent,** Love, 1991, 38 x 61 cm, gouache sur papier/gouache c paper, prêt de/Courtesy Fondation Pierre Bergé – Yves Saint Laurent Paris **19. Yves Saint Laurent,** Love, 2006, 64 x 52 cr gouache sur papier/gouache on paper, prêt de/Courtesy Fondation Pierre Bergé – Yves Saint Laurent Paris **20. Yves Sai Laurent, Love,** 2002, 70 x 43 cm, gouache sur papier/gouache on paper, prêt de/Courtesy Fondation Pierre Bergé – Yves Sai Laurent Paris **21. Marco Morosini,** Dooog's house, 2005, 73 x 116 x 41 cm, bois de peuplier multicouches, chêne, peintu polyurethane brillant, herbe synthétique, cire d'abeille/poplar plywood, oak, polyurethane gloss, synthetic grass, bee wax, prêt c designer/Courtesy of the designer **22. Marco Morosini,** Temple dog's house, 2005, 52 x 85 x 65 cm, bois d'Obeche multicouche bambou, plexiglas, tissu, bois de wengè, cire d'abeille/obeche plywood, bamboo, plexiglass, fabric, wengè, bee wax, prêt c lesigner/Courtesy of the designer **23 & 24. Marco Morosini,** Travel dog's house, 2005, 27,5 x 61,5 x 42,5 cm, bois de bouleau mul-icouches, moquette, cuir vachette, metal chromé/birch plywood, moquette, domesticated calf leather, chromium plated metal, prêt du designer/Courtesy of the designer **25. FORTUNECOOKIES,** Felt 12 x 12: Woman with dog, 2005, assemblage de carrés le feutre/felt patchwork, 12 x 12 cm, photo Gabriella Dahlman ©www.fortunecookies.dk **26. GOYARD,** écuelle de voyage/travel owl, 15 x 22 x 28 cm, première édition/first edition: 1950, toile enduite Goyardine, cuir et bois/goyardine fabric, leather and vood, prêt/Courtesy Maison Goyard, Malletier depuis 1853 **27. GOYARD,** sac pour chien/dog bag , 36 x 47 x 22 cm, première édi-ion/first edition: 1965, toile enduite Goyardine et cuir/goyardine fabric and leather, prêt de/Courtesy Maison Goyard, Malletier lepuis 1853 **28. CHATEAU DE VENDEUVRE,** Dôme, n.d, niche/kennel, bois marqueté, garnie intérieur et extérieur de velours ramoisi/inlaid wood, covered inside and outside by crimson velvet, prêt de/Courtesy Château de Vendeuvre **29. MASSANT SA,** iche à chien Louis XV, 2005, niche/Kennel, 47 x 56.5 x 48.5 cm, bois (hêtre) et tissu/Wood (beech) and fabric, prêt de/Courtesy f Massant **30. Martine Harraca,** Parure d'Amour, 2005, bijou chat/chien/jewel for cat/dog, collier «Laque Noir» et pierres lorées/collar «black Lacquer» and gilded stones, 1,8 x 0.9 cm, cristal de synthèse/synthetic crystal, prêt de/Courtesy of Martine Iarraca **31. GOYARD,** collier poils de blaireau, 15 x 25 x 25 cm, première édition/first edition: 1920, cuir et poils de laireau/leather and badger hair, prêt de/Courtesy Maison Goyard, Malletier depuis 1853 **32. Odile Maffert pour JUNON DE BAVOLLE,** HOT DOG, 2003, collier pour chien/dog collar, 60 cm x 4 cm (+ boucle), cuir vachette pleine fleur, lettres en chrome et trass/calfskin leather, chromium and paste letters, prêt de/Courtesy JUNON DE BAVOLLE **33. Couli Jobert pour PINCELOUP,** iam's, 2005, collier/Collar, Ø 17 x 3.5 cm, cuir noir, strass Swarovski/black leather with Swarovski crystal, prêt de/Courtesy PINCELOUP **34. Couli Jobert pour PINCELOUP,** collier/collar Whippet et/and Trèfle, 2005, Whippet: Ø 8 cm x 5 cm, cuir naturel, iqûres sellier, laiton/natural leather, saddler seams, brass, Trèfle : Ø 16 cm x 4 cm, cuir vachette, piqûres sellier, trèfles laiton/calf eather, saddler seams, brass clovers **35. Patrick Jullien,** Star two two Studio, 2005–2006, prises numériques et retouches pho-os d'animaux domestiques/digital images and touching up of pets, prêt de/Courtesy of Patrick Jullien **36. WANIMO,** Couleur Chien Blanc DOG'S fashion, produit cosmétique/cosmetic camomille et vitamine E /camomile and E vitamin, prêt de/Courtesy Vanimo **37. FRESSNAPF Suisse,** No 7, Faculté d'apprendre/Learning faculty, mélange d'essences de fleurs/blend of essential lowers oil, prêt de/Courtesy Pet Vision AG Fressnapf Schweiz **38. Marie Poirier, styliste canin,** coupe Marie Poirier/Marie Poirier's aircut, prêt de/Courtesy Marie Poirier, Paris **39. Patrick Jullien,** Star two two Studio, 2005 – 2006, prises numériques et retouch-s photos d'animaux domestiques/digital images and touching up of pets, prêt de/Courtesy of Patrick Jullien **40-42. Matali Crasset,** Sans titre 1-3-4/Untitled-1-3-4, 40 x 50 cm, photographies du salon de toilettage Tout'Ouvert, Nice/photographies of out'Ouvert dog's beauty parlour, Nice Prêt de/Courtesy of Geoffrey Cottenceau **43. Maria Vinka pour IKEA®,** BÄSTIS, 2005, lit our chien/chat/cat/dog bed , 20 x 55 x 65 cm, tissu: modacrylique et polyester; garnissage: fibres de polyester; toile de pro-ection: polyester et polyuréthane/fabric: modacrylic and polyester; filling: polyester fibres; protective fabric: polyester and olyurethane, prêt de/Courtesy de IKEA® Suisse **44. Maria Vinka pour IKEA®,** BÄSTIS, 2005, lit pour chien/Dog bed, 25 x 85 x 00 cm, tissu: modacrylique and polyester; garnissage: fibres de polyester; toile de protection: polyester et polyuréthane/fabric: nodacrylic and polyester, filling: polyester fibres, protective fabric: polyester and polyurethane, prêt de/Courtesy de IKEA® Suisse **45. WANIMO,** lit douillet pour hamster/cosy bed for hamster, imitation peau de mouton, nylon, garnissage olyester/sheepskin imitation, nylon, polyester filling, Ø 15 cm **46. Inès de la Fressange,** panier pour chien/dog basket, n.d., prêt e/Courtesy SARL BRANDY et fils **47. Suzanne Shermann & Hedy Grant / PuppyPurse™,** The Original PuppyPurse Carrier System™ -Disco Dog – black, 2004, 11,6 x 10,7 x 10 cm, corsage en organza noir et paillettes miroir /Black organza bodice with nirror sequins, prêt de/Courtesy PuppyPurse® **48. Wouapy / Inès de la Fressange,** manteau pour chien modèle SG 5023/dog oat model SG 5023, collection 2006/2007, tissu imperméable, boutons noir «Inès», doublure polaire rose/fabric water proof, lack «Inès» buttons, lining pink polar, prêt de/Courtesy SARL BRANDY et fils **49. Wouapy / CHIPIE,** manteau/coat Jean 6103, ollection 2006/2007, Jean Denim®, doublure polaire amovible, broderie Chipie sur la ceinture, boutons estampillés Chipie/Jean Denim®, removable lining polar, Chipie embroidery on the belt, Chipie buttons stamped, prêt de/Courtesy SARL BRANDY et fils **50. FRESSNAPF Suisse,** collier cuir Bandana/leather Bandana collar, diverses tailles/various sizes, tissu sur collier de cuir/fab-ic on leather collar, prêt/Courtesy Pet Vision AG Fressnapf Schweiz **51. Suzanne Shermann & Hedy Grant / PuppyPurse™,** the Original PuppyPurse Carrier System™ -Ribbon Collection-Electric Pink, 2004, 15 x 10 x 30 cm, textiles, métal, velcro, sangles en olypropylene et fixations en polycoton/fashion fabrics, metal hardware, velcro, polypropylene webbing and polycotton bias bind-ng, prêt de/Courtesy PuppyPurse™ **52. ALTER EGO,** Odessa, 2004, manteau pour chien 3 coloris/dog coat 3 colours, 40 x 20 x 3 m, extérieur PVC, intérieur laine/outside PVC, inside wool, prêt de/Courtesy ALTER EGO **53-55. Un chien dans le Marais** p. 7-8, . 3-4, p. 23-24 du catalogue de la collection 2005/2006, prêt de/Courtesy Un chien dans le Marais **56. ATYPYK,** Wooferang, 2000, ouet pour chien/dog toy, 25 x 22 cm, bois (hêtre) découpé et sérigraphié/wood (beech) carved and silkscreened, prêt e/Courtesy ATYPYK **57. WANIMO,** Dog on Tour, set de voyage/travel set, plastique rigide/hard plastic, Ø 13 x 18 cm, prêt e/Courtesy Wanimo **58. WANIMO,** balles aromatisées, jouets pour chien/dog toys, balles de tennis solides, parfum vanille, hocolat, menthe et beurre de cacahouète/solid tennis balls, vanilla, chocolate, mint and peanut butter perfumes, prêt e/Courtesy Wanimo **59. WANIMO,** jouets pour chien/dog toys, vinyle/vinyl, divers formats/various sizes, prêt de/Courtesy Vanimo **60. CATS AND DOGS,** gamelle pour chien ou chat/bowl for dog or cat, 2006, Ø 18 x 4 cm, plastique/plastic, prêt e/Courtesy Cats and Dogs **61. Christian Ghion pour Cesar®,** gamelle pour chien Cesar®/Cesar® dog bowl, 2002, 22 x 22 x 8 m, céramique/ceramic, prêt de/Courtesy Cesar®.

ACTE VII / ACT VII

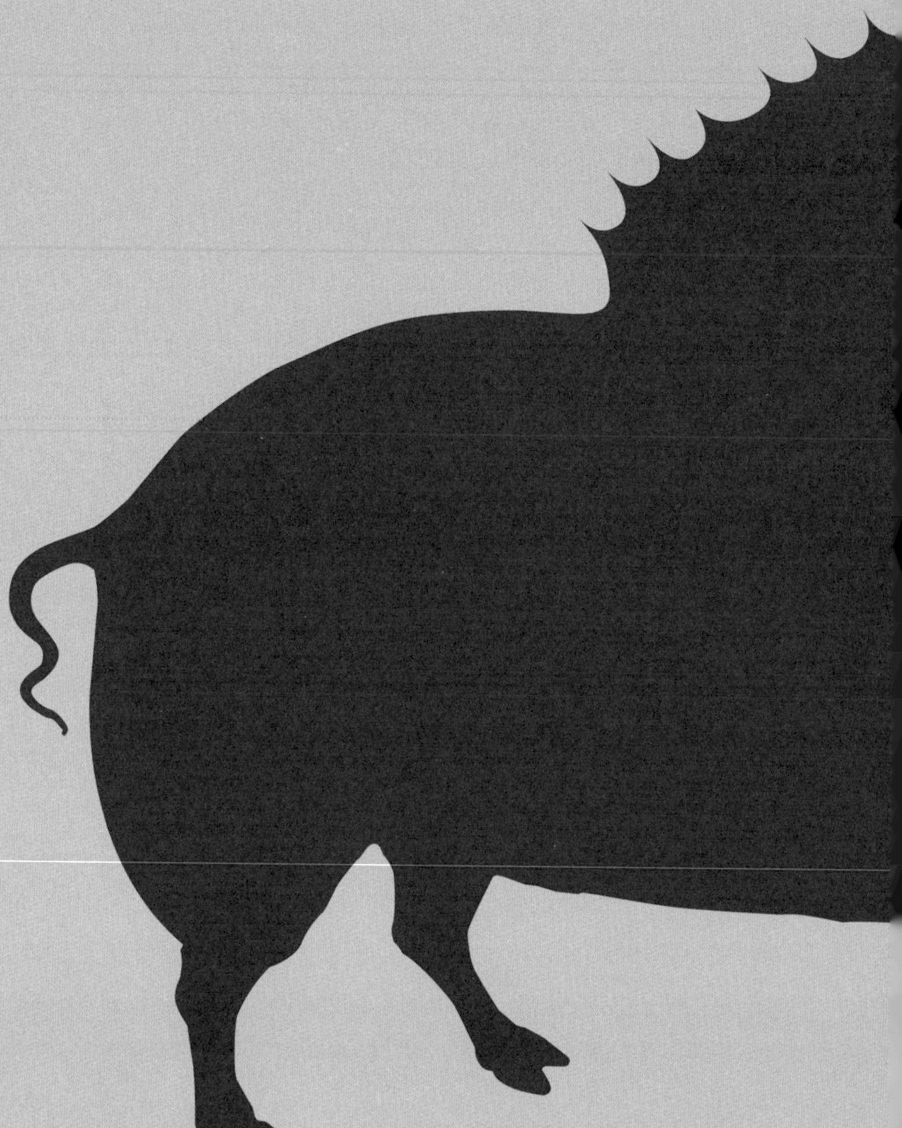

LA PAROLE

Cette exposition s'attache, par le choix des œuvres sélectionnées, à un commentaire essentiellement visuel. Exposition constat, ce parcours dit en montrant et explore ce qui se donne à voir. Exposition étrangement silencieuse et exempte de mots, où seuls quelques fonds sonores ou «borborygmes» s'échappent de certaines vidéos ou de l'animal machinal *Le Souillot* de **Nicolas Darrot** (2005).

Nous avons souhaité mettre la voix humaine en retrait, et taire cette parole qu'on convoque si souvent comme possible ligne de démarcation entre l'homme et la bête. Seule œuvre à enfreindre ce choix, la vidéo *Le Langage* de l'artiste **Alain Huck** (2005). Dans un cadrage serré sur sa bouche, organe du langage et de sécrétions, émettant du son et du sens, l'artiste énonce à l'infini des noms d'animaux, sans apparente hiérarchie ou classification. Peu à peu, la sueur marque d'épuisement les contours de cette bouche qui lutte avec cette litanie de mots alors que la salive vient à manquer. Dans une espèce d'hypnose, le spectateur sollicité ici tant dans l'écoute que dans le regard constate sa perception altérée de la signification du mot au profit de l'empathie avec la performance physique qui s'impose.

Notre capacité à penser le mot se fond alors dans l'expérience du corps. Devant cette bouche sans visage, cette histoire de paroles nous ramène alors au souffle, à l'animé, au vivant, qualités qu'animal et humain partagent incontestablement. L'artiste, dans l'effort physique de son corps, nous dit peut-être ici l'être animal de derrière les mots.

En retrait des regards, des piaillements de perruches, hébergées temporairement au musée, nous rappellent que l'animal n'est pas qu'un objet mais sera toujours un être de chair et de sang, un animal vivant. Les deux *Bird Houses* de **Wim Delvoye** (1997) donnent une réplique érotisée et menaçante de cette évidence.

Magali Moulinier_ co-commissaire de l'exposition,
Chantal Prod'Hom_ Directrice du mudac_ Juillet 2006

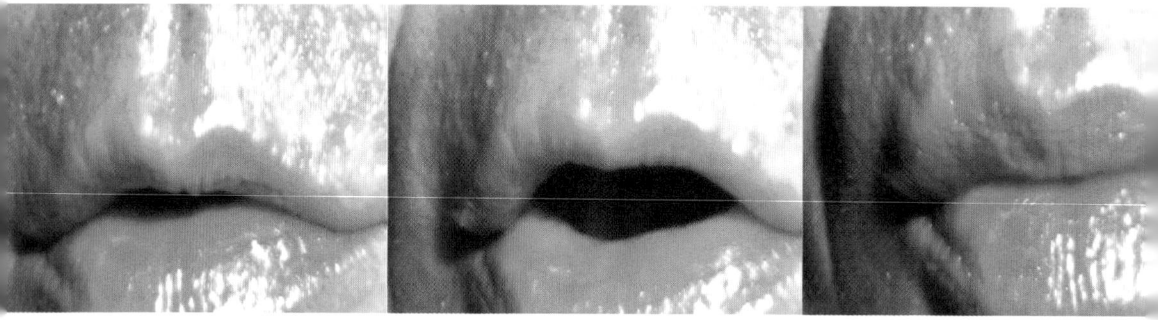

ALAIN HUCK
LE LANGAGE_ 2005
VIDÉO NUMÉRIQUE, 25' EN BOUCLE /
DIGITAL VIDEO, 25' LOOP
PRÊT DE L'ARTISTE / COURTESY OF THE ARTIST

SPEECH

Because of the range of works selected, this exhibition follows an essentially visual commentary. An exhibition for observing, the route around it tells through showing and explores what there is to be seen. A strangely silent exhibition, free of words, where only a few background sounds or "rumblings" escape from certain videos, or from **Nicolas Darrot**'s mechanical animal *Le Souillot* (2005).

We wanted to keep the human voice out of sight, as it were, and therefore suppress the faculty of speech, which is so often invoked as the possible "marker" distinguishing man and beast. The only work to infringe this choice is the video *Language* by the artist **Alain Huck** (2005). In a close-up centred tightly on his mouth, the organ of language and secretions that emits sound and meaning, the artist endlessly recites names of animals, without apparent hierarchy or classification. Little by little, his sweat of exhaustion marks the outlines of his mouth, which battles with this litany of words as the saliva starts to dry up. In a sort of hypnotic state, the viewer appealed to here both through listening and through looking finds his/her perception altered by the meaning of the words, arousing empathy with the physical performance, which is indeed impressive.

Our capacity to think the word, then, is based in the body's experience. Faced with this faceless mouth, this flood of speech leads us back to breathing, the animated, the living —qualities that animals and humans indisputably share. In the physical effort of his body, the artist is perhaps telling us here about the animal behind the words.

Screeches from budgerigars temporarily housed out of sight in the museum, remind us that the animal is not just an object, but will always be a being of flesh and blood, a living creature. **Wim Delvoye**'s two *Bird Houses* (1997) flanking the cage give an eroticised, menacing riposte to this evidence.

Magali Moulinier_ co-curator
Chantal Prod'Hom_ Director mudac_ July 2006

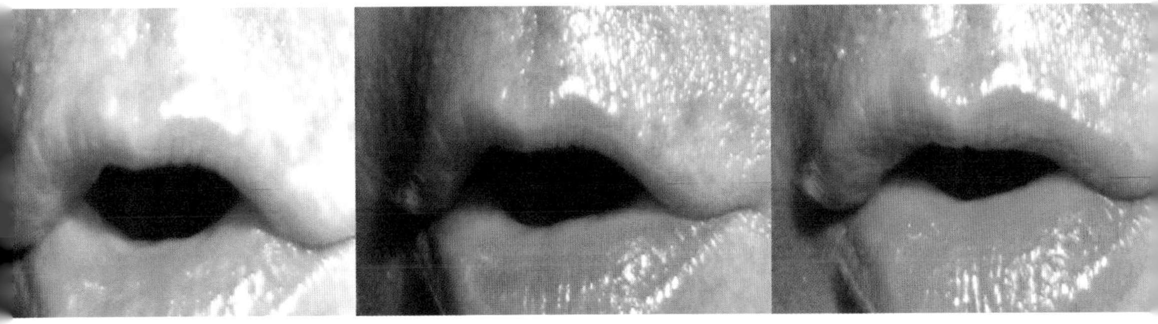

BIBLIOGRAPHIE SÉLECTIVE / SELECTED BIBLIOGRAPHY

Animal. Anima. Animus, catalogue de l'exposition, New York, P.S. 1, 1999, Pori Art Museum Publications 43 / FRAME publications 13, Pori, 1998

Animal House. When objects have animals' names, catalogue de l'exposition, Milano, Palazzo della Triennale 2002, Milano, Charta, 2002.

Animalités, Revue d'esthétique, numéro spécial, 40, Paris, Jean-Michel Place, 2001.

Animaux d'artistes, Bernard Lafargue (éd), Figures de l'art, 8, Pau, PUP, 2005.

Françoise Armengaud, «Au titre du Sacrifice: l'exploitation économique, symbolique et idéologique des animaux» dans *Si les lions pouvaient parler. Essais sur la condition animale*, Boris Cyrulnik (éd.), Paris, Gallimard, Quarto, 1998, p. 856-887.

Paola Antonelli, *Safe, Design Takes On Risk*, catalogue de l'exposition, New York, MoMA, 2005-2006, New York, 2005

Steve Baker, *Postmodern Animal*, London, Reaktion Books, 2000.

James Balog, *Survivors: a new vision of endangered species*, New York, Harry N. Abrams, Inc., 1990

Elio Caccavale & Dr Richard Ashcroft, *Hybrids: Toward a new tipology of Beings and Animal Products*, London, 2004, www.eliocaccavale.com

Alice Cournot, «Le Devenir animal chez Gilles Deleuze», dans *Animalités, Revue d'esthétique*, 40, 2001, p. 89-91.

Boris Cyrulnik, «Les animaux humanisés», dans *Si les lions pouvaient parler. Essais sur la condition animale*, Boris Cyrulnik (éd.) Paris, Gallimard Quarto, 1998, p. 12-55.

Robert Delort, *Les animaux ont une histoire*, Paris, Seuil, 1984.

Gigiotto Del Vecchio & Caroline Corbetta, *Annika Larsson – Dog*, Centro de Arte de Salamanca, Consorcio salamanca, Salamanca 2002 – 2003

Jacques Derrida, *L'Animal que donc je suis*, éd. établie par Marie-Louise Mallet, Paris, Galilée, 2006.

Catherine Grenier, «Une vie de chien», dans *La part de l'autre*, (catalogue de l'exposition, Nîmes, Carré d'Art - Musée d'Art contemporain), Arles Actes Sud, 2002, p. 89-100.

Roni Horn, Angie and Emily / Dickinson, catalogue de l'exposition, Museion - Museo d'arte moderna e contemporanea, Bolzano, 2006 & The Royal Botanic Garden Edinburgh, Edinburgh, 2006.

Alain Huck: Excuse me..., catalogue de l'exposition, Musée Jenish, Vevey, 2006, Zurich, JRP|Ringier, 2006.

Il Bello e le Bestie. Metamorfosi, artifici e ibridi. Dal mito all'immaginario scientifico, catalogue de l'exposition, Rovereto, Mart, 2004, Milano, Skira 2004.

Oleg Kulik. Art animal, catalogue de l'exposition, Birmingham, Ikon Gallery, 2001.

La part de l'autre, catalogue de l'exposition, Nîmes, Carré d'Art –Musée d'Art contemporain 2002, Arles, Actes Sud, 2002.

James Mollison, James & Other Apes, Chris Boot Ltd., London, 2004

Pop Noir, Critical Designs Selected by Anthony Dunne and Fiona Raby, dans *Design for Thought: contemporary British Design from Britain*, catalogue de l'exposition, The Israel Museum, 2005, Jerusalem, 2005

Jana Sterbak. De la Performance al vidéo, catalogue de l'exposition, Artium, Centro-Museo Vasco de Arte Contemporaneo, 2006, Vitoria-Gasteiz Álava, 2006

Nele Waldert, Heimat, catalogue de l'exposition, Kunstraum Bernusstrasse, Frankfurt, 2006, DruckVerlag Kettler, Bonn, 2006.

CRÉDITS PHOTOGRAPHIQUES / PHOTOGRAPHIC CREDITS

© Archivio Cini Boeri, (ph. Aldo Ballo), p 114, © Archivio fotografico, Collezione Permanente del Design Italiano, La Triennale di Milano (ph. Amendolagine-Barracchia), p 108, © James Auger p. 64-67, © James Balog, p. 52-53, © Pascal Bernier, p. 134, © Marie-José Burki, p.54, © Bill Burns, p. 68-69, © Elio Caccavale, p. 80-83, © Y. Chenot, p. 55, © Céline Cléron, p. 117, 122-123, © Geoffrey Cottenceau, p. 148, © Gabriella Dahlman, p. 147, ©Jean Davister, p147, © Julien Defontenay, p. 148, © DOG'S fashion p. 148, © Jacques Duboux, p. 27, © Luc Eckstein, p 145, © Andrea Fontana, p. 148, © Pierre-Philippe Freymond, Florence Vuilleumier, pp. 118, © David Gagnebin - De Bons, pp. 138-139, © Robert Gligorov, p. 35, © Patrick Gries p. 72, © Valérie Guézennec, p. 36, © Happypets, p. 13, pp. 86-88, © R. Höffner, B. Schaub, Köln, p. 49, © Alain Huck, pp. 154-155, © Véronique Huyghe, p. 11, © IBRIDE, p. 124, © Ham Jin, p. 58, © Patrick Jullien, p. 148, © Kariwanz, pp. 84-85, © Jean-Pierre Khazem, p. 60, p. 84, © Milo Keller, p 132, © Oleg Kulik, p. 48, © Denis Labelle, pp. 61-63, © Patricia Laigneau, p. 130, © Annika Larsson, pp. 90-91, © Mathieu Lehanneur, p. 73, © Julia Lohmann, p. 110, © Frédéric Magnoux, p. 137, © Masterfood p. 145, p. 150, © James Mollison, pp. 44-47, © Eelko Moorer, pp. 120-121, © André Morin, Paris, p. 34, © Marco Morosini p. 147, © Stefano Pandini, p. 106, © by proliteris (photo Lothar Schnepf, Köln), p. 92-93, © Radi designers, p. 71, p. 111, © Werner Reiterer, p. 99, © Johan Ridderstråle, p. 113, © Marie-Louise Scio, p. 138, © Gyung-sub SHIN, p. 58, © SKK, p. 109, © Wieki Somers, p. 105, © Rosemarie Trockel, p. 49, © Barend Van Herpe (Amsterdam), p. 131, © Tore Vinje Brustad, p. 119, © Yoshinaga Yasuaki, p. 125, © Galerie Vedovi p. 133, © Xavier Veilhan, p. 115, © www.fortunecookies.dk, p. 147.

Courtesy

Alexa Jansen.Galerie, Köln, D, p. 37 / Attitudes, Genève, CH, p. 33 / Brancolini Grimaldi arte contemporanea, Rome-Florence, IT, pp. 44-47, SARL BRANDY, p. 149 / Collezione Enea Righi, Bologna & Galleria Raffaella Cortese, Milano, IT, p. 57 / Collection Martin Disler, Le Landeron, CH, pp. 94-95 / Cosmic Galerie, Paris, FR & Galerie Andréhn-Schiptjenko, Stockholm, S, pp. 90-91 / CRAFT, Limoges, FR, p. 137 / Fabrica, Treviso, IT, pp. 3-4, 78-79, 96, 104, 160 / Fondation Pierre Bergé-Yves Saint Laurent Paris p. 147 / Fonds national d'art contemporain, Ministère de la culture et de la communication, Paris, FR, p. 55 / FRAC Franche-Comté, Besançon, FR, p. 56 / FRAC Bourgogne, Dijon FR, p. 34 / Galerie Dominique Fiat, Paris, FR, p. 51 / Galerie Erna Hecey, Bruxelles, BE, pp. 61-63 / Galerie EvaHober, Paris, FR, p. 70, p. 136 / Galerie Kreo, Paris, FR, p. 110, p. 146 / Galerie Loevenbruck, Paris, FR, p. 97, p. 99 / Galerie José Martinez, Lyon, FR, p. 134 / Galerie Nathalie Obadia, Paris, FR, p. 89 / Galerie Emmanuel Perrotin, Paris, FR, p. 111 / Galerie Rabouan Moussion, Paris, FR, p. 48 / LIPANJEPUNTIN artecontemporanea, Trieste-Roma, IT, p. 35 / Magis, IT p. 50, p. 112 / Mamco, Genève, CH, p. 54 / Musée de l'Elysée, Lausanne, CH, pp. 52-53 / Sperone Westwater, New York, USA, p. 60, p. 84 / Monica Sprüth/Philomene Magers Gallery, Köln / München, D, p. 49 / Studio di Architettura Enrico Azzimonti, p. 59.

Dans la mesure où ils disposaient des informations requises, les éditeurs se sont efforcés de donner les crédits comme il se doit aux artistes, designers, photographes et ayants droits concernés par les œuvres et produits illustrés dans cet ouvrage. Toute omission doit être considérée comme involontaire, et tout renseignement permettant d'y remédier communiqué à l'éditeur.

When the information was available, every effort has been made to seek permission to reproduce those images whose copyright does not reside with the editors. Any omissions are entirely unintentional, and the details, if known, should be adressed to the publishers.

INDEX DES ARTISTES / INDEX OF ARTISTS

Les chiffres renvoient aux textes français. L'occurrence dans les textes anglais suit entre parenthèses. Les chiffres en noir renvoient aux illustrations / The given numbers refer to the French texts. Their location in the English texts follows in brackets. The numbers appearing in black refer to the figures..

INDEX DES MARQUES/ INDEX OF BRANDS

EMERCIEMENTS/ACKNOWLEDGMENTS

exposition «**BÊTES DE STYLE**» regroupe quelques centaines d'objets et œuvres de plus de 100 créateurs, artistes, designers de tous pays. Il a sans dire qu'une telle manifestation n'a pu être conçue et réalisée que grâce à la collaboration de très nombreux partenaires. Nous tenons remercier chaleureusement toutes ces personnes – des artistes, des collègues, des collectionneurs, des amateurs et de nombreux amis – ui ont ainsi apporté leur soutien à cet important projet.
nfin, nos vifs remerciements s'adressent également à de nombreuses personnes, institutions et galeries que nous désirons mentionner dans cadre de cette publication:
he exhibition "**BÊTES DE STYLE**" gathers some hundreds of objects and artworks created by over 100 creators, artists and designers coming om many countries. Such an event was only made possible with the collaboration of numerous partners. We would like to warmly thank these ersons – artists, colleagues, collectors, amateurs and many friends – who gave their support to this significant project.
inally, our deep thanks also go to these individuals, institutions and galleries:

lexa Jansen, Alexa.Jansen.Galerie, Cologne_ Pierre Huber et Robert Gomès, Galerie Art & Public, Genève_ Jean-Paul Feley et Olivier Keiser, ttitudes, Genève_ Ivan Duval, Atypyk, Paris_ Florent Aziomanoff, Issy-les-Moulineaux_ Yves Béhar, San Francisco_ Simone Bertugno, Rome_ liranda Salt, BETC EURO RSCG, Paris_ Cini Boeri, Stefano Boeri, Milan_ Margherita Brancolini, Daniela Ivanova, Brancolini Grimaldi Arte contem-oranea, Florence_ Laurent Monnier, Brandy & fils, Mazamet_ Laurence Moulinier Brogi, Paris_ Jacqueline Burckhardt, Zurich_ Monsieur Musy t Madame Repond, Cats and Dogs SA, Gland_ Alexandre de Vendeuvre, Château de Vendeuvre, Vendeuvre_ Evelyne Zehr, Commune du anderon, Le Landeron_ Claudia Cargnel, Cosmic galerie, Paris_ Marco Costantini, Lausanne_ Alexandra Magnaudeix, CRAFT, Limoges_ Nestor erkal, Directeur, CRAFT, Limoges_ Silvie Defraoui, Vufflens-le-Chateau_ Dominique Fiat, Galerie Dominique Fiat, Paris_ Pierre Fantys, Ecal, ausanne_ Cécile Dufay, Galerie Edgar le marchand d'art pour Anne-Valérie Dupond, Paris_ Eva Hober, Galerie EvaHober, Paris_ Elisabetta rando et Anna Sartorelli, Fabrica, Trevise_ Natacha Djae et Anne Moulin, FACTORIA, Paris_ Robin Fournier Bergmann, Fondation Pierre Bergé ves Saint Laurent, Paris_ Jakob Ravn Jürgensen, Fortunecookies, Danemark._ Claude Allemand-Cosneau, Conservateur en chef, Directrice, onds National d'Art Contemporain, FNAC, Puteaux_ Eva Gonzáles-Sancho, Directrice, FRAC Bourgogne, Dijon_ Sylvie Zavatta, Directrice, FRAC ranche Comté, Besançon_ Suzi Bonofiyel, Gaia&Gino, Istanbul_ Kirsten Schneider-Buckner, Catnap (wild thing for pets), Los Angeles_ Serena nocenti, Genesi International Srl, Colle di Val d'Elsa (SI)_ Sandrine Daban, Goyard, Paris_ Steve Schwartz, Guido Mayer S.A., ALESSI, Lutry_ abrielle Guth, Belmont_ Charles Roehl, Galerie Harraca, Paris_ Françoise Garnier, Hermès, Genève_ Carine Janin, IBRIDE, France_ Elisabeth riand, Ikea, Suisse_ Odile Maffert, Junon de Bavolle_ Jean-Pierre Khazem, Paris_ Aurélie Julien et Estelle Kneppert, Galerie Kreo, Paris_ manda Vertovese, Lipanjepuntin artecontemporanea, Trieste_ Hervé Loevenbruck, Galerie Loevenbruck, Paris_ Cristiana Bernardini, Magis, otta di Livenza_ Rosette et René Magnin, Renens_ Françoise Ninghetto, mamco, Genève_ Charles Bergien et Vincent Roulet, Manor, Lausanne_ eison Huerta, Studio Marco Morosini, Pesaro_ Marie-Noëlle Massant, Massant SA, Belgique_ Marie-Laure Bock, Masterfoods, France_ Francis chot, matali Crasset productions, Paris_ Lilian Haberer, Monica Sprüth Philomene Magers Galery, Cologne_ Cecilia Cappellini, MOSCHINO .p.A., Milano_ Jean-Christophe Blaser, Conservateur adjoint, Musée de l'Elysée, Lausanne_ Bill Ewins, Directeur, Musée de l'Elysée, Lausanne_ éjane Bargiel, Conservatrice, Musée de la Publicité, Les Arts décoratifs, Paris_ Corinne Prat, Galerie Nathalie Obadia, Paris_ Reiko Yamanaka, extmaruni Life Studio, Tokyo_ Emmanuel Bérard, Palazzo Grassi, Venise_ Jenny Petrlic, Pet Vision AG Fressnapf Suisse, Dietikon_ Coline Roy-amille, Pinceloup, Paris_ Shi-ne Oh, PKM Gallery, Seoul_ Marie Poirier, Paris_ Ludovic Galster, Probotics S.A., Gruyères_ Suzanne Shermann t Hedy Grant, PuppyPurse®, Oradell, New Jersey_ Caroline Rabouan, Galerie Rabouan Moussion, Paris_ Fiona Raby, Londres_ Camilla Taube, adi Designers, Paris_ Francesca, Galleria Raffaella Cortese, Milan_ Augustin Scott de Martinville, Lausanne_ Victoria, SKK Ltd., Londres_ Pierre-enri Jaccaud et Marie Velardi, Skopia, Genève_ Patrick Jullien, Star Two-Two Studio, Paris_ Patrizia Pisani, Galleria Stein, Milan_ Jana Sterbak, ontréal_ John Lippens, Galerie Synopsis[m], Lausanne_ Joanne Kessler, Thorsten van Elten, Londres_ Francisco Torres, Lausanne_ Roberto Giusti, ollezione Permanente del Design Italiano, Triennale di Milano, Milan_ Alexandra Burgdorf, Tupperware (Suisse) SA, Nyon_ Franck, Un chien ans le Marais, Paris_ Jean-François Kitten et Carole Lavault, Violet, Paris_ Jean-Claude Wallack, Paris_ Isabelle Vidal, WANIMO SA, Neyron

ous tenons à adresser notre très vive gratitude au généreux mécène ayant aimablement soutenu ce projet et préférant garder l'anonymat.
e wish to express our utmost gratitude to the generous donor who has supported this project, while preferring to remain anonymous.

IMPRESSUM

Ce catalogue paraît à l'occasion de l'exposition «**BÊTES DE STYLE**»
présentée du 13 octobre 2006 au 11 février 2007 au mudac de Lausanne/
**This book appears on the occasion of the "BÊTES DE STYLE" exhibition,
presented from 13 October 2006 to 11 February 2007 at mudac, Lausanne, Switzerland**

Exposition et catalogue conçus par/**Concept of the exhibition and catalogue:**
Chantal Prod'Hom, directrice/**director**, mudac et/**and**
Magali Moulinier, co-commissaire/**co-curator**

Assistées de/**Assisted by:**
Martine Magnin, Cristina Carballo

Avec la collaboration de/**With the collaboration of:**
Michèle Bell, Dominique Binda, David Burnier, Claire Favre Maxwell, Carole Guinard, Susanne Hilpert Stuber, Christiane Mercier, Corinne Roy, Marie-Laure Schweighofer, Andreas Spitteler, Bettina Tschumi, Christiane Vemba, Pedro Vemba, Lara Voggensperger

mudac/musée de design et d'arts appliqués contemporains
Place de la Cathédrale 6, CH-1005 Lausanne
T. +41 21 315 25 30 / F. +41 21 315 25 39
info@mudac.ch / www.mudac.ch

Catalogue/**Catalogue:**
Graphisme/**Graphic design:** Flavia Cocchi, Lausanne
Suivi éditorial/**Editorial follow-up:** Laura Maggioni

Traductions/**Translations:**
Français-Anglais: Jenny Marsh
Anglais-Français: Elise Leclerc
Italien-Français: Laura Meijer
Italien-Anglais: Gillian Hammond

Secrétariat de rédaction/**Editing:**
Français/**French:** Marguerite Pactat
Anglais/**English:** Andrew Ellis

Photogravure/**Photolithography:** Eurofotolit, Cernusco sul Naviglio, Milano
Impression/**Print:** GECA Industrie Grafiche, Cesano Boscone, Italia

ISBN: 2-88244-013-8
ISBN: 88-7439-345-8

MARKUS KOSKINEN
*IL GASTRONAUTA_* 2003
DIMENSION VARIABLE / *VARIABLE DIMENSIONS*
DESSIN VECTORIEL / VECTORIAL DRAWING
COURTESY FABRICA / CENTRE DE RECHERCHE DE BENETTON SUR LA COMMUNICATION / BENETTON, RESEARCH CENTER IN COMMUNICATION

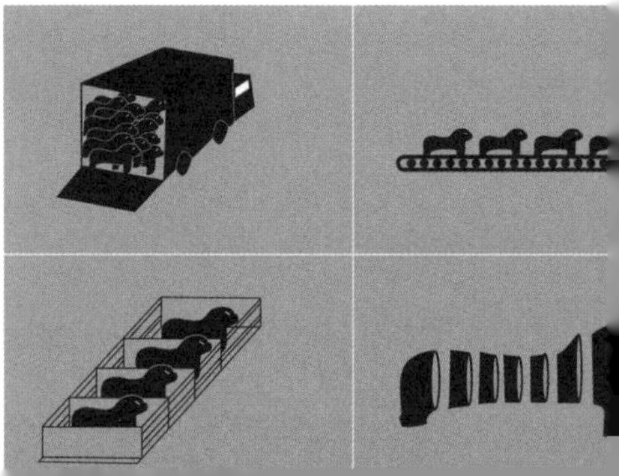